W

Gesine Mielitz

Kopfüber in die Fremde

Abenteuer Alltag in Griechenland

mit Zeichnungen von Gert Niedl

Wiesenburg Verlag

Bibliographische Information der Deutschen Nationalbibliothek:
Die Deutsche Nationalbibliothek verzeichnet diese Publikation
in der Deutschen Nationalbibliographie;
detaillierte bibliographische Daten sind im Internet
über http://dnb.ddb.de abrufbar.

3. Auflage 2010
Wiesenburg Verlag
Postfach 4410 · 97412 Schweinfurt
www.wiesenburgverlag.de

Text: © Gesine Mielitz 2009
Illustrationen: © Gert Niedl 2009

Umschlaggestaltung und Layout:
Media-Print-Service Luff · 97456 Dittelbrunn

ISBN 978-3-940756-63-3

Inhaltsverzeichnis

„*Wir haben keinen Hafen.*
Wir haben jedoch Tage,
die wir zum Trocknen
auf dem Meer ausbreiten können."

Nina Kokkalidou-Nachmia

1. Meinem Flügel hinterher

An meinem 40. Geburtstag feierte ich ein rauschendes Fest, verabschiedete mich von dem Wunsch eine Familie zu gründen und viele Kinder zu haben und beschloss, stattdessen lauter Dinge zu tun, auf die meine Freunde mit den vielen Kindern verzichten müssen.

Kurz vor meinem 41. Geburtstag kreuzte ich auf dem Bewerbungsbogen für den Auslandsschuldienst „weltweit" an.

Kurz vor meinem 42. Geburtstag rumpelte ein Lastwagen mit der Aufschrift „Gebrüder Kanákis, Thessaloníki" über die Pflasterstraße des holsteinischen Dorfes in der Nähe von Hamburg, wo ich die letzten sieben Jahre gelebt hatte.
Drei Tage später schleppten die Brüder Kanákis meinen Flügel in den 7. Stock eines Hochhauses im Thessaloniker Stadtteil Kalamariá und stapelten einen Berg Kisten daneben.

Nun muss ich nur noch selber hinterherkommen…

2. Alltag ohne Gebrauchsanweisung

Kalamariá, Thessaloníki, 3.9.2003

Sieben Stockwerke über dem tosenden Leben der sommerheißen Millionenstadt sitze ich an meinem alten Schreibtisch in der neuen Wohnung. Hitze und Helligkeit flimmern über die Tischplatte. Der dröhnende Lärm einer vierspurigen Straße strömt direkt auf das Hochhaus zu, bricht sich an den Mauern und schwappt in die Wohnung. Das tut nach dem ersten langen Arbeitstag direkt körperlich weh. Ich schließe die Fenster - die Hitze wird sofort so dickflüssig, dass ich kaum noch atmen kann. Ich schalte den Ventilator ein - er verquirlt den zähen Brei und brummt dabei so wütend, dass ich mich schließlich hinter Ohrstöpseln verbarrikadiere. Nun verschwimmt die Geräuschkulisse zu einem wabernden Wogen. - Unmöglich, so will ich hier nicht anfangen! Abgeschirmt durch Ohrstöpseln will ich nicht auf mein neues Leben zugehen, das mich da draußen erwartet.

Entschlossen trete ich auf meinen Balkon und staune: Bis zum Horizont stapeln sich bauklotzförmige Hochhäuser aus grau-wei-

ßem Beton, stoßen an die Wasserkante auf der einen und die Berghänge des Chortiátis auf der anderen Seite, drängen sich eng aneinander und lassen keinen Platz für den kleinsten Grünschimmer. Blau ist die zweite Farbe meines Balkonblicks, ein berauschendes, ägäisches Meerblau, das nur durch die Ahnung der Umrisse des Olympmassivs am Horizont begrenzt wird.

Während ich noch stehe und den überwältigenden Rundblick als meine neue Alltagsaussicht zu begreifen versuche, überzieht das Licht der untergehenden Sonne Stadt und Meer mit einem goldenen Glanz. – Dieses Schauspiel werde ich jetzt täglich erleben! Und plötzlich wächst Zuversicht: Ich werde zwischen so viel Blau und Weiß schon einen Platz finden.

Die ersten Schritte sind mir bereits gelungen: Ich finde meistens zu meiner Wohnung zurück, ich kann mit dem Taxifahrer auf Griechisch übers Wetter reden und meine Nachbarin um Hilfe bitten, wenn ich in der Gluthitze kein fließendes Wasser habe. Ich kann auch mit ihr griechischen Kaffee trinken und mir von ihren Töchtern erzählen lassen. Ich kann Telefonkarten kaufen und von der Telefonzelle aus bei Gert anrufen. Der ist bei Hamburger Schmuddelwetter und spätherbstlichen Temperaturen erkältet und hat Halsweh. Da lob ich mir die Hitze und freue mich, dass er im Oktober herkommt!

4.9.2003

Neugierig und doch zögernd ziehe ich bei meinen Erkundungsgängen immer größere Kreise um mein Hochhaus. Heute erreiche ich zum ersten Mal das Meer. Ich finde den Zugang zwischen zwei Häuserblocks mit schicken Geschäften und Büros, an deren Rückseite sich eine Wildnis aus Gestrüpp, Blumen, verlassenen Baracken und hohem Schilf ausbreitet. Verrostete Stahlträger ragen aus dem Boden, wo irgendwann Spekulanten begonnen haben illegal Häuser zu bauen. Das Mobiliar einer ausgebrannten Strandbar verrottet auf einem großen, dornenüberwucherten Haufen.

Einen Weg gibt es hier nicht. Durch einen Wall von angeschwemmtem Müll gelange ich zu einem kleinen Steg, an dem ein paar alte Fischerboote vertäut sind. Ich kehre dem Chaos von Kalamariá den Rücken, indem ich mich auf den Steg setze, mit den Beinen baumele und über die Innenstadt von Thessaloníki zu den Bergen blicke, die heute zum ersten Mal etwas deutlicher zu sehen sind. Mir direkt gegenüber hat man ein großes Podest ins Meer gebaut und darauf eine moderne Konzerthalle errichtet. Umgeben ist das imposante Gebäude von einer Brache, über der ein paar Möwen kreisen.

Das ganze Ensemble ist viel zu unfertig und ungepflegt um schön zu sein. Aber es ist so völlig verschieden von allem, was es im Umkreis meiner alten Wohnung gab, wo Obstgärten und Maisfelder mit Kieswerken und Autobahnauffahrten abwechselten und der Feuerwehrteich die größte Wasserfläche war. Es ist nicht schön, aber anders, neu, spannend…

6.9.2003

Am Samstagnachmittag hole ich mein Fahrrad aus dem Keller und erweitere meinen Radius bis zum Weißen Turm. Das klobige runde Bauwerk mit seiner doppelten Zinnenreihe ist das Wahrzeichen von Thessaloníki, gehört zur mittelalterlichen Hafenmauer und diente während der osmanischen Herrschaft als Kerker. Damals war der finstere Ort noch nicht weiß – erst im 19. Jahrhundert wurde er verputzt. Im Laufe der Jahre ist seine Farbe so weit nachgedunkelt, dass er zwischen Milchkaffee und einem schmutzigen Rosa changiert. Auf seiner höchsten Spitze flattert die griechische Fahne im Wind.

Ich setze mich auf die Kaimauer in die Nachmittagssonne und höre dem sanften Plätschern der Wellen zu. Im Hintergrund erklingt von einem Ausflugsdampfer griechische Musik. Der Straßenlärm ist nur als gleichmäßiges Rauschen zu hören, und gleich sieht die Welt wieder freundlich aus. Der Lärm beherrscht sonst ständig mein Erleben. Als penetranter Soundtrack untermalt er auch freundliche und entspannte Momente mit bohrendem

Dröhnen und ebbt nie ab, nicht einmal nachts, wenn Motorräder, Autos und die Müllabfuhr durch meine Träume knattern.

Neben dem Krach macht mir vor allem die Einsamkeit zu schaffen. Weil mein Telefon immer noch nicht angeschlossen ist, kann ich niemanden anrufen, nicht meine neuen Kollegen, nicht meine Freunde in Deutschland. Die Menschen auf der Straße nehmen überhaupt keinen Blickkontakt auf. Sie beobachten lieber unauffällig von weitem. Natürlich falle ich hier auf wie ein bunter Hund, schon dadurch, dass ich die griechischen Frauen - und sogar viele Männer - um eine Kopflänge überrage. Die Nachbarn haben mich bestimmt längst wahrgenommen. Aber sie lassen sich nichts anmerken. Diejenigen, die sich kennen, pflegen selbstverständlich ihre Nachbarschaftskontakte in der Öffentlichkeit, vorzugsweise im Supermarkt an der Kasse, wo währenddessen die Schlange immer länger wird. Sie tricksen mich auch ungeniert aus und drängeln sich vor, diese biederen Hausfrauen mit ihren drahtenen Hackenporschen, die sich vorzüglich dazu eignen, anderen Leuten über die Zehen zu fahren.
Ich fühle mich also absolut fremd. Wollte ich das? Verächtlich habe ich gesagt, wer als Auslandslehrer nach Luxemburg oder Brüssel ginge, könnte genauso gut zu Hause bleiben. – *Ich* wollte *echte* Fremdheit erleben!
- Da hab ich sie nun! Die südliche Sonne begeistert mich, ebenso das Meer mit seinen ständig wechselnden Farbenspielen. Alles andere hätte ich mir so nicht ausgesucht.
Aber ich habe das Abenteuer gewählt. Nun muss ich nur etwas daraus machen. Denn einfach zurückgehen wie nach einem Urlaub kann ich nicht.

9.9.2003

Ich habe eine Waschmaschine gekauft. Die beiliegende Gebrauchsanweisung ist auf Griechisch, Türkisch, Albanisch, Bulgarisch und Serbisch verfasst. Mir bleibt nichts anderes übrig als alle Knöpfe auszuprobieren.

Auf die gleich Weise erschließe ich die meisten Bereiche des täglichen Lebens: ohne Gebrauchsanweisung und mit vielen Versuchen und Irrtümern.

Wie putzt man einen griechischen Marmorbalkon?
Auf Anweisung meiner Vermieterin kaufe ich einen Schlauch und spritze ausgiebig damit herum. Der Dreck schwimmt von einer Ecke in die andere. Es ist ein bisschen wie im Planschbecken, ganz lustig, aber nicht sehr effektiv. Ich muss mal die Frauen auf den Nachbarbalkons beobachten, die dort täglich Überschwemmungen veranstalten...

Was tut man, wenn das Auto zugeparkt ist und man zur Arbeit muss?
Ich rangiere in alle Richtungen, verbeule dabei meine Stoßstange, hefte einen Zettel an das blockierende Auto, fahre schließlich mit dem Taxi und komme zu spät. – Meine Kollegen schütteln lachend die Köpfe und klären mich auf: Man hupt so laut und lange, bis der Fahrer des parkenden Autos auftaucht! Sicher ist er irgendwo in der Nachbarschaft und verlässt sich darauf, dass er das Hupen wohl hören wird, wenn sich jemand gestört fühlt.
Auf den Inseln kommt es sogar vor, dass der Fahrer den Zündschlüssel stecken lässt, damit derjenige, der sich gestört fühlt, das Auto selber wegfahren kann...

Was tut man, wenn man zum ersten Mal in eine fremde Wohnung eingeladen wird?
Man kauft in einer der unzähligen Konditoreien eine große Schachtel Süßigkeiten, die, aufwändig verpackt, an die Gastgeber überreicht wird.
Wenn man nachmittags zum Kaffee eingeladen wird, macht man sich nicht vor sechs Uhr auf den Weg. Am besten streicht man sich vorher noch ein Butterbrot, denn vor neun Uhr abends gibt es keine Mahlzeit, nur die mitgebrachten Kekse und starken griechischen Kaffee.

Ich besuche Iríni und Oréstis in ihrer neuen Wohnung in Pylaía. Zum Kaffee gibt es ein buntes Sprachgemisch aus Griechisch und Deutsch. Iríni hat eine witzige und lebhafte Mimik und scheint eine warmherzige Frau zu sein, so dass wir uns auch ohne viele Worte verständigen können, Oréstis ist in Hamburg aufgewachsen und hat dort zusammen mit Freunden von mir studiert.

Und doch – wie verschieden sind die Welten, in denen wir leben! Keiner meiner deutschen Freunde würde freiwillig in eine Wohnumgebung wie diese ziehen. Der schicke Neubau, in dem das junge Paar eine Eigentumswohnung bezogen hat, ist umgeben von Gerümpel, Parkplätzen, Baustellen und einzelnen alten Häuschen, die irgendwann abgerissen werden sollen. Aber Iríni und Oréstis sind stolz auf ihre Wohnung. Der Blick vom Balkon ist unverbaubar, denn er geht direkt auf die Autobahn. Ich traue mich nicht zu fragen, ob sie das nicht stört.

Wenn ich hier wohnen müsste, würde ich mir zum Ausgleich *in* der Wohnung eine Insel der Geborgenheit schaffen. Vielleicht tun Iríni und Oréstis das auch, nur ist ihre Auffassung von Geborgenheit anders als meine. Auf mich wirkt ihre Wohnung kühl, dunkel, spießig. Mittelpunkt des riesigen Salons ist eine Anrichte mit Spiegeln, Spitzendeckchen und silbernen Tabletts, auf denen Familienfotos in verschnörkelten Rahmen und künstliche Blumen arrangiert sind. Das ist vermutlich ihre „Geborgenheitsecke". Und nun kommt mir plötzlich die Idee, dass mein Unbehagen in der neuen Stadt möglicherweise mit diesen unterschiedlichen Vorstellungen von Geborgenheit zu tun hat.

Es fängt schon damit an, dass ich in der wunderschönen Natur in der Nähe von Thessaloníki bis jetzt keine Orte gefunden habe, in denen ich mich so aufgehoben fühle wie in der vergleichsweise unspektakulären Wald- und Hügellandschaft Schleswig-Holsteins. In meiner neuen Umgebung ist alles so offen und rau, ich fühle mich so ausgesetzt und abgewiesen.

Dabei gibt es durchaus nette Gesten von wildfremden Menschen wie einem Mann am Strand, der vom Einkauf der Morgenzeitung kommt und mir eine Flasche Wasser schenkt, einfach so. Unterwegs verliert er einen griechischen Groschenroman, den ich noch nicht lesen kann. Später schenke ich ihn einer freundlichen Frau, die mich vor ihrem Ferienhaus anspricht. Die üblichen Fragen, wo ich herkomme und ob es mir hier gefällt, kann ich schon mühelos beantworten. Aber ich verstehe nicht, was ihre Gesten bedeuteten. Lädt sie mich zu den Steaks ein, die auf dem Grill schmoren oder nicht? Es klingt nach einer Einladung, aber als ich eine kleine Geste zum Weitergehen mache, wünscht sie mir sofort alles Gute und lässt mich ziehen.

Außer einer „Gebrauchsanweisung für den griechischen Alltag" fehlt mir hier ein „Wörterbuch der Körpersprache" mit Erklärungen zu all den fremden Gesten, die ich nicht verstehe!

28.9.2003

Am Sonntagmorgen sitze ich auf meinem Balkon und habe zum ersten Mal ein griechisches Herbstgefühl. Noch immer scheint die Sonne, etwas verschleiert zwar, aber so warm und sanft, dass auch die hässlichste Stadtlandschaft plötzlich ganz verträumt aussieht. Auf den Kuchen schreiben sie jetzt „χαλό χειμώνα" (guten Winter), der Herbst scheint keine eigene Rolle zu spielen.

Ich fahre aus der Stadt hinaus, ohne festes Ziel. Über die Landstraßen wehen weiße Wattebäusche: Die Baumwollernte hat begonnen. Als ich hier ankam, habe ich auf den Feldern die Sträucher mit den harten, nussgroßen Kapseln gesehen und hatte keine Ahnung, was das sein könnte. Inzwischen sind die Kapseln aufgeplatzt und haben die Landschaft mit weißen Tupfen überzogen. Im Gegenlicht der schrägstehenden Sonne leuchten sie silbern und geheimnisvoll wie kleine Heiligenscheine. Ich bin so begeistert von den flockigen Wolkenbüscheln, dass ich mir gern einen Zweig mitnehmen möchte. Wie schlimm ist Baumwolleklauen? Sind die Pflanzen einjährig oder zerstöre ich das Wachstum mehrerer Jahre? Nicht einmal das weiß ich! Meine Bio-Kollegin beruhigt mich mit der Versicherung, ein einzelner

Stängel falle noch in die Kategorie „Mundraub" – Hunger auf Vertrautwerden mit dem neuen Land.

Bei demselben Ausflug entdecke ich an der Steilküste einen Weg, auf dem man zwischen spätsommerlichen Blumen- und Obstgärten auf ein kleines Plateau gelangt, das hoch über dem Strand liegt und einen weiten Rundblick bietet. Zum ersten Mal habe ich den Eindruck, an einem atmosphärisch guten Ort zu sein. Ich werde sie schon noch finden, die guten Plätze! Wahrscheinlich fühlen sie sich einfach anders an als in Norddeutschland.

In der Tasche habe ich jetzt immer meine bunten Vokabelkärtchen, am besten lernt es sich auf einem der Sofas am Strand von Peraía. Seit meiner ersten Griechischstunde bei Oréstis bin ich wieder richtig motiviert und gestern habe ich mich zum ersten Mal in eine Buchhandlung getraut, um in der Kinderbuchabteilung zu stöbern. Ich habe mir ein Bilderbuch für 4 bis 6-Jährige gekauft, es mit Wörterbuch gelesen und verstanden. Außerdem ist es mir gelungen mein Horoskop in der Veranstaltungszeitschrift zu entziffern.

Allerdings sind Veranstaltungen oder gar Nachtleben bisher ganz an mir vorbeigegangen, dazu bin ich nach den langen Schultagen und sogar am Wochenende viel zu erschöpft. Aber gestern war ich spontan bei Kollegen und wir haben bei Sonnenuntergang auf dem Dach einen Fisch gegrillt.

15.10.2003

Endlich funktionieren Telefon, Anrufbeantworter und Internet. Chrístos, der Retter, war hier. Er ist Elektromechaniker, Sohn von Stuttgarter Gastarbeitern und Spezialist für die Umstellung mitgebrachter Elektronik auf das griechische System. Er schneidet die deutschen Stecker ab und verbindet die Kabel mit den griechischen Anschlüssen. Schade, dass es für die Umstellung der mitgebrachten Seele kein so einfaches Verfahren gibt!

Aber Chrístos versucht sein Bestes. Er möchte, dass mir sein Land gefällt und zeigt mir sogar, wie man einen Frappé zubereitet, nachdem ich bei meinem ersten Versuch den ganzen Küchentisch mit Schaum bedeckt habe. Also:

> Man füllt Nescafé-Pulver und Zucker in ein großes Glas und gießt wenig(!) kaltes Wasser dazu. Mit dem eigens dafür angeschafften Schaummixer schlägt man das Gemisch, bis es fast das ganze Glas füllt. Zum Schluss fügt man Eiswürfel, kaltes Wasser und nach Belieben etwas Milch hinzu und steckt einen Strohhalm hinein.

Ich stoße mit Chrístos auf eine gute Verständigung an und freue mich auf die ersten E-Mails und Telefongespräche nach Deutschland.

3. Schulanfang mit dem Segen des Popen

10.9.2003

Erster Schultag an der Deutschen Schule Thessaloníki. Sieben Busse bringen die Schüler aus allen Stadtteilen in das Industriegebiet südöstlich der Stadt, wo sich neben einem deutschen Baumarkt und einem schwedischen Möbelhaus auch mehrere Privatschulen, darunter die DST, angesiedelt haben. Hier werden hochwertige Bildungsabschlüsse gehandelt wie Möbel oder Baumaterialien. Der Markt boomt, weil das staatliche griechische Schulsystem als wenig erfolgreich gilt und außerdem so häufig bestreikt wird, dass die Eltern oft wochenlang für die Unterbringung und Beschäftigung ihrer Kinder selbst sorgen müssen.

Wer es sich irgend leisten kann, schickt seine Kinder deshalb auf eine Privatschule, wobei die deutsche oder amerikanische Schule den Vorteil haben, dass sie gleichzeitig die Voraussetzungen für ein Studium im Ausland schaffen, eine beliebte Alternative zur griechischen Universität mit ihren enormen Problemen.

Die Mehrzahl der Schüler an der DST sind also Griechen, die lediglich in einigen Fächern auf Deutsch unterrichtet werden. Daneben gibt es eine kleine Gruppe von Schülern deutscher Muttersprache, die in einer eigenen Abteilung zusammengefasst werden. Aber die gesamte Organisation und der Alltag sind geprägt von den Bestimmungen des griechischen Schulministeriums - und so beginnt das Schuljahr mit dem „Αγιασμός", der Schulweihe.

Während sich sämtliche 580 Schüler auf dem weitläufigen Schulhof versammeln, kommt ein Pope aus dem Seiteneingang geschlurft, in der Hand eine Plastiktüte, aus der er eine Ikone, ein silbernes Kreuz, ein Sträußchen Basilikum und eine Bibel hervorzieht. Der Hausmeister stellt ein Schulpult auf den Hof, bringt eine Blechschüssel voll Wasser, die im Verlauf der Zeremonie geweiht werden wird, und stellt das Mikrofon an. Ohne Vorwort beginnt der Pope zu psalmodieren, Schüler und griechische Lehrer bekreuzigen sich mehrfach und routiniert, dabei habe ich Zeit, mich umzusehen. Wir Lehrer stehen in einem Halbkreis hinter dem Popen, die Schüler uns gegenüber auf dem Hof. Ganz vorne die Fünftklässler, eifrig und erwartungsvoll, dahinter die älteren, bei denen mit zunehmendem Alter Eifer und Erwartung abnehmen. Ich bin gespannt, welche Erfahrungen mich in den nächsten Jahren mit diesen fremden kleinen Menschen verbinden werden... Der Pope lässt den griechischen Schulleiter das Kreuz küssen - und den deutschen Schuleiter eine Verbeugung andeuten - dann beginnt er, uns Lehrer mit Weihwasser zu bespritzen. Dabei erntet er verhaltenes Lachen bei den Schülern, wenn ein Lehrer besonders viel abkriegt und das Gesicht verzieht. Mich treffen auch ein paar Tropfen. Ob das einen guten Anfang erleichtert?

Nach dem Segen des Popen versammeln sich die Klassen in ihren Räumen und ich erfahre, dass ich zusammen mit einer griechischen Kollegin die Leitung einer 8. Klasse übernehmen soll. Etwas überrumpelt überlege ich, wie ich einen freundlichen Anfang aus dem Ärmel schütteln kann, doch meine griechische Kollegin beruhigt mich und meint, die Begrüßung könne ich ihr überlassen.
Wir betreten den Klassenraum, meine Kollegin brüllt: „παιδιά!!!" („Kinder!") Der Tumult wird etwas geringer. Sie ordnet an, wer sich wo hinzusetzen hat und beginnt ohne Einleitung die Informationen zum Schulanfang zu verlesen. Der Tumult nimmt wieder zu. Die Stimme der Lehrerin wird schriller, der Lärm noch lauter, zwischendurch schreit sie immer wieder „ησυχία!!!" („Ruhe!"), aber die Schüler lassen sich davon nicht beeindrucken. Nach der Verlesung des Stundenplans ist die Stunde beendet. Meine einzige Klassenlehreraufgabe besteht im Geldeinsammeln. Ich schreibe meinen Namen an die Tafel und wage ein paar schüchterne Blickkontakte. Das ist alles.
Auch das ist eine Erfahrung zum Thema Geborgenheit: Um eine Sicherheit und Vertrauen stiftende Atmosphäre in der Klasse, wie wir sie in Deutschland mit viel Mühe zu schaffen versuchen, scheint sich hier niemand zu kümmern. - Oder sie wird auf andere Weise erreicht. Womöglich durch das Ritual des Popen? Oder durch das Fußballspiel der Schüler gegen die Lehrer?
Ich werde in diesem Schuljahr mehr lernen müssen als meine Schüler...

Meine erste Textaufgabe lautet:
Wie teilt man eine Gruppe von 60 Schülern in zwei gleiche Hälften, von denen die eine Gruppe - die der „Musikalischen" - für die nächsten drei Jahre im Musikunterricht singt, während die andere Hälfte - die der „Unmusikalischen" – Musiktheorie pauken wird? Lösung: Meine Kollegin spielt am Klavier die griechische Nationalhymne, alle Schüler stehen auf und singen und ich gehe durch die Reihen und sortiere nach Richtig- und Falschsängern.

Zusatzaufgabe: Wie viele Takte stehen für die Musikalitätsprüfung pro Schüler zur Verfügung wenn die griechische Nationalhymne aus 24 Takten besteht und dreimal gespielt wird?

Der Schulleiter sagt: Wir sind ein Dienstleistungsbetrieb. Wir liefern, was unsere Kunden, die griechischen Eltern, erwarten und wofür sie bezahlen: Unterricht nach griechischen Maßstäben, gewürzt durch den besonderen Ruf der Deutschen Schule.
- Noch nie habe ich mich so sehr als Dienst-Leistende gefühlt!

21.9.2003

Manchmal fahre ich nach der Schule direkt an den Strand, an den äußeren Rand der Bucht von Thessaloníki, von wo man einen weiten Blick auf die Stadt und den Berg Chortiátis hat. Das Wasser dort ist ziemlich dreckig, der Ort Peraía auf halbem Weg der Entwicklung von einem Fischerdorf zu einer gesichtslosen Vorstadt, aber es gibt eine Reihe Cafés mit bequemen Sesseln und Sofas mitten im Sand. Da sitze ich dann und lausche den Wellen, der leisen Tavernenmusik, dem Klicken der Würfel einer Runde Távli spielender alter Männer und träume vor mich hin.
Zwischendurch ein Aufblitzen von Staunen und Dankbarkeit: *Dies* ist also mein „Naherholungsgebiet" an einem ganz normalen Arbeitstag! Und obwohl ich manchmal Sehnsucht nach einer stillen grünen Wiese habe, finde ich es fantastisch, dass gerade *ich* ausgerechnet *jetzt* genau *hier* bin!

2.10. 2003

An manchen Tagen bin ich so frustriert, dass ich mit dem Gedanken spiele, zum Schuljahrsende zu kündigen. Griechische Schüler zu bändigen ist mindestens doppelt so anstrengend wie der Unterricht mit Schülern in Deutschland. Und der Ablauf eines Schultages widerspricht jedem Biorhythmus: Nach acht Stunden Frontalunterricht, der lediglich durch zwei 15-Minuten-Pausen unterbrochen wird, sind alle Beteiligten so erschöpft, dass sie auf schnellstem Weg dem Mittagsschlaf zustreben. Man verabschiedet sich also nachmittags um drei Uhr mit dem Wunsch: „Καλὸ ὕπνο!" („Guten Schlaf!").

Zwischen fünf und sechs Uhr machen sich die meisten Schüler auf den Weg ins „Frontistírio", eine private Nachmittagsschule, in der der gesamte Stoff noch einmal durchgepaukt und abgefragt wird. Schon Grundschüler lernen im Frontistírio Fremdsprachen, bis zur Oberstufe steigert sich das Pensum auf etwa fünf Stunden täglich. Wenn die Jugendlichen dann gegen elf Uhr abends nach Hause kommen, müssen sie noch die Hausaufgaben für die Vormittagsschule erledigen, und selbst im Frontistírio gibt es Hausaufgaben und Klassenarbeiten. Kein Wunder, dass die Schüler sich vormittags nicht konzentrieren können und in meinem Unterricht entweder toben oder schlafen.

Mein eigener Tagesablauf ist nur wenig entspannter. Nach der Schule bin ich meistens zu erschöpft um mir etwas zu Essen zu machen. Ich falle nur noch ins Bett. Wenn die Schüler ins Frontistírio aufbrechen, koche ich mir einen Kaffee und sitze bis spät abends am Schreibtisch. Bin schon ganz abgemagert.

Heute will ich mir zur Entspannung im Goetheinstitut den Film „Good-bye, Lenin" ansehen. Angeblich gibt es eine Buslinie, die direkt vor dem Institut hält. Allerdings habe ich bis jetzt noch keine Zeit gehabt, das Bussystem zu erkunden. Es gibt offensichtlich auch keinen Plan. Der 6er-Bus fährt mit viel Krach und Gestank an meinem Haus vorbei, in Richtung Zentrum. Aber an der Bushaltestelle an meiner Straßenecke hält er nicht. Ich frage Passanten, laufe zur nächsten Straße, überquere die große Kreuzung. Dort hält er schließlich. Doch dann biegt er ab und fährt in die falsche Richtung. Ich habe keine Energie mehr, mich weiter durchzufragen. Steige wieder aus und laufe die ganze Strecke zurück. Vielleicht war es doch die richtige Richtung?

8.10.2003

Am Mittwoch ist staatlich verordneter Schulausflug. Die Schulleitung bestellt eine Menge Busse, die sich vor dem Schultor gegenseitig blockieren. Ich werde eingeteilt mit „meiner" und drei weiteren Klassen in eine Kleinstadt an der bulgarischen Grenze zu fahren, wo es einen Spiel- und Vergnügungsplatz gibt. Als wir nach zweistündiger Fahrt ankommen, ist alles außer der Taverne geschlossen, sämtliche Buden sind mit Brettern vernagelt. Die 120 Schüler werden ermahnt, pünktlich um zwei Uhr wieder am Bus zu sein und dann sich selbst überlassen, während wir Lehrer uns auf dem kürzesten Weg in die Taverne begeben. Weil es kühl ist, setzen wir uns drinnen vor den Fernseher. Die Religionslehrerin meint, wenn einem der Kinder etwas passierte, kämen wir alle für den Rest unseres Lebens hinter Gitter. So sei es einer Gruppe kretischer Lehrer ergangen, deren Schüler beim unbeaufsichtigten Bootfahren ertrunken sind. Sie erzählt das lachend und achselzuckend, als handelte es sich um ein unabwendbares Risiko wie ein Erdbeben. Lachend stoßen wir auf ein gutes Schuljahr an. Irgendwann kommt die griechische Biologielehrerin auf die Idee, eine Wanderung zu organisieren; sie habe gehört, das sei in Deutschland bei Schulausflügen so üblich. Es gelingt ihr, mich und acht Schülerinnen, die gelangweilt auf einem Mäuerchen sitzen, von der Idee zu begeistern. Da niemand von uns den Weg kennt, laufen wir einfach die erstbeste Straße entlang. Nach fünf Minuten landen wir in einer Kalkgrube. Von dort kann man durch einen flachen, trockenen Graben in ein Wäldchen gelangen, aber vier der Mädchen bekommen schon beim Anblick des Hindernisses Panik. Alle Überredungskünste und Hilfestellungen sind vergebens, die Mädchen zittern und haben schweißnasse Hände. Kurz bevor das erste in hysterische Tränen ausbricht, brechen wir die Wanderung ab und erreichen ohne weitere Herausforderungen den schützenden Hof der Taverne.

6.10. 2004

Auch im darauf folgenden Schuljahr wird ein „Wandertag" angeordnet.
Die deutsche Belegschaft, etwa ein Drittel des Kollegiums, ist fest entschlossen aus Fehlern zu lernen und beschließt, ein verbindliches, lehrreiches Programm zu organisieren, das nicht nur aus Tavernenbesuchen besteht. So werden fünf Ziele festgesetzt und jede Klasse muss sich einem davon zuordnen. Meine Klasse entscheidet sich für eine Weingutbesichtigung bei „Boutári" in Gouménissa, weil das Gerücht umgeht, dorthin sei die Busfahrt nicht so weit. Nach zweieinhalbstündiger Busfahrt stellt sich jedoch heraus, dass der Ort weit im Norden, nahe der Grenze zur früheren jugoslawischen Republik Mazedonien, in den Bergen liegt und dass das Weingut – wie jedes Jahr während der Weinlese – für Besucher geschlossen ist. Da es in dieser Einöde sowieso nur einige einzige Straße gibt, fährt der Busfahrer einfach weiter bergauf – bis in einem winzigen Bergdorf die Straße so schmal wird, dass der Bus zwischen zwei windschiefen Häusern steckenbleibt. So steigen wir alle aus und beschließen eine echte Wanderung zu machen, zumindest bis zur nächsten „πλατεία" (Dorfplatz) mit Kafeníon. Bald wird jedoch die Straße zu einem Schotterweg, an dem bestimmt keine Platía mehr zu erwarten ist. Stattdessen rollen Esskastanien und kleine rote Äpfel die Piste hinunter, ein Bauer auf einem Muli blickt uns skeptisch nach und schließlich begegnet uns ein altes Weiblein mit einer Kiepe voll Brennholz, das die Frage nach einer ordentlichen Taverne mit verständnislosem Kopfschütteln quittiert.
Sofort löst sich jeglicher Wanderelan meiner Kollegen und Schüler in Wohlgefallen auf, wir stolpern den Berg wieder hinunter und versammeln uns direkt vor dem einzigen Kafeníon weiter unten im Dorf. Zwei Schüler überreden die Wirtin, am helllichten Vor-

mittag zu öffnen und 60 Tässchen Kaffee zu servieren. Da sie dazu – wie in Griechenland üblich – ein kleines Stieltöpfchen und einen Gaskocher benutzt, hat sie den ganzen Vormittag zu tun. Inzwischen taucht auch der Busfahrer wieder auf und es wird höchste Zeit, in ein größeres Dorf zu fahren, in dem es eine anständige Taverne gibt. Also kurven wir das Gebirge wieder hinunter, zwängen den Bus durch die engen Gassen von Gouménissa und finden tatsächlich eine Platía mit mehreren Tavernen unter Platanen, wo wir alle zusammen speisen, bis es Zeit ist zurückzufahren.

Die Rückfahrt dauert nicht ganz so lange, weil der Busfahrer die geschlossenen Bahnschranken im Zickzack umfährt statt zu warten. Er ist offensichtlich nicht der Erste: eine der halbseitigen Schranken liegt schon plattgefahren am Boden…

Ich bin froh, als wir heil an der Schule ankommen. Auch meine Schüler sind mit dem Ausflug völlig zufrieden. Gegen Busfahren, Kaffeetrinken und Tavernenessen haben sie nichts einzuwenden. – Ich eigentlich auch nicht. Ich werde in meinem Leben noch so viele „deutsche Wandertage" organisieren müssen, dass ich die griechischen „εκδρομές" einfach entspannt genießen kann.

4. Gesellschaftsspiele

Kalamariá, den 16.10.2003

Liebe Freunde!

Heute wird mein neuer Internetzugang eingeweiht und Ihr bekommt endlich mal Post. Erwartet bitte keinen Postkartentext nach dem Schema: „Der Himmel ist blau, das Wetter ist schön…" – Nein: Es regnet und ich bin krank. Alles ist neu, ungewohnt und herausfordernd und ich bin schon nach einem Monat Schulalltag völlig erschöpft.

Ich unterrichte über 300 Schüler, von denen die meisten Níkos, Jórgos oder Dimítris heißen, und leite zwei Chöre. Griechische Kinder singen auf Anhieb doppelt so laut wie deutsche, machen aber auch doppelt so viel Krach. Ihr stellt Euch sicher vor, dass es interessant sein könnte, in einem so dynamischen System zu arbeiten. Das dachte ich auch, aber es stellt sich heraus, dass die Schule hier kein Entwicklungsraum für Jugendliche, sondern eine reine Paukanstalt ist, in der nur das System von Belohnung und Strafe funktioniert. Bisher habe ich mich geweigert, Drohungen, Strafarbeiten und so genannte „Tadel" zu verteilen und mich bemüht, die Kinder stattdessen für die Lerninhalte zu begeistern. Aber sie verstehen – nicht nur sprachlich – überhaupt nicht, was ich von ihnen will. Sie wollen vor allem wissen, wofür sie belohnt oder bestraft werden und zu diesem Zweck gehen sie über Tisch und Bänke. Meine erfahreneren Kollegen versuchen mir die Skrupel vor ihrem Maßnahmenkatalog zu nehmen, indem sie mir den Ablauf erklären: Wer einen „Tadel" bekommt, heult erst einmal den Rest des Schultages oder lässt sich von der ebenfalls heulenden Mutter abholen. Aber danach funktioniert der Unterricht. - Soll ich mich darauf einlassen?

Seit Anfang Oktober steht das Schulleben hier außerdem im Zeichen der Nationalfeiertage. Nach der Feier zum 3. Oktober halten nun die Vorbereitungen für den griechischen Nationalfeiertag die ganze Schule in Atem: Alle 9. Klassen üben im Sportunterricht marschieren. Sie umrunden zu den Kommandos der Sportlehrer das ganze Schulgelände, in Viererreihen und im Gleichschritt, die Arme ausgestreckt im Gegenrhythmus zu den Beinen. Das scheint gar nicht so einfach zu sein, gerät immer wieder durcheinander. Es ist heiß, die Dicken schwitzen und bekommen verbissene Gesichter. Die Sportlehrer werden heiser und bringen ihre Trillerpfeifen zum Einsatz. Für alle anderen Klassen ist das Spektakel eine willkommene Ablenkung vom Unterricht. Sie stürmen an die Fenster, pfeifen und brüllen Kommentare, die die Akteure noch mehr aus dem Takt bringen.

Im Musikunterricht habe ich gerade die Sage von Syrinx und Pan erzählt und die Klasse auf das zarte Flötenstück von Debussy eingestimmt, als die Armee wieder vorbeimarschiert: „Ένα, δύο, ένα, δύο!" („Eins, zwei, eins, zwei!") In einer anderen Klasse versuche ich gerade mit Body-Percussion erfahrbar zu machen, was Swing-Feeling ist. Wieder platzt mir der Marschrhythmus dazwischen. Die 9b ist nur zur Hälfte da, weil die andere Hälfte zum Schneider muss, um sich Uniformen anmessen zu lassen. Ganz vorsichtig frage ich die Schüler, wie sie es finden, am Nationalfeiertag zu marschieren. „Eh, ganz normal." Was sollen sie dazu sagen? Die Paraden gehören selbstverständlich zum Jahreslauf dazu. Nur dass sie die Uniformen für 80 Euro selbst kaufen müssen, stößt bei einigen auf Kritik. Immerhin dürfen sie sie dann anschließend behalten. Was sie damit tun? Sie hängen sie ins Wohnzimmer und die ganze Großfamilie ist stolz darauf!

Da bin ich also in der Wiege der europäischen Demokratie!
Aber der Orient ist auch nicht weit. In der 10. Klasse bringt jede Stunde ein Schüler sein Lieblingsstück mit und spielt es vor. Bisher war kein einziges internationales Popstück dabei, dafür jede Menge griechische, in meinen Ohren orientalisch geprägte Folklore, teilweise mit Rhythmusgruppe unterlegt. Das nennt sich dann „ellinikó Rok". Zum Teil gefallen mir die Stücke sehr gut, auf jeden Fall sind sie witzig zum Tanzen - und das wird dann mitten in der Musikstunde auch spontan getan. Die Mädchen wiegen sich in den Hüften und drehen anmutige Figuren mit den Händen, die

Jungen knien sich davor, klatschen komplizierte Rhythmen und rufen „Oppa!"
Manche bringen auch „klassikí Mousikí" mit, orchestrierte Volkslieder von Chatsidákis oder Theodorákis. Von dem, was wir klassische Musik nennen, haben die meisten so wenig gehört, dass sie viel unbefangener und weniger ablehnend damit umgehen als deutsche Jugendliche. Aber natürlich bedeutet das auch, dass kaum jemand klassische Musik spielt, mal abgesehen vom Anfang von „Für Elise", den sie sich in den Pausen gegenseitig beibringen.

„Musikalische Hochkultur" wird hier vor allem als ein Statussymbol der Bildungsoberschicht zelebriert. Beim Konzert eines griechischen Absolventen der deutschen Schule begrüßt der Schulleiter das Publikum mit dem Ausdruck der Freude darüber, dass dadurch der Ruf der Deutschen Schule Thessaloníki gefördert wird. Das ist dann auch das Hauptanliegen der Veranstalter: Man feiert sich selbst: Der Pianist mit seinem Auftreten, der Förderverein mit einem Sektempfang, die Honoratioren des Konsulats mit schicken Kostümen und Smalltalk. Die Musik tritt dabei völlig in den Hintergrund.

Wie finde ich in diesem Gesellschaftsspiel meinen Platz?

Der erste Schritt besteht wohl darin, dass ich mir Überlebens-Nischen suche, alles Weitere braucht Zeit. Immerhin habe ich meinen eigenen Musiksaal, den ich sehr schön eingerichtet habe und in dem die Schüler sich wohlfühlen. Überhaupt ist das Gebäude der DST großzügig, modern und architektonisch interessant - wenn auch in einem öden Gewerbegebiet gelegen - und bei klarem Wetter hat man – über Autobahn und Flughafen hinweg – einen Blick aufs Meer und den Olymp!

Irgendwann möchte ich dort hinauf, vielleicht im nächsten Sommer, wenn ich wieder mehr Kraft habe.

Aber auch die Umgebung von Thessaloníki ist wunderschön. Es gibt weiße Sandstrände und türkisblaues Meer, Berge mit duftenden Pinienwäldern und blühendem Heidekraut, Obstgärten mit reifen Granatäpfeln, Olivenhaine und weißgetupfte Baumwollfelder.

An den Wochenenden bin ich mit meinen Kollegen unterwegs, jedes Mal entdecken wir etwas Neues und das Wasser ist noch warm genug zum Baden. Wenn wir in einer Taverne sitzen und die Gespräche der letzten Touristen an den Nebentischen hören, staunen wir jedes Mal: *Hier* leben und arbeiten wir und kein Flugzeug bringt uns nächste Woche wieder zurück ins kalte Nordeuropa!

Stattdessen schicke ich Euch viele südeuropäische Grüße! Habt einen goldenen Herbst und lasst es Euch gut gehen!

Gesine.

5. Im Zeichen der Nationalfeiertage

Anfang Oktober werden die Saisongeschäfte, die den Sommer über leer standen, neu eingerichtet. Jetzt gibt es hier griechische Fahnen in allen Ausführungen, aber auch Poster mit finster dreinblickenden Soldaten, die Gewehre im Anschlag und den drei Buchstaben: OXI – Nein - zum Durchmarsch der italienischen Armee am 28. Oktober 1940. Das Nein war der Auslöser für den Eintritt Griechenlands in den 2. Weltkrieg; ein zweifelhafter Anlass zum Feiern. Zum Glück gibt es noch zwei weitere Anlässe: Am 26. Oktober ist das Fest des Agios Dimítrios, des Schutzheiligen von Thessaloníki, und am gleichen Tag des Jahres 1912 endete in Thessaloníki die 500jährige Herrschaft des osmanischen Reiches.

Bei der Nationalfeier in der Schule werden deswegen zuerst kirchliche Hymnen gesungen, bevor man zum kriegerischen und dann zum volkstümlichen Teil übergeht. Anschließend gibt es drei Tage schulfrei.

Auf fast allen Balkons meiner Nachbarschaft wehen griechische Fahnen. Als ich das völlig absichtslos meiner Vermieterin gegenüber erwähne, entschuldigt sie sich wie für ein großes Versäumnis mit dem Versprechen, selbstverständlich werde sie mir zum nächsten Nationalfeiertag eine griechische Fahne besorgen! Zum Glück vergisst sie es. Was soll ich mit einer griechischen Fahne, wo ich schon die deutsche nicht hissen mag?

Selbst an die Wolken von schwarz-rot-goldenen Luftballons, die am 3. Oktober durch die Aula der Schule schweben, muss ich mich gewöhnen. Ich habe nie zuvor eine deutsche Nationalfeier erlebt und noch von keiner deutschen Schule gehört, die diesen Tag feiert. Nun muss ich sogar mitwirken: Meine Aufgabe besteht darin, mit den Klassen Schlager aus Ost und West zu üben, die dann in einem Quiz zugeordnet werden sollen. Das ist ganz lustig, allerdings wissen die griechischen Kinder mit dem DDR-Schlager vom „himmelblauen Trabant" nichts anzufangen. Stattdessen wollen sie lieber die deutsche Nationalhymne singen. Die kennen sie schon - und sie gehört doch wohl zum Nationalfeiertag dazu.

Ich bin erst einmal spontan dagegen. Mit der Distanzierung von allem, was national ist, bin ich aufgewachsen. Wenn ich die Melodie höre, sehe ich sofort alte Wochenschaubilder vor mir: gebrüllte Hitler-Reden, rollende Panzer und zerbombte Städte. Dazu steigt eine bedrückte Stimmung in mir auf, das Bewusstsein einer Schuld, die sich nie wiedergutmachen lässt. Das Einzige, was ich im Zusammenhang mit allem Nationalen zu tun gelernt habe, ist, Reue und Zerknirschung zu zeigen – aber bestimmt nicht zu singen!

Meine Schüler können das nicht verstehen. Sie identifizieren sich auf eine naive Weise mit dem deutschen Hintergrund ihrer Mütter ebenso wie mit der griechischen Herkunft ihrer Väter und sind gleichzeitig auf der Suche nach etwas Eigenem. Aber erst einmal erproben sie sich in Gruppengefühl. Mit der deutschen Nationalhymne assoziieren sie Fußball und Olympiasiege. Was den Text angeht, sind sie durch die griechische Hymne abgehärtet, in der es um Schwerter und die Gebeine von Helden geht.

„Frau Mielitz", sagt Babis, „Sie waren doch bei Hitler noch nicht geboren. Sie dürfen ruhig stolz auf Deutschland sein und singen." Also springe ich über meinen Schatten und übe als erstes Stück in Griechenland auf dem Klavier die deutsche Nationalhymne.

Den griechischen Nationalfeiertag selbst verbringe ich weit weg von der Großstadt und ihren Paraden auf dem Pilion, umgeben von Herbstlaub und Esskastanien. Als ich zurückkomme, sind in allen Fotogeschäften hunderte von Paradefotos ausgestellt. Die Großmütter stehen in Trauben davor und versuchen in den uniformierten Reihen ihre Enkel zu entdecken.
Mein Kollege Nikos hat einen ganz verklärten Blick: Diesen Nationalfeiertag wird er nie vergessen! Sein Sohn durfte bei der Parade die Fahne seiner Schule tragen - eine Ehre, die jeweils dem besten Schüler zuteil wird – während Nikos´ Vater die Fahne seines Veteranenvereins trug! Großvater und Enkel tragen, wie es Tradition ist, den gleichen Namen. Dass sie nun außerdem in der gleichen Parade für Griechenland marschiert sind, macht Nikos als Vertreter der mittleren Generation glücklich!

(2004)

In meinem zweiten Jahr übernehme ich zusammen mit einer griechischen Kollegin selber die Aufgabe, die Nationalfeier zum Ochi-Tag („Nein-Tag") inhaltlich zu gestalten. Ganz gegen die Tradition der Veranstaltung nehme ich die Gelegenheit zum Anlass mit den Schülern darüber nachzudenken, wozu es sich heute lohnt, nein zu sagen. Nach dem Schema des bekannten Borchert- Gedichts erfinden sie selbst Strophen mit dem Refrain: „Sag nein!" Damit das Konzept auch konstruktiv wird, schreiben sie zusätzlich Strophen mit positiver Aussage: „Sag ja!"
Die Präsentation gerät zu einem großen Mitmachtheater. Schon nach der zweiten Strophe brüllen sämtliche Schüler am Ende jeder Strophe: „Sag nein!" Als die positiven Strophen vorgelesen werden, hat sich die Routine schon so eingespielt, dass keiner mehr auf den Text hört. Der ganze Chor schreit weiterhin: „Sag nein!"

Die Vorleser werden von Strophe zu Strophe ratloser. Schließlich schnappt sich einer das Mikro und ruft: „Ihr müsst doch erst einmal zuhören, wozu Ihr nein oder ja sagt!"
Diese Botschaft ist vermutlich noch auf keiner Schulnationalfeier vermittelt worden…

(2006)

Zum dritten Mal bin ich im Oktober in Thessaloníki und noch immer weiß ich nicht, was es mit dem anderen Nationalfeiertag am 13. Oktober auf sich hat, der dem „Makedonischen Kampf" gewidmet ist. Obwohl der griechische Direktor jedes Jahr eine Rede hält, können die Schüler mir nicht erklären, worum es dabei geht. Also gehe ich – zum ersten Mal – ins Museum des Makedonischen Kampfes. Kindergeschrei empfängt mich; genervte Grundschullehrerinnen versuchen mit Zischeln und Drohen Achtjährige in Schach zu halten, die vor den Gemälden überlebensgroßer schnauzbärtiger Helden mit verwegenem Blick, Patronengürteln und Fustanella herumtoben. Der Museumsführer übertönt die wilde Horde mit dröhnender Stimme und der Frage: „Kinder, wer war Pávlos Melás? … Sagt!…" Trotz eindringlicher Blicke weiß keiner die Antwort und so schlüpft er in die Rolle des Märchenonkels und erzählt: „Pávlos Melás war einer der mutigsten Helden des makedonischen Kampfes. Er ließ seine Kinder, den Michális und die Zoí, in Athen zurück und zog nach Makedonien um das Land von den Feinden zu befreien…"
Die Kinder haben sich längst den spielzeuggroßen Schlachtszenen zugewandt, die eine andere Klasse gebastelt hat. Bevor die nächste Klasse durchgeschleust wird, sollen sie in Dreiergruppen vor dem Spruch fotografiert werden, der über den Helden an der Wand steht. Das kostet die Lehrerin Nerven und Stimme: „Ένα, δύο, τρία - χαμόγελο!" („Eins, zwei drei - lächeln!"), schreit sie immer wieder. Und wenn ein Kind angesichts der martialischen Kulisse nicht lächelt, beginnt das ganze Theater von vorne. Gerne würde ich die Helden samt Kindern und Lehrerin fotografieren, aber ich will das Spektakel nicht noch komplizierter machen. Stattdessen

frage ich zwischen zwei Schülergruppen den Wächter, ob ich das Gemälde fotografieren dürfe. Er deutet das als Hinweis auf meine Begeisterung für den Makedonischen Kampf und bietet mir an, mich vor den Helden abzulichten. Ich muss mich in Pose stellen und lächeln. Hinter mir prangt der Spruch:

> Ihr seid allen verpflichtet,
> die kamen, die vergingen,
> die kommen werden und die vergehen werden.
> Als Richter werden sie über uns urteilen,
> die Ungeborenen und die Toten.
>
> Kostís Palamás, griechischer Nationaldichter

6. Von der Zeit, die sich durch mein Staunen dehnt

21.10.2003

Im Umzugswirbel des vergangenen Sommers hatte ich manchmal Sehnsucht nach einem „ganz normalen Tag", an dem nichts Unvorhergesehenes geschieht. „Normal" fühlt sich mein Alltag immer noch nicht an. Ich komme mir vor wie ein Kleinkind, für das die Zeit viel langsamer vergeht als für Erwachsene, weil es noch nicht überblicken kann, was ein Lebenstag alles bringen kann. So füllt sich die Zeit mit Überraschungen, dehnt sich durch mein Staunen. Jeder Gang zum Briefkasten ist ein Abenteuer. Wie ein Erstklässler buchstabiere ich Plakate, Ladenschilder, die Gesichter der Passanten. Jeder Blick in ein Kafeníon, ein Schaufenster, eine unbekannte Gasse zeigt mir eine fremde Welt und ich muss stehen bleiben und gucken…

An meiner Straßenecke wird eine neue Konditorei eingeweiht. Girlanden sind über die ganze Kreuzung gespannt. Die Gäste stehen an runden Plastiktischchen auf der Straße und essen Torte. Musik aus riesigen Lautsprechern übertönt den Straßenverkehr. Als ich gerade weitergehen will, ändert sich der Stil der Musik: Ein Pope bahnt sich einen Weg zwischen den Torten und zelebriert den Agiasmós: Psalmodierend taucht er ein Sträußchen Basilikum in Weihwasser und besprengt damit den Konditor, die Sahnestückchen und die Pralinen. Die Konfekt essenden Gäste schlagen ein Kreuzzeichen nach dem anderen. Weihrauch mischt sich mit Zimt und Abgasen. Irgendwann geht das Ritual nahtlos in den Tanz auf der Straße über. Die Tanzmusik klingt genauso melismatisch-orientalisch wie der Popengesang, beides weckt in mir Assoziationen an eine längst versunkene Welt aus Tausend-und-eine-Nacht.

Eine Straßenecke weiter entziffere ich das Schild „κομμωτήριο" und trete ein in Ewis Friseursalon. Ewi, eine weißblond gefärbte und dennoch ganz natürliche Frau von Anfang Dreißig, ist mir auf Anhieb sympathisch. Sie stellt mir ihren Freund vor, kocht Kaffee und überhäuft mich mit einem Schwall von Frisurideen. Ich verstehe fast nichts, aber das ist jetzt egal, alles ist neu, wieso nicht auch die Frisur? Ewi, begeistert von ungefärbtem blondem Haar, macht sich mit Schwung an die Arbeit und wir führen sogar ein richtiges „Friseurgespräch". Ich erfahre, dass Ewi ihren Beruf liebt, das ganze Viertel kennt, ein „Díploma" aus Athen und sogar eines aus Belgien besitzt und ihren Andreas heiraten wird, sobald die gemeinsame Wohnung bezugsfertig ist. Als ich wieder auf die Straße trete, sehe ich beinahe aus wie eine Griechin: aufgebauscht, glattgefönt und steifgesprayt.

„Dürfen wir Sie schlagen?" fragen die Schülerinnen am nächsten Tag beim Morgengebet. „Wie bitte?" – „Με γειά τα μαλλιά!" („Gesundheit für die Haare!") rufen sie und klopfen mir auf den Nakken. Das gehört zu jedem neuen Haarschnitt dazu und ist einer der vielen Wünsche, mit denen man sich gegenseitig überhäuft.
„Καλό ρίζικο" („kaló rísiko") rufen sie Thanássis zu, der ein neues Auto gekauft hat. Das hat nichts mit dem Risiko zu tun, das man eingeht, wenn man in Thessaloníki Auto fährt, sondern bedeutet „gutes Schicksal".
Schicksal und Risiko als Sprachverwandte – für mich am Anfang meines Griechenlandabenteuers ist das leicht nachvollziehbar. Ob es an den Wünschen oder der neuen Frisur liegt – heute bin ich froh, dass ich das Schicksal herausgefordert und etwas riskiert habe. Es gefällt mir, dass meine Tage sich nicht mit der ewig gleichen Alltagsroutine füllen und ich wünsche mir ein „gutes Risiko".

30.10.2003

Ich sitze am Schreibtisch und lerne Vokabeln, als plötzlich das ganze Haus anfängt zu wackeln. Ich fühle mich wie auf der Ladefläche eines Lastwagens, der über einen Feldweg rumpelt. Die Regale klappern, ich springe auf um nicht eine Ladung Bücher auf den Kopf zu bekommen und gehe unter dem großen Stahlträger im Flur in Deckung, der angeblich auch bei starken Erdbeben hält – aber da ist der Spuk schon vorbei, zu kurz um überhaupt Angst zu verbreiten.

Wie verhält man sich nach einem Erdbeben? Ich sehe aus dem Fenster. In den Wohnzimmern meiner Nachbarn ist nichts Ungewöhnliches zu sehen: laufende Fernseher, Licht über gedeckten Esszimmertischen, eine Frau, die im Nachthemd am Fenster steht und telefoniert. Erdbeben ist eine Bedrohung, auf die man nicht reagieren kann, zumindest nicht in einem so dicht bebauten Viertel wie meinem. In anderen Stadtteilen rennen die Leute auf die Straße, manche, die das Beben von 1978 erlebt haben, mit gepackten Nottaschen und einem Hammer, der für alle Fälle immer griffbereit auf dem Küchentisch liegt: Er soll dazu dienen, sich unter den Trümmern bemerkbar zu machen, falls man verschüttet wird, eine gruselige Vorstellung!

Einen Vorteil haben die häufigen Erdbeben in Griechenland: Es gibt hier keine Kernkraftwerke, weil das zu riskant wäre. Allerdings bezieht Thessaloníki einen Großteil seines Stroms aus einem bulgarischen Kernkraftwerk nahe der Grenze, das vom Typ des Reaktors in Tschernobyl und nicht weniger erdbebengefährdet ist als Elektrizitätswerke auf griechischem Boden. Wenn in Bulgarien die Erde bebt, helfen uns weder Stahlträger noch Hammer… Es ist merkwürdig, wie leicht Menschen sich damit abfinden von tödlichen Katastrophen bedroht zu sein.

Die Schulkinder versuchen sogar, die Gefahr auszunutzen, indem sie klassenweise im Takt hüpfen und dabei „Seismós! Seismós!" („Erdbeben!") brüllen, in der Hoffnung, dass Alarm ausgelöst wird und die Schule ausfällt. Einmal ist es ihnen schon gelungen. Diesmal gibt es wohl keine größeren Schäden, aber ich weiß es nicht so genau, weil ich die Nachrichten im Radio oder in der Zeitung noch nicht verstehen kann.

Es ist ziemlich merkwürdig, auf das angewiesen zu sein, was mir Bekannte zufällig erzählen. So wird mein Radius erst einmal ganz eng. Auch das erinnert mich an die Welt eines Kleinkindes.

12.11.2003

Noch enger wird mein Radius, als ich zum dritten Mal krank werde. Drei Tage liege ich nur dösend im Bett und nehme kaum den

Wechsel zwischen hell und dunkel wahr. Als ich am vierten Tag, wieder etwas wacher, in den Spiegel sehe, finde ich mich völlig verändert: mager, blass, aber auch mit etwas Neuem im Blick, das ich überhaupt noch nicht kenne. Plötzlich bin ich mir selber fremd, muss meinen eigenen Blick erst einholen.

Bewusst kann ich gar nicht viel tun, um die Veränderungen zu bewältigen. Ich liege im Bett und blicke in den Himmel, ohne weiteren Kontakt zur Außenwelt. Mitten in Thessaloníki, im Zentrum einer wirbelnden, herausfordernden Millionenstadt, bin ich ganz mit mir allein.

Eine merkwürdige Erfahrung ist, dass die klassische Musik, die ich sonst gerne höre, um zu mir selbst zu kommen, überhaupt nicht hierher passt. Zu Anfang dachte ich, das läge am Wetter: Es war einfach zu heiß für Bach! Inzwischen ist es auch hier kalt und regnerisch, doch Bach passt immer noch nicht. Ich merke, dass ich meine alte Umgebung nicht einfach hierher verpflanzen kann. Mit dem, was mir wichtig ist, muss ich mich ganz neu verbinden.

17.11.2003

Noch etwas schwach auf den Beinen treffe ich mich mit meiner Kollegin Birgit, wir laufen an der Wasserkante von Kalamariá entlang und erfinden dabei das Spiel „Wenn wir Stadtplanerinnen von Thessaloníki wären".

Als erstes entrümpeln wir den Meerzugang – „Strand" kann man diesen Streifen aus Gerümpel und Gestrüpp eigentlich nicht nennen - indem wir allen Müll und Schutt, alle Schrottautos und Ruinenreste entsorgen, stattdessen Bäume pflanzen und einen Weg anlegen, auf dem man von der Musikhalle bis zum Präsidentenpalast zu Fuß gehen oder Inline skaten kann. Vielleicht kommen die Anwohner dann von allein auf die Idee, auf ihren Grundstücken Blumen zu pflanzen statt Schrott zu lagern.

An der Landzunge beim Präsidentenpalast stellen wir ein Toilettenhäuschen auf und richten ein paar der streunenden Hunde darauf ab, alle in den Hintern zu beißen, die trotzdem in die Landschaft kacken.

Als nächstes wenden wir uns dem Stadtteil zu, in dem Birgit wohnt. Dort gibt es zwischen den Hochhäusern noch Reste der alten Bebauung, Flüchtlingshäuschen, Schrebergärten und Brachflächen mit Bäumen. Bisher werden die unbebauten Flächen mit ausrangierten Lastwagen zugeparkt oder als Schleichwege für Autofahrer genutzt, die querfeldein durch den Matsch auf die Autobahn fahren. Irgendwann soll das gesamte Gebiet mit modernen Hochhäusern bebaut werden.

Hier legen wir stattdessen eine grüne Insel an. Die Flüchtlingshäuschen und die kleinen alten Frauen mit ihren Gemüsegärtchen und Granatapfelbäumen können bleiben. Dazwischen entstehen Radwege und Spielplätze, Parkflächen und möglichst viel Wildnis für die Kinder. Wieder trainieren wir die wilden Hunde, den Leuten zu vermitteln, dass Natur nicht das Gleiche ist wie eine Müllkippe…

Wenn wir auf diese Weise auch alle Industrieruinen der Stadt in Gärten verwandelt haben, wird die graue Stadt grün gesprenkelt sein.

Mittlerweile sind wir so in Schwung, dass wir gleich noch Erziehungsministerinnen werden. Sofort schaffen wir alle privaten Nachmittagsschulen ab und schicken die Kinder nachmittags in die Parks und Wildnisse.

Dann werden wir Wirtschaftsministerinnen und schaffen als erstes die Fastfoodketten und gigantischen Einkaufszentren ab, die rings um die Stadt die Landschaft verunstalten. Nun brauchen die Leute nicht mehr so viel Geld für Konsumgüter, sie können ihre Nebenjobs aufgeben und auf unserer neuen Strandpromenade den Feierabend genießen oder mit ihren Kindern die Wildnis erkunden. Ihre Autos brauchen sie sowieso nicht mehr, denn sobald wir Verkehrsministerinnen sind, wird die ganze Stadt für Privatautos gesperrt und es gibt stattdessen ein gut funktionierendes Bussystem, dazu einen Plan, auf dem man sehen kann, wo welche Linie verläuft!

Endlich gibt es Platz in Thessaloníki! Viel davon bekommen die Schulen, um ihre trostlosen, betonierten Schulhöfe umzugestalten. Bei der Gelegenheit werden auch alle Vergitterungen von den

Schulfenstern entfernt, damit man sie endlich von Gefängnissen unterscheiden kann!

Platz gibt es auch für BMX-Bahnen und Bolzplätze, für Tiere, Zauberkünstler, Straßenmusiker - und für Träumer und Spinner wie uns!

22.11.2003

Kaum ein Wochenende vergeht ohne Einladungen deutscher Kollegen aus der Schule. Die „Alten" laden die „Neuen" ein, so ist es Sitte, und dann folgt die Runde der Gegeneinladungen. Jeden Freitag werden detaillierte Skizzen gezeichnet und Wegbeschreibungen verteilt, denn einen zuverlässigen Stadtplan gibt es nicht. Der Nobelvorort, in dem die meisten wohlhabenden Ausländer wohnen, besteht aus einem unübersichtlichen Straßengewirr an einem steilen Hang. Dort kann das Fragen nach dem Weg gefährlich werden: In jedem Vorgarten kläfft ein Wachhund, den ein Schild als bissig ausweist, und auf den Straßen streunen Rudel von verwahrlosten Hunden, deren Besitzer sie ausgesetzt haben. Während meine Kollegen ihre Kinder in der Innenstadt bedenkenlos nachts allein ausgehen und Bus fahren lassen, erlauben sie nicht, dass sie im eigenen privilegierten Stadtteil bis zum nächsten Kiosk gehen.

Ich freue mich trotzdem über die Einladungen, lerne auf diese Weise Menschen kennen, die schon länger in Griechenland leben, bekomme Tipps und Erfahrungsberichte - und jede Menge Anekdoten erzählt. Nach wenigen Wochen kann ich die Gesprächsthemen in vier Gruppen einteilen: 1. Gefahr durch griechische Hunde, 2. Gefahr durch griechische Verkehrsteilnehmer, 3. Kuriositäten aus der griechischen Bürokratie, 4. Billigflüge und Sonderangebote. Diese Themen haben den großen Vorteil, dass jeder schon nach kurzer Zeit eigene Erfahrungen in Anekdotenform beisteuern kann. Sie haben für mich den Nachteil, dass sie mich spätestens nach dem dritten Abend schrecklich langweilen! Bei einigen Kollegen gleicht ihre Herzlichkeit den Mangel an Gesprächsthemen aus, bei anderen tut es die herrliche Aussicht von ihrer Terrasse über die ganze Stadt. Trotzdem bekomme ich immer mehr Sehnsucht nach Gesprächen, in denen meine wirklich drängenden Fragen einen Platz finden und nach Gesprächspartnern, die ihrem Leben in Griechenland einen tieferen Sinn abgewinnen können als den eines mehrjährigen - durch Arbeit unterbrochenen - Tourismusaufenthalts.

7. Nikolaustag am Strand

Kalamariá, den 7.12.2003

Liebe Freunde!

Ratet, was ich zur Feier des Nikolaustages getan habe? - Zuerst mit meiner Kollegin Birgit auf dem Balkon in der Sonne gefrühstückt und dann im Meer gebadet! Wir konnten der Verlockung einfach nicht widerstehen! Natürlich war das Wasser prickelnd kalt, aber die Sonne wärmte uns schnell wieder auf und anschließend tranken wir in einer Taverne an der Steilküste griechischen Kaffee. Der Kellner brachte uns das Wort απολαμβάνω (genießen) bei und so werde ich immer an den glücklichen Tag denken, wenn ich es benutze.

Zur Abwechslung hat es heute gestürmt und geschneit, die Berge sind bis in die Vororte hinunter weiß bezuckert. Am Balkon gegenüber baumelt ein blinkender Rentierschlitten, die Schüler wünschen sich das Lied von „Rudolf, the Rednosed Reindeer".

Die meisten Weihnachtstraditionen sind hier importiert, denn in Griechenland ist Ostern das wichtigere Fest. Populäre Importprodukte sind das Weihnachtskonzert und der Weihnachtsmarkt der Deutschen Schule: Diese Veranstaltungen sind dafür zuständig, den Bedarf von ganz Nordgriechenland an Adventsstimmung, Lebkuchen, Tannenzweigen und Weihnachtsliedern zu decken. Mit Reisebussen kommen Griechen, die als Gastarbeiter in Deutschland gelebt haben, und in Griechenland lebende Deutsche von weither und erwarten, durch Musik und Plätzchenduft in deutsche Weihnachtsstimmung versetzt zu werden, auch wenn draußen die Sonne scheint und man am Strand noch barfuß laufen kann. Jahrelang war ich solchem Weihnachtszauber gegenüber eher kritisch, weil er oft so scheinheilig ist und für die abwegigsten Interessen missbraucht wird. – Und nun bin ich selbst dafür zuständig! Erstaunt stelle ich fest, dass ich gar nichts dagegen habe. So weit entfernt von jedem kommerziellen Weihnachtsmarkt tut mir ein bisschen „deutsche Gemütlichkeit" selbst ganz gut. Bei den Proben allerdings, wenn sich neunzig griechische Mittelstufenschüler auf der Bühne prügeln, während eine andere Klasse mit lauten Hammerschlägen Weihnachtssterne an die Wand nagelt, bin ich am Rande meiner Geduld und weit entfernt von jeder Gemütlichkeit.

Und dann erlebe ich doch noch griechischen Advent. Eigentlich bin ich mit Birgit auf der Suche nach einer Sauna - eine Schnapsidee, so weit von Finnland entfernt! Doch wir werden entschädigt durch ein Gewirr von blinkenden Sternen, Engeln und Weihnachtsmännern, die sämtliche Fassaden in der Innenstadt von oben bis unten bedecken. Auf dem Aristotélous-Platz strahlt ein überdimensionaler giftgrüner Kunststoffweihnachtsbaum neben einem Schiff aus einem Drahtgestell, das über und über mit Lämpchen und griechischen Fahnen behängt ist. Auf einer Bühne davor tanzen rotbemützte Weihnachtsmänner zu ohrenbetäubend lauter Musik Sirtaki. Ich erkenne eine griechische Version von „Jingle

Bells". Das Publikum, ebenfalls mit blinkenden Zipfelmützen bekleidet, isst Souvlaki und Zuckerwatte, telefoniert nebenbei mit dem Handy und schleppt am Rockzipfel ein paar Kinder hinterher. Die Luftballonverkäufer haben alle Hände voll zu tun, sie verkaufen nicht nur Weihnachtsmänner, sondern auch Snoopies, Barbie-Puppen und Dalmatiner-Hunde in Luftballonform.

Die gute Laune steckt an, und als wir uns durch das Gedränge bis an die Strandpromenade vorgearbeitet haben, finden wir den griechischen Advent direkt romantisch: Über dem Meer geht gerade der Mond unter und ein echtes, hell erleuchtetes Schiff fährt über die Mondstraße. Gegenüber wogt die fröhliche Masse rund um den Baum und das Lichterschiff. Zum ersten Mal denke ich, vielleicht wird Thessaloníki doch noch irgendwie „meine" Stadt.

Trotzdem freue ich mich darauf, nach überstandenem Weihnachtsrummel nach Deutschland zu fliegen und Euch wiederzusehen!

Bis dahin wünsche ich Euch eine möglichst geruhsame Adventszeit und grüße Euch sehr herzlich!

Gesine.

8. Sturm, Schnee und Sinnsuche

7.1.2004

Hoch über den Wolken, mitten im blauen Himmel, habe ich das euphorische Gefühl, von meinem alten Zuhause – Hamburg - in mein neues Zuhause – Thessaloníki - zu fliegen. Doch kurz vor der Landung taucht das Flugzeug unter eine dichte Wolkendecke und es wird so dunkel, als ob jemand den Lichtschalter ausgeknipst hätte. Zum Empfang in Thessaloníki bläst mir der Wind den Straßendreck ins Gesicht, zwischen die Zähne, unter die Kontaktlinsen. Weggeblasen ist das Gefühl nach Hause zu kommen.
In meiner Wohnung herrscht Chaos! Der Jalousiekasten hat sich geöffnet, dahinter ist keinerlei Isolierung, also bläst der Sturm aus drei Richtungen herein: Ostwind aus dem offenen Kamin, Nordwind aus dem Jalousiekasten, Westwind aus der Dunstabzugshaube! Man weiß ja, was geschieht, wenn diese Sturmgesellen aufeinander treffen. Muss das unbedingt in meinem Wohnzimmer passieren?
Mein erster Impuls beim Betreten der Wohnung ist ein deutliches Nein. Ich ziehe mich in das hinterste Zimmer zurück und die Decke über den Kopf. Durch meine Träume braust die ganze Nacht der Vardáris-Sturm und der Autoverkehr.
Am nächsten Tag, während ich den Jalousiekasten repariere, die Wohnung putze und Unterricht vorbereite, scheint die Sonne. Das Nein wird etwas schwächer. Ich gehe bei eisigem Wind zum Sonnenuntergang an die Strandpromenade und staune über die üppigen Pelzmäntel, die so gar nicht zu den Palmen und Pinien mit ihren sommerlichen Silhouetten passen wollen. Zu solchen Sonnenuntergängen finde ich ein klares Ja in mir.
Zur Schule auch. Mein Musiksaal ist freundlich und einladend geworden, die Schüler sind ausgeruht und lebhaft, ich kann mit ihnen über alles Mögliche lachen und ernsthaften Unterricht machen. Alles ist viel einfacher als beim ersten Anfang.
In der Pause schneiden wir im Lehrerzimmer die Vassilópita an und verabreden uns für das nächste Wochenende zum Schifahren. Ein begeistertes Ja finde ich natürlich zu unserem Schiabenteuer,

auch wenn wir zum Schluss in einen Schneesturm geraten, wie ich noch keinen erlebt habe. Mitten im Schneegestöber denke ich voller Dankbarkeit: Es ist ein Privileg, hier leben zu dürfen!

Warum bekomme ich dann einen Tag später schon wieder hohes Fieber, eine Krankheit, noch schlimmer als die drei letzten? Was soll das? Warum bin ich hier?

Werde ich das überhaupt irgendwann herausfinden?

1.2.2004

„Καλό μήνα!", einen guten Monat wünscht man sich heute am Arbeitsplatz, im Geschäft und am Telefon. Die Griechen sind mit guten Wünschen zu allen möglichen Gelegenheiten großzügig und das gefällt mir: Da schwingt ja immer auch die Möglichkeit mit, dass etwas Neues entsteht, eine gute Entwicklung in Gang kommt.

Impulse für gute Entwicklungen kamen für mich schon oft aus Findhorn, einem spirituellen Zentrum in Schottland, meiner Verbindung zu einem „Zuhause" jenseits der geografischen Orte. Von dort kommt „The Quest", eine Art Lebenssinn-Erkundungsprogramm, das hier - am entgegengesetzten Ende Europas – plötzlich mein Interesse weckt. Gleich auf der ersten Seite lese ich:

> „It´s all a question of a good story. We are in trouble now because we don´t have a good story. We are in between stories. The old story, the account of how we fit into it, is no longer effective. Yet we have not learned the new story."

Auch wenn sich diese Feststellung sicher auf größere Zusammenhänge bezieht, beschreibt sie meine Situation ganz treffend: Mit meiner „alten Story" aus dem deutschen Alltag kann ich hier nichts anfangen. Ein Zwischenraum tut sich auf, in dem sich meine Suche um die Frage dreht, wie ich in der fremden Umgebung meine „neue Story" finden kann.

„Καλό κουράγιο" („guten Mut") wünsch ich mir dafür.

2.2.2004

Allen Sinnfragen und Rückfällen zum Trotz fahre ich am Wochenende doch wieder mit Kollegen in die Berge. Schifahren in Griechenland – das ist einerseits ein ganz unerwarteter Genuss, andererseits völlig überflüssig.

Ein Genuss: die klare, frische Luft, der mittelmeerblaue Himmel über dem glitzernden Schnee, der weite Blick auf Ketten beschneiter Gipfel bis zum Olymp, die harmonische Bewegung im Einklang mit mir, dem Berg und dem weich verwehten Schnee.

Völlig überflüssig: das Gedrängel viel zu vieler Menschen rund um die Souvlakibuden; die Lautsprecheranlagen an allen Liftmasten, die irgendein Radioprogramm in die Landschaft dröhnen; Zigarettenqualm, Müll und Bierdosen im Schnee; völlig unerfahrene Schifahrer, die den ganzen Berg im Schuss hinuntersausen und jeden überbrettern, der ihnen nicht schnell genug ausweichen kann...
Leider auch völlig überflüssig: die Gespräche mit meinen Kollegen und Bekannten aus dem Umkreis der deutschen Schule während der langen Autofahrt, in der Warteschlange und im Sessellift.
Besonders traurig macht mich die Erkenntnis, dass wir uns kaum etwas zu sagen haben. Wir sind täglich bei der Arbeit und häufig auch in der Freizeit zusammen, haben jedoch so wenig gemeinsam, dass uns nach kurzer Zeit der Gesprächsstoff ausgeht. Von mir aus müssen wir nicht den ganzen Tag reden. Gern würde ich mit Birgit träumend im Sessellift den Berg hinaufschweben und mit ihr zusammen die warme Wintersonne genießen. Stattdessen redet sie ununterbrochen über abwesende Kollegen, stellt Mutmaßungen an, denkt sich Gerüchte aus. Bei der nächsten Liftfahrt gibt Manfred Spekulationen über Birgit zum Besten... Ich kann mir also vorstellen, was passiert, wenn ich nicht dabei bin: Dann werde ich in der Gerüchteküche verarbeitet, bis zur Unkenntlichkeit verkocht, gedreht und gewendet und schließlich garniert mit ein paar sensationsträchtigen Details wieder in Umlauf gebracht. Eigentlich kann mir das egal sein. Aber es hält mich doch davon

ab, Gedanken, die mir wichtig sind, mit Birgit zu teilen, vor allem, wenn ich sie noch nicht richtig geordnet habe.
Ich werde ihr bestimmt nichts von „The Quest" erzählen.

Das heißt aber, dass wir keine echte Freundschaft entwickeln können, wie ich sie mir wünsche. Es bleibt bei einer Erlebnisgemeinschaft, einer etwas stärkeren Verbindung innerhalb einer zusammengewürfelten „παρέα" (Gruppe), die sich niemand ausgesucht hat, die aber gut funktioniert, wenn es um Freizeitgestaltung und Unterstützung in praktischen Dingen geht. Viele Kollegen sind damit zufrieden. Sie gestalten ihr Leben wie Touristen auf einer ausgedehnten Gruppenreise. Auch ich bin ein Teil dieser Gruppe und muss aufpassen, dass ich meine Zugehörigkeit nicht leichtfertig aufs Spiel setze.
Mir reicht es aber nicht, den Berg rauf- und runterzujagen wie Sysiphos, umgeben von tratschenden Gruppenreisenden und halsbrecherischen Schifahrern. Das kann nicht der Sinn meines Hierseins sein! Es muss doch auch in meiner neuen Umgebung Menschen geben, die nach größeren Zusammenhängen und tieferem Erleben suchen. Die Welt ist nicht am Ende der Kollegiumsliste zu Ende!

Sie reicht mindestens bis nach Findhorn. Da heißt es in der Einführung zu „The Quest" weiter:

> „Such major changes in our cultural stories are sometimes called ´paradigm shifts´. It seems that we are in a period of tension between old and new paradigms. Humanity seems to be undergoing such a shift now and enormous potential lies within this tension and chaos."

"Spannung und Chaos" im Zuge eines Paradigmenwechsels – wenn es das bezogen auf ein individuelles Leben überhaupt gibt, erlebe ich es gerade.
Der Text spricht allerdings von größeren Zusammenhängen. Möglicherweise passt er besser zu der Situation meiner griechischen Nachbarn, meines Stadtteils oder sogar der griechischen Gesellschaft insgesamt:

50

Bis vor einer Generation lebten die Menschen in überschaubaren Nachbarschaften, in denen sich jeder kannte. Die einstöckigen Häuschen, aus denen die Dörfer - aber auch Großstädte wie Athen und Thessaloníki - bestanden, wurden über mehrere Generationen von der selben Familie bewohnt, Traditionen fast unverändert weitergegeben.

Innerhalb der letzten 30 Jahre hat sich das Stadtbild völlig verändert. Plötzlich finden sich die Menschen in sechs- bis achtstöckigen Hochhäusern wieder, umgeben von achtmal so vielen Nachbarn, mit denen sie keine gewachsenen Beziehungen verbinden.

Haben die Leute von Kalamariá - oder von Thessaloníki oder Athen - sich ihr neues Leben so vorgestellt, als sie ihre alten Häuschen an die Wohnungsbaukonzerne abtraten, um dafür eine Neubauwohnung in einer engen Straßenschlucht einzutauschen?

Haben sie den „Paradigmenwechsel" so gewollt?

Es gibt Familien, die versucht haben, sich ihm zu verweigern. Ihre kleinen Häuschen sind inzwischen umgeben von den achtstöckigen Betonmauern der Nachbarhäuser, die alles Licht und alle Sonne schlucken.

Sich der Veränderung zu verweigern ist also bestimmt keine Lösung. Der einzig sinnvolle Weg scheint darin zu bestehen, sich den Paradigmenwechsel klar vor Augen zu führen und zu versuchen, seine Chancen zu entdecken und zu nutzen.

Worin bestehen die städtebaulichen Chancen einer explodierenden Millionenstadt?

Und welches Potential birgt für mich mein neues Leben innerhalb dieser spannungsgeladenen, chaotischen Übergangsgesellschaft?

9. Heimweh und andere Krankheiten

Kalamariá, den 22.1.2004

Liebe Freunde!

Mitten in der Woche habe ich Zeit Euch zu schreiben und das hat einen kuriosen Grund:
Es stürmt und schneit in Griechenland, so sehr, dass die Schule ausfällt! Auch sonst ist das öffentliche Leben fast zum Erliegen gekommen: Die Kioske an jeder Ecke, die sonst das Straßenbild prägen, bleiben geschlossen, es fahren fast keine Taxis und nur wenige Busse, der Wochenmarkt schrumpft auf ein paar Stände, und sogar bei der Fremdenpolizei, wo ich heute etwas erledigen musste, war kaum Betrieb. Dabei ist das Wetter für mitteleuropäische Maßstäbe nicht besonders dramatisch, ich habe eher den Eindruck, dass die Griechen das Drama lieben und die unverhofft freien Tage genießen! Mir geht es da nicht anders.
Ich kann endlich in Ruhe meine neuen Chorprojekte vorbereiten, Euch einen Brief schreiben und mal wieder Bratsche üben.

Die Zeit seit dem letzten Brief war sehr vielfältig. Das Weihnachtskonzert war erfolgreich, die „wichtigen Leute" recht angetan und das Publikum sehr dankbar für ein bisschen Weihnachtsstimmung, wie man sie sonst hier überhaupt nicht findet.
Für mich war der Höhepunkt der Auftritt des Erwachsenenchores, der nach nur acht Proben ein komplexes Werk wirklich gut gesungen hat. Damit hat eine verheißungsvolle Entwicklung begonnen und ich freue mich auf die Fortsetzung...

Gleich am letzten Schultag bin ich dann nach Hamburg geflogen. Trotz Nieselregens und Dunkelheit fiel sofort aller Stress der letzten Zeit von mir ab, ich tauchte ein in die Herzlichkeit meiner Freunde, spielte stundenlang mit den Kindern und vergaß mein ganzes Griechenlandabenteuer.
Mit einigen von Euch habe ich über Silvester intensiv Kammermusik gemacht. Erst beim Spielen habe ich so richtig gemerkt, wie

sehr mir das Musizieren in den letzten Monaten gefehlt hatte. Meine Seele war ganz ausgehungert! Ich hab mich „sattgespielt" am Klarinettenquintett von Brahms. Falls Ihr das Stück kennt, könnt Ihr Euch das vielleicht vorstellen: Das ist Musik, die durch ihre abgrundtiefe Melancholie glücklich macht!

Ein bisschen irritierend fand ich, dass ich mich in Deutschland so sehr zu Hause fühlte. Ich hatte nicht den Eindruck, dass in den letzten vier Monaten irgendein Abstand zu meinem alten Leben in Hamburg entstanden ist. Wirken sich all die neuen Eindrücke so wenig aus?

Erfüllt und ausgeruht bin ich ins Flugzeug gestiegen, in der Erwartung, jetzt würde in Thessaloníki eine gute Zeit anbrechen, in der alles etwas einfacher würde als beim ersten Schulanfang. Es ging auch gut los, aber nach vier Tagen wurde ich schon wieder ausgebremst durch eine Krankheit mit extrem hohem Fieber, die mich so geschwächt hat, dass ich nach zwei Wochen immer noch nicht wieder fit bin.
Das hat mich diesmal doch in eine heftige Krise gestürzt. Ich frage mich, was mich hier dauernd so krank macht und worin die Botschaft besteht, die sich auf eine so drastische Weise Gehör verschaffen muss...
Ich gebe mir große Mühe, mich hier dem Leben zu öffnen und das Beste daraus zu machen. Ich freue mich an allem, was schön ist, vor allem an den guten Beziehungen zu meinen Schülern und den sich anbahnenden Freundschaften zu Frauen aus meinem Chor. Ich versuche das, was schwierig ist, nicht zu schwer zu nehmen, aber ich merke einfach, dass mich vieles sehr belastet. Ich versuche hinzunehmen, was ich nicht ändern kann; zu ändern, worauf ich Einfluss habe - und eines vom anderen zu unterscheiden. Das ist aber doch sehr schwer:
Soll ich umziehen, hinaus aus der lauten, dreckigen Stadt? Soll ich mir gegenüber dem Leiden meiner Schüler an dem unmenschlichen System einen dickeren Panzer zulegen? Soll ich mich mehr öffnen oder mehr schützen? Kann ich irgendwo die Arbeitsbelastung reduzieren? Kann ich irgendwo Orte in der Natur fin-

den, oder Kinder oder Kammermusikpartner, die mir Kraft geben? Gibt es irgendwo einen Kreis von Frauen, die sich gegenseitig so unterstützen, wie wir das in Hamburg tun - oder kann ich mich von hier aus mit der Energie verbinden, die mich im Kreis meiner Hamburger Freundinnen genährt hat?

Vielleicht ist auch alles viel weniger kompliziert: Ich bekomme eben nacheinander alle Krankheiten, gegen die ich keine Abwehrkräfte habe und danach bin ich gegen alle Widrigkeiten gewappnet.

Oder habe ich einfach Heimweh?
Das ist ein ungewohnter Gedanke, weil eine völlig neue Erfahrung: Heimweh hatte ich nämlich noch nie, auch nicht als Kind, wenn ich von Zuhause weg war. Damals bekam ich auf Reisen ein schlechtes Gewissen, weil mir meine Eltern nicht fehlten, aber ich fand das Fremde immer so spannend, dass ich auf das Vertraute gut verzichten konnte. Auch jetzt fasziniert mich mein fremder Alltag hier, aber etwas Entscheidendes fehlt trotzdem…
Gerne würde ich in die Zukunft blicken und sehen, ob ich irgendwann auch „Nostaljía" nach Thessaloníki erleben werde, wenn ich wieder in Deutschland bin. Ich kann mir das noch gar nicht vorstellen.

Jetzt ist der Brief schon wieder lang geworden. Ich bin durch einige Gespräche und Antwortbriefe etwas unsicher geworden, ob es überhaupt sinnvoll ist, solche Rundbriefe zu schreiben. Sie sind natürlich nicht so persönlich wie individuelle Briefe. Ich schreibe vor allem über Dinge, von denen ich annehme, dass Ihr sie so ähnlich erleben würdet, wenn Ihr an meiner Stelle in Thessaloníki leben würdet. Aber gerade dagegen habe ich Proteste bekommen: Ein Freund meint, wenn *er* die Chance bekäme, so ein Auslandsabenteuer zu erleben, würde er bestimmt nicht rumjammern, sondern alles in vollen Zügen genießen.
Das hätte ich vor einem Jahr vielleicht auch gedacht.
Bin ich hier undankbar und ungeduldig geworden? Wenn ja, dann brauche ich Euch als ehrliches Korrektiv.

54

Vielleicht ist die Vorstellung vom genussvollen Auslandsabenteuer aber auch eine naive Illusion, dann ist es gut, dass ich davon kuriert werde.

Oder soll ich nur noch über das Positive schreiben? - Ich hoffe natürlich, dass es bald wieder viel davon gibt.

Nun kommt endlich das, womit ich eigentlich anfangen wollte: Viele gute Wünsche für ein gesundes und glückliches Jahr: Kalí Chroniá!

Ich wünsche Euch gute Freunde und gute Entwicklungen. Und ich wünsche uns, dass wir uns in diesem Jahr wiedersehen. Spätestens im August, wenn hier die Olympiade ausbricht, komme ich Euch besuchen.

Alles Liebe!

Gesine

10. Griechische Polizei-Rallye

Am hellen Nachmittag wird aus dem Carport mein Auto gestohlen, ein schmutziger kleiner 14jähriger Fiat, natürlich ohne Alarmanlage und Wegfahrsperre. Ich erinnere mich später, im Vorbeigehen einen jungen Mann zwischen den Autos bemerkt zu haben. Er sieht sich meines genau an und ich vermute, dass er sich für das Anarchie-Zeichen interessiert, das jemand darauf gemalt hat. Als ich abends zur Chorprobe fahren will, ist das Auto verschwunden. Was nun folgt, gleicht einer Stadtrallye mit vielen Stationen. An manchen Tagen gelingt es mir sogar, mitzuspielen und den vielfältigen Einblicken in ungewohnte Lebensbereiche etwas abzugewinnen.

Erste Station: Deutsche Schule. Die Suche nach der Telefonnummer der Polizei zieht sich über eine halbe Stunde hin, obwohl ich tatkräftige Unterstützung von einem Mann aus meinem Chor und dem Pförtner habe. Die Notrufnummer ist nicht zuständig, alle anderen Stellen weisen uns ab oder sind nicht erreichbar. So fährt mich der freundliche Chorsänger schließlich zum Polizeirevier und es folgt die zweite Rallye-Aufgabe.

Die Polizeistation befindet sich im trostlosesten Hochhaus des Stadtteils und wirkt von innen genauso trist wie von außen: Ockerfarbene Ölfarbe an den Wänden und angeschlagene Resopalmöbel – beides kenne ich aus den Meldestellen der DDR-Volkspolizei, wo man beim Warten auf die richtigen Stempel stets genug Zeit hatte, sich alles einzuprägen. Ich habe nicht damit gerechnet, einem solchen Ambiente nach dem Ende der DDR noch einmal zu begegnen.
Auch hier lässt man mir genügend Zeit mich genau umzusehen. Die junge Polizistin in der zuständigen Abteilung sieht aus wie ein möglichst genaues Abbild der Popsängerin Anna Vyssi, trägt ein hautenges, bauchfreies T-Shirt und sieht sich im Fernsehen eine Talkshow an. Auf dem Besuchersessel sitzt rauchend ein junger Mann, wohl ihr Freund, der maulend abzieht, als sie Kundschaft bekommt. Anna Vyssi zieht gelangweilt ein großes grünes Schul-

heft aus dem Regal und beginnt, mit Bleistift meinen Namen und die Autonummer einzutragen – in eine Liste mit hunderten von Autonummern. Einen Computer gibt es in der ganzen Abteilung nicht, dafür ziemlich viele grüne Schreibhefte. Beinahe scheitert der Eintrag daran, dass in meinem Pass kein Vatername steht. Ob ich denn keinen Vater hätte, fragt Anna Vyssi mit einer Mischung aus Misstrauen und Mitgefühl. Schließlich lässt sie sich den Namen in lateinischen Großbuchstaben vorschreiben und fängt an, sie sorgfältig abzumalen. Währenddessen redet der Talkmaster im Fernsehen lautstark dazwischen. Zaghaft schlage ich vor, die Autonummer an die Streifen draußen weiterzugeben, für den Fall, dass das Auto irgendwo auffällt. Sie findet die Idee gut, greift zum Telefonhörer und verwickelt ihren Gesprächspartner in eine hitzige Diskussion darüber, ob man die Buchstaben eines ausländischen Nummernschildes auf Englisch oder Griechisch buchstabieren sollte. Schließlich einigen sie sich auf: omikron-delta-alfa-chi 286.

Die dritte Aufgabe löse ich am nächsten Morgen während meiner Arbeitszeit. Diesmal begleitet Marina von der Verwaltung der Deutschen Schule mich auf meinem Gang zur Polizei. Die Dienststube ist heute voller Frappé-Kaffee trinkender Polizisten, die rauchend und lachend an den Wänden lehnen, während am Schreibtisch ein dicker Schnauzbärtiger im karierten Hemd sitzt, der auf der Suche nach meinem Auto gemächlich ein braunes Schreibheft durchblättert. Soll ich ihm sagen, dass das Heft gestern grün war? Er schenkt meinem gebrochenen Griechisch keine Beachtung und gibt schließlich auf, kramt ein Formular und drei Blätter Kohlepapier hervor und macht sich an die Arbeit. Vatername, Muttername, Geburtstag…
„Geburtsort?" - „Teheran." – „Ja liegt denn das in Deutschland?" „Religionszugehörigkeit?" - „Evangelisch." - „Weder orthodox noch katholisch? – Mein Kind, bist Du überhaupt Christin?"
So geht es weiter. Wenn ein Fünftklässler so lange zum Ausfüllen eines Lückentextes bräuchte, bliebe er bei nächster Gelegenheit sitzen. Der Dicke ist aber offensichtlich der Chef. Immer wenn das Telefon klingelt, nimmt er den Hörer ab und knallt ihn sofort

wieder auf. Wenn der Anrufer nicht locker lässt, brüllt er etwas ins Telefon. Die Polizisten an den Wänden sehen amüsiert zu. Eine Diebstahlbestätigung bekomme ich trotzdem nicht. Frühestens in einer Woche soll ich mich wieder melden. Falls das Auto gefunden wird, will er sich die Mühe nicht umsonst gemacht haben.

Vierte Station: Schon vor dem Morgengebet weiß die ganze Schule, dass ich zur Polizei kommen soll, um einen Verbrecher zu identifizieren! Krimiszenarien werden entworfen, Daumen gedrückt. Ob ich mein Auto wiederbekomme?
Wieder begleitet mich Marina, wieder sitzt der Dicke am Schreibtisch. In der Ecke kauert diesmal ein Häufchen Elend, ein von Drogen völlig benebelter junger Mann, der überhaupt nicht wahrnimmt, was um ihn vorgeht. Er ist in einem gestohlenen Fiat geschnappt worden und ich soll feststellen, ob es sich um den Jungen handelt, den ich im Carport gesehen habe.
Ich bin sehr unsicher, der Junge erschüttert mich. Er hat etwas so verzweifelt Anrührendes und sieht mir einmal, als er aus seinem Delirium auftaucht, so flehend in die Augen, dass ich denke, wir kennen uns. Doch der Junge im Carport war nüchtern, hatte eine völlig andere Ausstrahlung und ich habe ihn nur flüchtig gesehen. Schließlich gebe ich zu Protokoll, dass ich diesen Jungen nicht kenne. Marina fragt ihn nach seinem Alter: Er ist 19 Jahre alt. Wahrscheinlich ist sein Leben jetzt schon gelaufen. Wir können nichts daran ändern. Im ockerfarbenen Treppenhaus kommen Marina die Tränen. Wir sind uns sehr nah. Ich mag sie sehr.

Die fünfte Station ist dem Studium der Geschlechterrollen gewidmet. Ich bin diesmal allein unterwegs, kenne die Gepflogenheiten der Polizei, habe das komplette griechische Vokabular rund um den Autodiebstahl gelernt und beantrage endlich die Diebstahlbescheinigung.
„Unmöglich", sagt der Dicke, „Bescheinigungen werden nur vormittags ausgestellt." – „Aber vormittags arbeite ich." – „Tatsächlich? Dann schick deinen Mann." – „Es geht aber um *mein* Auto." –„ Das macht nichts, das kann trotzdem der Mann regeln."

Schließlich bleibt mir nichts anderes übrig als ihm zu gestehen, dass ich nicht verheiratet bin. Noch nie habe ich das als eine solche Schande empfunden. Ein großer Teil meines Selbstbewusstseins als unabhängiger Frau schwindet unter dem irritierten Blick dieses griechischen Familienvaters. Der ist selbst erst einmal sprachlos.

Die beste Lösung wäre, mich als Witwe auszugeben, denn dann wüsste er sofort, dass er mich auf Händen tragen muss. So verweist er mich schließlich an die bauchfreie Kollegin, die diesmal einen Teil ihrer Seifenoper im Fernsehen verpasst, während sie die Bescheinigung ausstellt.

Meine Bekannten erklären die Rallye für beendet. Sie sind davon überzeugt, dass das Auto längst in Bulgarien oder Albanien herumfährt. Ich habe ihnen keine Erfahrungen entgegenzusetzen, nur die Hoffnung, dass sich die Vorurteile gegen die armen Nachbarländer nicht bestätigen.

Mittlerweile trägt das Ereignis seine ersten Früchte: Joanna aus dem 6. Stock klingelt an meiner Tür um zu fragen, ob das Auto wieder aufgetaucht ist, und bleibt auf einen Kaffee. Ewi aus dem Friseursalon gegenüber lässt ihre Kundin im Stich, als sie mich auf der Straße sieht, und kommt herausgelaufen, um mir ihr Mitgefühl auszusprechen. Sie kennt die Geschichte von Koula (6. Stock), die sie von Panajóta (3. Stock) hat, die wiederum durch Elli (4. Stock) Bescheid weiß. Plötzlich bin ich umgeben von freundlichen Nachbarinnen und aufgenommen in die γειτονιά, die Nachbarschaft.

Auch meine Fahrten mit dem Schulbus, den ich jetzt morgens um sieben im Stockfinstern besteige, tragen Früchte. Eine Station nach mir steigt meine Kollegin Fotiní zu und sie macht es sich zur Aufgabe, mir jeden Morgen eine Lektion in griechischer Landeskunde zu erteilen.

Die Großmutter, die ihr Enkelkind rosa Nachthemd und Pantoffeln zum Bus bringt, entlockt Fotiní einen Vortrag über griechische Bekleidungsgewohnheiten:

Es ist nicht üblich, zu Hause und in der Öffentlichkeit die gleichen Kleider zu tragen, man zieht sich grundsätzlich um. Und da es viel zu umständlich ist, dauernd die Kleidung zu wechseln, bleibt man am Wochenende im Nachthemd, bis man ausgeht. Viele Kinder und Jugendliche verbringen nach dem täglichen Mittagsschlaf den Rest des Tages im Schlafanzug; Hausfrauen empfangen ungeniert ihre Nachbarinnen zum Plaudern auf dem Balkon im Nachthemd; die Schulbushaltestelle und auch der μανάβικο, der kleine Laden an der Ecke, gehören eher zum Nachthemdbereich als zum öffentlichen Raum…

Also kaufe ich mir bei nächster Gelegenheit ein schickes Nachthemd mit Strassperlenbesatz, wie ich noch nie eines hatte. Vielleicht befördert das meine Aufnahme in die griechische Gesellschaft?

So weit reichen die Folgen eines Autodiebstahls – und plötzlich klingelt das Telefon:

Die Polizei bittet mich mein Auto abzuholen, das unversehrt aber mit offenem Schiebedach ganz in der Nähe meiner Wohnung im Regen steht. Fast ungläubig mache ich mich auf zur letzten Station meiner Rallye. Dabei werde ich zum ersten Mal auf der Straße so richtig dreist angemacht: Zwei junge Burschen fahren im Auto dicht an mir vorbei und lassen die Alarmanlage aufheulen. Ich reagiere entsprechend deutlich und nicht besonders höflich – bis der eine aussteigt und sich als Polizist zu erkennen gibt. Er soll die Übergabe regeln. Ich lobe die griechische Polizei, fahre nass und glücklich nach Hause und lade als erstes Marina zum Kaffeetrinken und Feiern ein. Dieser Anfang einer Freundschaft ist die schönste Belohnung für meine Rallye durch die griechische Bürokratie.

11. Frühling mitten im Winter

Kalamariá, den 29.2.2004

Liebe Freunde!

Inzwischen habe ich wieder viel nette Post bekommen und es nicht einmal geschafft, auf alle Mails zu antworten. Aber irgendwann hole ich das nach, und heute Abend bin ich gerade in der Stimmung, Euch allen ein bisschen was zu erzählen.

Ich habe ein traumhaftes Wochenende hinter mir. Das Einzige, was fehlte, war die Gesellschaft von einem von Euch.
Sicher wärt Ihr alle gern dabei gewesen: Der Sturm der letzten Nacht hatte den Himmel blank gefegt, die Landschaft fast durchsichtig gemacht und die Berge so nah herangerückt, dass man sie fast mit den ausgestreckten Fingern berühren konnte: den schneebedeckten Olymp im Westen und im Osten den Athos. Die beiden Götterberge ließen sich in einer einzigen großen Umarmung umfangen!
Als ich aus der Stadt hinaus fuhr, sah ich das erste saftige Grün, seit ich hier bin: Auf dem Land wird es Frühling, das Getreide fängt an zu wachsen und es entstehen sogar Wiesen an einigen Stellen, die ich bisher nur als steiniges Ödland kenne. Eine besondere Überraschung waren die ersten blühenden Mandelbäume in manchen windgeschützten Tälern. Könnt Ihr Euch vorstellen, wie glücklich ich darüber war - nach all dem abweisenden Beton und dem ausgedörrten Grau der letzten Monate?
Ich fuhr also Richtung Chalkidikí, verpasste eine Abzweigung, landete in einer Olivenlandschaft im Landesinnern der Kassandra-Halbinsel und wanderte drauflos, in Richtung Westküste. Wanderwege gibt es hier nicht, aber ich hatte Glück, fand kleine Straßen und zum Schluss einen matschigen Feldweg, der tatsächlich an einen noch unbebauten Küstenstreifen führte. Da gab es einen Pinienwald und eine Steilküste, später sogar Sandstrände und türkisblaues Meer. Der Sand war warm genug für ein Mittagsschläfchen...

Damit Ihr nicht zu neidisch werdet, erzähl ich lieber auch von den wilden Hunden, die ich mit Steinwürfen vertreiben musste, von den Jugendlichen, die mit Luftgewehren ins Meer ballerten und von dem mühsamen Rückweg auf einer Schnellstraße.

Aber all das verblasste schnell neben dem Eindruck eines goldenen Sonnenuntergangs vor der paradiesischen Landschaft. Und so fuhr ich heute gleich noch einmal auf die Kassandra-Halbinsel und erkundete die Ostküste. Im Moment ist es dort idyllisch friedlich, im Sommer stapeln sich am Strand die Touristen. Heute traf ich nur eine gebückte alte Frau mit einem Sack, die am Wegesrand Chorta sammelte, große grüne Pflanzen, die im Winter überall sprießen und Menschen und Haustieren gleichermaßen als Nahrung dienen. Sie verriet mir das Rezept und so kochte ich mir nach dem Ausflug ein richtiges griechisches Winteressen.

Der Alltag in der Stadt bietet allerdings das absolute Kontrastprogramm. Vor kurzem hatten wir eine ganze Woche lang Smog, so stark, dass es tagsüber nicht richtig hell wurde. Sobald man das Fenster öffnete, füllten sich die Lungen mit Gift und Hustenreiz. Am liebsten hätte ich eine Woche lang den Atem angehalten! Die Ohren hätte ich auch noch verschließen müssen, denn dieses Wetter verstärkt den Straßenlärm um ein Vielfaches. Man ist total ausgeliefert. Was für ein Wahnsinn! Wir ersticken im eigenen Dreck! So unmittelbar habe ich das vorher noch nie erfahren. Der Smog verursacht Kopfschmerzen, er macht die Haut an den Händen und Lippen rissig, die Haare werden spröde, der Teint grau. Alle Leute sehen plötzlich hässlich aus.

Aber hier gibt es keinen Aufschrei. Zurzeit ist Wahlkampf, doch soweit ich die Plakate und Postwurfsendungen verstehen kann, kommt der Umweltschutz darin nirgends vor.

Eine Kollegin hat erzählt, dass Thessaloníki inzwischen die dreckigste Stadt Europas ist - vor Athen, das für die Olympiabewerbung bestimmte Auflagen erfüllen musste und seine Luftqualität anscheinend erheblich verbessert hat. An 230 Tagen im Jahr überschreiten die Schadstoffwerte in Saloniki sämtliche Grenzwerte, und Griechenland muss an die EU Strafe zahlen, aber die scheint billiger zu sein als Luftfilter oder ein neues Verkehrskonzept.

Eigentlich stelle ich mir so den Weltuntergang vor. Es ist merkwürdig, mitten drin zu sein und einfach im Alltag fortzufahren wie bisher.

Ausgerechnet während der Smogzeit hatte ich Besuch von einer Kollegin aus Rumänien, die für zwei Wochen an der Schule hospitierte. Da wir draußen nichts unternehmen konnten, haben wir viel am Kamin gesessen und erzählt, von Rumänien und auch von Moldawien, woher sie ursprünglich stammt. Aus beiden Ländern hatte ich bisher fast noch nie Menschen getroffen. Allein dafür lohnt es sich, mal in einem anderen europäischen Land zu leben, das auch andere Nachbarn hat.

Eigentlich wollte ich demnächst zur Fortbildung in die Türkei fahren, aber die fällt wegen Terrorangst aus. Stattdessen fahre ich auf Projektfahrt nach Thrakien, wo Griechen und Türken offensichtlich friedlich zusammenleben. Das wird auch unser Projektthema sein. Bericht folgt.

Ich hoffe nur, dass ich das alles schaffe, denn die Krankheitswelle scheint immer noch nicht abzuebben. Ich war schon wieder ernsthaft krank, nur sehe ich das inzwischen gelassener. Ich gebe mir noch ein Jahr, um mich an alles zu gewöhnen, und wenn ich dann immer noch keine Abwehrkräfte gegen den thessaloniker Alltag habe, komme ich nach dem zweiten Jahr zurück.

Auch das Heimweh ist noch da, aber nach einem Briefwechsel mit Freund Frank sehe ich das auch in einem anderen Licht: „Heimweh", schreibt er, „habe ich im Grunde immer, trotz meiner Nähe zu Hamburg. In der Fremde spürst Du dieses Heimweh vielleicht stärker, weil Dich weniger ablenkt von Deiner Sehnsucht. Sie ist ein kostbares Empfinden, welches uns mit unserer ewigen Heimat verbindet. Du spürst es daran, dass Dir nach Weinen ist und Du doch nicht wirklich traurig bist. Es ist Sehnsucht, die durchzielt auf Gott. Unter den Juden heißt es, in der Diaspora sei man produktiver und kreativer als in Israel – wegen des Heimwehs und der Sehnsucht."

Es ist ein schöner Gedanke, das äußere Heimweh mit dem inneren Heimweh in Verbindung zu bringen, zumal der äußere Weg ja immer auch Ausdruck des inneren Weges ist. Vermutlich haben nicht alle Menschen ständig das Gefühl, in der Fremde unterwegs zu sein, auf einem Weg, der hoffentlich irgendwann „richtig nach Hause" führt. Mir ist das meistens sehr gegenwärtig.

Vielleicht bin ich sogar deswegen ins Ausland gegangen: Weil ich für das innere Empfinden, irgendwo in einer abenteuerlichen Fremde unterwegs zu sein, eine äußere Entsprechung suchte. – Die habe ich hier gefunden und dadurch wird tatsächlich auch meine Ur-Sehnsucht klarer...

Klarer wird auch mein Blick für die Geschenke, die ich auf dem Weg bekomme: einen Brief wie den von Frank, Begegnungen mit fremden Menschen, die plötzlich für einen Moment in die Nähe rücken oder einfach ein sonniges Frühlingswochenende mitten im Winter, wie es gerade hinter mir liegt.

Ich wünsche mir, dass dabei auch etwas entsteht, was ich verschenken kann. Wenn Sehnsucht tatsächlich kreativ macht - wer weiß, was sich entwickelt...

Auf jeden Fall habe ich in dem halben Jahr, das ich hier verbracht habe, schon vieles entdeckt, das ich gerne mit Euch teilen würde. Die sonnige und ferienreiche Jahreszeit naht und ich freue mich auf den ersten Besuch. Hoffentlich habe ich Euch nicht zu sehr abgeschreckt.

Außerhalb der Stadt und des Alltags ist es hier wirklich schön und die Kontraste zwischen Alltag und Freizeit gehören zum griechischen Leben einfach dazu. Beides ist extrem.

Die Kurve zum Alltag und an den Schreibtisch muss ich jetzt selbst wieder finden. Morgen ist Schule und Chor...

Ich schicke Euch einen bunten Strauß Frühlingsgrüße!

Gesine

12. Wie Märzblumen im Beton

Kalamariá, den 21.3.2004

In die Betonkübel an der Strandpromenade pflanzen sie Primeln. Die ersetzen den violetten Blumenkohl, der dort den Winter über vor sich hin kümmerte, und sehen aus wie aus Plastik. In meinem Alltag stapeln sich Berge von Klassenarbeiten, die korrigiert werden müssen, und dazwischen wächst die Erschöpfung.

Im Rückblick bin ich dann doch erstaunt, was ich alles neben der Schule erlebe. Es entstehen so viele neue Kontakte wie Märzpflänzchen im Beton. Hoffentlich schlagen ein paar davon richtige Wurzeln.

Iríni und Oréstis zeigen mir ihr Lieblingscafé, eines der schicken Szenelokale, die sich an der Strandpromenade aneinanderreihen und vor allem abends überfüllt sind. Hier trifft sich ab Mitternacht die Yuppieszene, gestylt und mit dem neuesten Outfit, schicke Autos fahren im Schritttempo und mit dröhnenden Bässen die Publikumsreihen entlang, die „παληκάρια" (jungen Burschen) lassen die Motoren ihrer frisierten Mopeds aufheulen und bringen die Mädchen zum Kreischen. Nachmittags sitzen wir dort friedlich in der Sonne und unterhalten uns lebhaft auf Griechisch. Es geht viel flüssiger als im September, als ich Iríni zuletzt getroffen habe.

Am Samstag ist Schulfest, wieder ein Anlass viele Menschen zu treffen. In den ersten zwei Stunden lege ich die Musik auf. Darüber komme ich mit der Mutter eines Schülers ins Gespräch, einer sympathischen jungen Frau. Wir duzen uns und ich verspreche, ihr eine CD zu brennen, die ihr besonders gefällt. Hinterher erfahre ich, dass sie die Besitzerin des teuersten Hotels auf der Chalkidikí ist. Man munkelt, dass ein Zimmer dort 3000 Euro pro Nacht kostet! Davon könnte sie sich 200 CDs kaufen.

Ich stelle wieder einmal fest, dass meine Fantasie nicht ausreicht mir die Vielfalt der Lebensmodelle auszumalen, die im Mikrokosmos rund um die Deutsche Schule nebeneinander, zum Teil auch aufeinander bezogen, existieren.

Später am Abend wird griechisch getanzt, anschließend legen die Schüler Musik auf. Weil die Disco nicht so richtig in Schwung kommt, machen Birgit, Manuela und ich auf der Tanzfläche den Anfang. Unsere Kolleginnen Fotiní, Sára und Dímitra stehen oben an der Balustrade, winken und rufen "Óppa!", wir machen Faxen und haben unseren Spaß. Als wir uns ausgetobt haben, kommt Sára auf mich zu und lädt mich an den Tisch der griechischen Kolleginnen ein! Alle rücken zusammen, machen mir Platz, geben mir zu verstehen, dass sie sich freuen, dass ich hier bin. Irgendwann beschließen sie, in die Stadt zu fahren und dort weiter zu feiern. Auf diese Weise komme ich zu meinem ersten Streifzug durch die Studentenkneipen der Innenstadt. Die sind fast alle so überfüllt und verqualmt, dass beim besten Willen niemand mehr hineinpasst. Auf Stöckelschuhen klickern die drei Freundinnen durchs Szeneviertel, mich in Turnschuhen im Schlepptau, bis wir schließlich einen Platz in einer Marktkneipe finden, die von oben bis unten mit Regenschirmen dekoriert ist. Wir bestellen Wein, reden und lachen in drei Sprachen durcheinander und stoßen auf unsere Freundschaft an: „Στην υγειά μας!"

Danach muss ich mir den Wecker stellen um rechtzeitig zum nächsten Fest wieder aufzuwachen: Eléni aus meinem Chor hat mich zum Neujahrsfest der Bahá'í eingeladen. Es findet bei schönstem Wetter in ihrem Garten statt, einem der letzten Refugien aus der Zeit der alten Bebauung. Unter großen Pinien lebt Eléni mit ihrer Familie in einem kleinen Häuschen, umgeben von riesigen Baustellen für die neuen Hochhäuser.
Ich habe sofort das Gefühl, ein bisschen zu Hause zu sein zwischen Blumen und bunt gekleideten Menschen aller Altersgruppen und Sprachen, die offensichtlich noch etwas anderes verbindet als die Dinge des Alltags: Es sind alles Menschen, die Verantwortung übernehmen und sich eine Aufgabe in der Welt suchen: Sheila arbeitet bei einer Versöhnungs-Organisation (NGO) auf dem Balkan, David beschäftigt sich mit organischer Landwirtschaft, Anastasia leitet Tanzprojekte mit Jugendlichen aus verschiedenen Ländern... Ich sehe zum ersten Mal, seit ich hier bin, ein behindertes Kind, das selbstverständlich zur Gemeinschaft gehört, ich

treffe Kostas, der Musikinstrumente aus Naturmaterialien baut, und Christina, die Töpferin ist.

Dass diese bunte Gemeinschaft zur Bahá´i-Religion gehört, merke ich vor allem daran, dass alle mit Genuss essen, denn sie haben gerade 19 Tage gefastet. Niemand will mich für seine Religion werben, ich darf, einfach so, an ihrem Fest und ihrer guten Laune teilhaben. Eléni und ihr Mann bieten mir an, in ihr Häuschen zu ziehen, wenn sie demnächst ausziehen – ein verlockender Gedanke! Das Häuschen passt viel besser zu mir als meine Luxuswohnung im 7. Stock. Aber ich werde es wohl doch nicht tun, weil ich dann aus unmittelbarer Nähe erleben muss, wie der städtebauliche Wahnsinn die letzten Oasen der Menschlichkeit verschlingt. Es dauert bestimmt nicht mehr lange, bis das Häuschen und die Pinien platt gemacht und stattdessen Wohnblocks gebaut werden. Aber heute haben wir es dort gut, feiern den Frühlingsanfang und einen großen Lichtblick in meinem Ankommen hier!

13. Reise nach Thrakien

Kalamariá, den 28.3.2004

Liebe Freunde!

Die beste Laune zum Briefeschreiben habe ich immer, wenn ich einen Tag außerhalb der Stadt in der Sonne und schöner Landschaft verbracht habe. Heute war ich mit Birgit bei einem Bergkloster auf der Rückseite unseres Hausbergs, des Chortiátis. Der Weg führte durch Olivenhaine und Steineichenwälder, überall blühten rosa Anemonen, (- ja die, die in Deutschland auf den Samentütchen immer so üppig aussehen und im Garten nichts werden) und von weitem hörten wir das Gebimmel der Ziegenherden.

Im Kloster, das von rot-blauen Türmchen geziert und von einem unwahrscheinlich dicken Mönch bewacht wird, zündeten wir aus Dankbarkeit für den glücklichen Tag eine Kerze an, dann stiegen wir weiter in die Berge. Immer wieder ragten einzelne große Zypressen vor uns auf und zeigten von weitem an, wo sich eine kleine Kapelle befindet. So stiegen wir von einem Heiligen zum nächsten...

Aber ich hatte euch versprochen von der Klassenreise nach Thrakien zu berichten. Das Besondere in diesem an die Türkei angrenzenden Teil Nordgriechenlands ist, dass dort Griechen, Türken, muslimische Roma und Pomaken insgesamt friedlich zusammenleben.

Einen ersten Eindruck davon bekamen wir auf dem Markt von Xánthi, auf dem mehrere Sprachen durcheinander gesprochen werden, wo junge Mädchen mit Kopftuch und Minirock in den Gassen flanieren, an vielen Ständen christlich-orthodoxe und muslimische religiöse Artikel nebeneinander feilgeboten werden und wo auf der einen Seite eine Kirche, auf der anderen das Minarett einer Moschee aufragt. Von einer türkisch sprechenden Frau mit Kopftuch kaufte ich ein Amulett: ein blaues Auge an einem bunt bestickten, einem orientalischen Teppich nachempfundenen Band. Mit diesem „μάτι" schützen sich sowohl Moslems als auch orthodoxe Christen vor dem bösen Blick...

Eine neue Facette in dem internationalen Durcheinander bilden die Chinesen, die billiges Plastikspielzeug und Sonnenbrillen anbieten. Und wie überall scheinen die Roma die am stärksten benachteiligte Gruppe zu sein. Die Männer sammeln Alteisen, die Frauen sitzen mit einem Kind auf dem Arm bettelnd und klagend auf den Stufen vor der Moschee.

Zwischendurch wurde ich richtig traurig, wenn ich mir vorstellte, dass solche Märkte wahrscheinlich noch vor fünfzehn Jahren auf dem ganzen Balkan existiert haben, bevor in vielen Gegenden Nationalismus und Krieg den Hass geschürt und die Gemeinsamkeiten zerstört haben. Wie stabil ist wohl der Friede in Xánthi, dieser unscheinbaren kleinen Stadt am Rande Europas, die an einem Markttag im Jahr 2004 so frühlingshaft freundlich wirkte?

Von den Pomaken, einem Bergvolk im fast unzugänglichen Grenzgebiet zu Bulgarien, hatte ich vorher noch nie etwas gehört. Sie sind Muslime und haben eine eigene Sprache, die bis heute nicht in verbindlicher schriftlicher Form existiert und dem Bulgarischen sehr ähnlich ist. Erst nach dem EU-Beitritt Griechenlands wurden in den Dörfern Schulen eingerichtet. Dass auch Mädchen die Schule besuchen dürfen, wurde erst vor fünf Jahren durchgesetzt. Unterrichtssprachen sind Griechisch und Türkisch, aber den Koran lernen die Jungen auf Arabisch auswendig und zum Gebet wenden sie sich fünfmal täglich gen Mekka.

Die Dörfer der Pomaken unterscheiden sich auf den ersten Blick nur durch ihre Minarette von griechischen Bergdörfern: Es gibt moderne, halbfertige Betonhäuser neben kleinen Hütten, die alle mit Satellitenschüsseln ausgestattet sind, Schrottautos und knatternde Mopeds, ein Kafenío mit alten Männern, Fußball spielende kleine Jungen...

Die kamen sofort angelaufen, als wir, geführt von ihrem Religionslehrer, im Dorf ankamen. Während wir die Moschee besichtigten, drückten sie sich an den Fenstern die Nasen platt. Pfiffig sahen sie aus, neugierig und lebhaft, die meisten blauäugig und viel hellhäutiger als unsere griechischen Schüler. Ich hätte nicht sagen können, wer mir auf Anhieb fremder oder vertrauter war, meine griechischen Großstadtschüler oder die pomakischen Dorfjungen.

Beide Gruppen fanden gleich ein Thema für ein Gespräch „unter Männern" in gebrochenem Griechisch: die Fußballmannschaften von Thessaloníki (ARIS und PAOK), während die kleinen Mädchen kichernd aus großem Abstand zusahen.

Pomakische Frauen zeigen sich nicht in der Öffentlichkeit und dürfen die Moschee nicht betreten. Bei unserer Ankunft verstekkten sie sich in ihren Häusern. Überall wo wir vorbeigingen, bewegten sich die Vorhänge und Gardinen. Sobald ich einem verschleierten Augenpaar in naiver mitteleuropäischer Frauensolidarität zulächelte, senkte sich die Gardine sofort…

Gegen Abend sahen wir die großen Mädchen, geschmückt mit bunten Kopftüchern, an denen silberne Medaillons befestigt waren, mit engen Röcken, gemusterten Nylonstrumpfhosen und Stöckelschuhen in kleinen Gruppen die Dorfstraße auf- und abspazieren. Die gleichaltrigen Jungen knatterten mit ihren Mofas auf Brautschau um sie herum. Die Mädchen sahen attraktiv aus, hell und frisch, aber auch irgendwie einfältig. - Was für ein Leben erwartet sie als Frauen am Rande Europas, im 21. Jahrhundert? Bisher erleben sie nichts anderes als Arbeit, Ehe, Unterordnung und viele Kinder. Wenn der Mann sie verlässt, sind sie schlecht dran, denn „eine Pomakenfrau wird schnell hässlich und findet keinen zweiten Mann", so der O-Ton unseres Führers.

Wahrscheinlich sind sie gar nicht alle unglücklich. Aber was wird aus ihnen, wenn sich in der nächsten Generation auch in den abgelegenen Bergdörfern das Leben ändert? Die Autostraße in die Berge ist schon gebaut, irgendwann soll ein Grenzübergang nach Bulgarien folgen, die griechische und die türkische Regierung buhlen um die Gunst der Minderheit, im Fernseher des Kafeníons laufen türkische Talkshows im Wechsel mit griechischen Fußballspielen und westlichen Reklamespots…

Ich könnte Euch noch stundenlang von meinen Eindrücken aus diesem abgelegenen Winkel Europas erzählen, von der besonderen Musik abends in der Taverne, von der Begegnung mit einer fünfzehnjährigen Muslimin in Xánthi, die aus Düsseldorf in ihre ursprüngliche Heimat zurückgekehrt ist und sich dort fast so fremd fühlt wie ich... Aber ich will Euch nicht langweilen, das ist alles so weit weg!

Immerhin kennt Ihr die Gegend aus der Bibel. Ganz in der Nähe liegt Philippi oder was davon ausgegraben wurde, wunderschön zwischen blühenden Mandelbäumen. Dort predigte Paulus, ebenso wie in Rom und Thessaloníki, und so habe ich innerhalb einer Woche drei Städten seines Wirkens besucht...

Ein schöner Nebeneffekt der Reise war, dass ich zwei griechische Kolleginnen näher kennengelernt habe. Mit Sára habe ich mich so gut verstanden, dass sie mich am folgenden Wochenende auf eine nächtliche Kneipentour ihrer Paréa mitgenommen hat. Das passiert sehr selten und ist ein großer Freundschaftsbeweis. Und Dímitra, eine andere Kollegin, nahm mich in den Arm und sagte: „Es ist so schön, dass du da bist, du sollst am besten für immer bleiben!" In solchen Momenten merke ich, dass ich langsam ankomme.
Gleichzeitig bin ich vollkommen sicher, dass ich nicht für immer bleiben will. Allein die Situation in der Schule ist nach wie vor so befremdlich, dass mir nichts übrig bleibt, als ein Exotendasein zu führen, und das ist auf die Dauer extrem anstrengend.

So freue ich mich ganz besonders auf die Osterferien.
Vorher habe ich noch eine Schulwoche und ein Konzert im Goethe-Institut zu bestehen. Mit Bratsche und E-Orgel werden ein deutscher Tabakhändler und ich ein Passionskonzert spielen, etwas ganz Exotisches in einem Land, in dem es weder Orgeln noch eine der mitteleuropäischen Passionsmusik vergleichbare Tradition gibt. Gefragt, ob sie wüssten, was eine Orgel sei, antworteten meine Schüler: „Das ist ein katholisches Klavier."

Ihr habt Eure Frühjahrsferien zum größten Teil schon hinter Euch und ich habe von Schneetreiben im Westerwald bis Frühlinssonne in Salzburg die unterschiedlichsten Wetterberichte bekommen. Vielen Dank für Eure liebe Post! Ich habe sie neulich mal ausgedruckt und ein kleines Buch daraus gemacht. Es ist schon jetzt ziemlich dick - und prall gefüllt mit freundlichen Gedanken und Verbindungsfäden zu Euch, die mir, wenn ich mal nicht unterwegs bin , sondern zu Hause sitze und Sehnsucht habe, sehr gut tun! Ich bin dankbar, dass es Euch gibt und wünsche Euch, dass es Euch gut geht, was immer Ihr gerade erlebt!

Gesine.

14. „Die Antike an den nordischen Wanderer"

25.3.2004

Seit einer halben Stunde sitze ich mit einer Tasse griechischem Bergtee vor dem Computer, aber meine Aufmerksamkeit wandert immer wieder zu der polymetrischen Klopfmusik auf den Nachbarbalkons: Bunte Teppiche in den erstaunlichsten Farben und Mustern hängen überall über den Balkongeländern, werden von griechischen Hausfrauen und albanischen Putzfrauen geklopft, eingerollt und in den eigens dafür vorgesehenen Wandschränken verstaut. Das Teppichritual ist ein Hinweis darauf, dass wieder ein Nationalfeiertag bevorsteht: Zum 28. Oktober, dem „Ochi-Tag", werden die Teppiche ausgerollt, um im Winter die Füße vor dem kalten Fliesenboden zu schützen, zum 25. März, dem „Befreiungstag", werden sie wieder eingerollt. Jetzt beginnt die Zeit, während der man die kühlen Fliesen zu schätzen weiß, und die Teppiche verschwinden im Schrank.
Ich widme mich also erst einmal meinem eigenen Teppich und bearbeite ihn mit einem Besenstiel, jeweils die Klopf-Pausen nutzend, die die Frau auf dem gegenüberliegenden Balkon lässt. Sie versteht das Spiel, wir winken uns zu: Für einen Moment fühle ich mich aufgenommen in die Gemeinschaft der griechischen Hausfrauen.

Gemeinschaft mit den griechischen Freiheitskämpfern beschwört das Ritual zum Nationalfeiertag herauf, das ich heute in der Schule erlebt habe.
Stellwände mit überlebensgroßen Bildern finster dreinblickender Befreier tauchen aus dem Schulfundus auf, die Volkstanzgruppe holt die Trachten aus den Vitrinen, in denen sie das Jahr über ausgestellt werden, die griechische Musiklehrerin verteilt Zettel mit Liedern zu Ehren der Helden von 1821.

Im Mittelpunkt der Schulfeier steht diesmal der „Lórdos Výronas", und ich brauche einige Zeit, bis ich in ihm den schottischen Romantiker Lord Byron erkenne, der Anfang des 19. Jahrhunderts nach Italien und Griechenland reiste und darüber ein monumentales Versepos schrieb: „Childe Harrold´s Pilgrimage".

Er war ein Wanderer zwischen den Welten, einer jener Philhellenen, für die Griechenland das Ziel ihrer Sehnsucht wurde. Die meisten Nordeuropäer reisten nur in ihrer Phantasie, sie begaben sich auf eine romantische Suche nach ihrem Ideal – und wahrscheinlich nach sich selbst. Lord Byron war einer der wenigen, die tatsächlich aufbrachen.

An diesem Punkt der langweiligen Feier werde ich plötzlich aufmerksam: Neben all den schnauzbärtigen, bärbeißigen Helden der militärischen Befreiung scheint es hier um eine andere Kategorie von „Helden" zu gehen, die mich schon eher interessieren: Idealisten, die Griechenland lieben – oder zumindest das Bild, das sie sich von Griechenland machen. Suchende, denen der Radius ihrer eigenen engen Welt zu begrenzt ist und die in fremde Länder aufbrechen, um durch neue Erfahrungen einer umfassenderen Erkenntnis näher zu kommen. Ästheten, die anfangen, Gedichte zu schreiben, wenn ihre Experimente mit Nähe und Ferne sie herausfordern. Wie zum Beispiel das Gedicht von Schiller, das bei der Nationalfeier vorgelesen wurde:

Die Antike an den nordischen Wanderer

Über Ströme hast Du gesetzt und Meere durchschwommen,
Über der Alpen Gebirg trug dich der schwindligte Steg,
Mich in der Nähe zu schaun und meine Schöne zu preisen,
Die der begeisterte Ruf rühmt durch die staunende Welt;
Und nun stehst du vor mir, du darfst mich Heilge berühren,
Aber bist du mir näher, und bin ich es dir?

In dem Gedicht spricht „die Antike". Ihr gegenüber bin ich unbefangener als Schiller oder Byron, weil ich kaum klassische Bildung mitbringe, die mir mit Idealvorstellungen und hohen Erwartungen im Wege steht. Wenn ich die griechische Antike „in der Nähe schaue", dann ganz unvoreingenommen, indem ich mich spontan berühren lasse: Zum Beispiel vom Rhythmus ihrer Säulen in Olympia oder Paestum. Stundenlang bewege ich mich durch die

Kompositionen von Säulen und Zwischenräumen und beobachte, wie sie sich durch mein Gehen übereinander schieben, verdichten oder zu unerwarteten Durchblicken öffnen; wie die Proportionen sich verändern, wenn ich mich nähere oder entferne und wie die wandernden Sonnenschatten noch eine weitere Rhythmusebene hinzufügen. Zu diesen Eindrücken entsteht in mir Musik, erklingen in meiner Fantasie lichte und archaische Rhythmen von großer Schönheit.

Mit der Musik des antiken Griechenlands hat das allerdings nichts zu tun, deren „Schöne zu preisen" fällt mir schwer, denn die Rekonstruktionsversuche, die ich gehört habe, klingen in meinen Ohren wild und schauerlich. Da brauche ich eine Vermittlerin: Die Sängerin Néna Venetsánou zum Beispiel, die eine Sapphische Ode so zart und sensibel singt, dass mich tatsächlich das „Heilge berührt".

Ohne Vermittlung ist „die Antike" zweitausend Jahre später nirgends zugänglich. Sie erschließt sich wohl jedem „nordischen Wanderer" nur durch den Umweg über das zeitgenössische Griechenland.

Zu Lord Byrons Zeiten war das sicher nicht anders: Ich versuche mir vorzustellen, wie der schottische Adlige den Menschen begegnet ist, die er bei seiner Ankunft in Griechenland getroffen hat: Bauern, Fischer und Hirten, die weder klassischen Marmorstatuen glichen noch mit großen philosophischen Ideen vertraut waren. Wie hat er sich mit ihnen verständigt? Wie hat er die Brücke geschlagen zwischen seinen romantischen Idealen und ihrem ganz realen Kampf für die politische Unabhängigkeit?

Und wie sind die griechischen Bauern auf die Idee gekommen, einen schottischen Lord zu ihrem Anführer zu machen? Ist da eine ungewöhnliche Begegnung gelungen oder war das Ganze ein riesiges Missverständnis?

Diese Fragen drängen sich mir auf, weil ich selbst täglich dem modernen Griechenland in vielen Facetten begegne, die mich herausfordern und es mir nicht leicht machen, Hellas mit dem „begeisterten Ruf" zu rühmen.

Meine Ideale beziehen sich zwar nicht auf die klassische Antike oder ein romantisches „Goldenes Zeitalter", sondern ganz handfest auf Erziehung, sozialen Umgang oder ökologische Verantwortung. Aber häufig sind sie genauso unvereinbar mit den tatsächlichen Verhältnissen wie die Ideale der Philhellenen.

Der Kampf der modernen Griechen gilt nicht mehr der politischen Unabhängigkeit, sondern - z. B. im Bildungsbereich - dem Erwerb von möglichst vielen Diplomen und Qualifikationen, die sie in die Lage versetzen, viel Geld und Macht anzuhäufen. Wenn sie dabei ausländische Pädagogen mit fremden Idealen zu ihren „Anführern" im Kampf um die Privilegien wählen, indem sie ihre Kinder auf die Deutsche Schule schicken, muss das zwangsläufig zu Konflikten führen.

Manchmal werde ich ungeduldig angesichts der Frage an mein Gastland: „Bist du mir jetzt näher, und bin ich es dir?" Keine positive Antwort ist in Sicht und mein „Schritt über den schwindligten Steg" fordert mich weiter heraus, beansprucht alle meine Kräfte und lässt mich verwundert fragen, ob sich die Anstrengung eigentlich lohnt.

Byron hat seine Kräfte wohl überschätzt. Für ihn ging die Reise (zu sich selbst) und sein Einsatz für ein freies Griechenland tödlich aus. Jedenfalls starb er vor der entscheidenden Schlacht in den Sümpfen von Messolóngi an Malaria.

Ich werde hier auch dauernd vor Überforderung krank, aber ich hoffe doch, dass ich die Begegnung überleben werde!

Byron wurde zum griechischen Nationalhelden stilisiert und von Solomós, der auch den Text der griechischen Nationalhymne verfasst hat, wie ein Kriegsheld beweint. So landete er posthum doch noch in der Kategorie der militärischen Draufgänger!

Das entsprechende Lied singen alle griechischen Schüler bei der Feier am 25. März:

Λευτεριά για λίγο πάψε	Freiheit, unterbrich für einen Moment
Να χτυπάς με το σπαθί	den Schlag mit dem Schwert

Τώπα σίμωσε και κλάψε   Tritt nun heran und beweine
Εις του Μπάιρον το κορμί...   Den Körper des Lord Byron...

Goethe hat Byrons abenteuerlichem Weg eine andere Symbolik
unterlegt.
Er schreibt „An Lord Byron":

> (...)
> Wohl sei ihm doch, wenn er sich selbst empfindet!
> Er wage selbst, sich hochbeglückt zu nennen,
> Wenn Musenkraft die Schmerzen überwindet;
> Und wie ich ihn erkannt, mög er sich kennen."

Mit „Musenkraft die Schmerzen überwinden", die entstehen, wenn
einer im fremden Land „sich selbst empfindet" – das klingt gut!
Erkannt werden und sich selbst kennen - das klingt noch besser.
Klingt ermutigend auch 180 Jahre später in einem freien Griechenland, das zu einem vereinigten Europa gehört und mir als mitteleuropäischer Wanderin trotzdem nur durch das mühsame Überwinden von „Strömen", „Meeren", „Gebirgen" und „schwindligten Stegen" zugänglich ist.

So wende ich mich den Musen zu, packe meine Bratsche aus und
übe – zu den Klopfzeichen der Hausfrauen auf den umliegenden
Balkons – die Arpeggione-Sonate von Schubert.
Der verstand mehr vom Wandern als die meisten anderen, die mit
Musenkraft Schmerzen überwinden wollten. Seine Musik tut gut!

15. Erste Begegnungen mit der orthodoxen Religion.

4.4.2004

Frühling, Osterferien, Besuch aus Deutschland. Wenn sich die Schulleitung nicht am letzten Schultag noch eine besondere Gemeinheit geleistet hätte, stünde dem Loslassen und Genießen nichts entgegen. So dauert es doch eine ganze Woche, bis die Wunden verheilt sind.

Aber die blühende Natur wirkt lindernd. Pinienwälder, aus denen gelbe Blütenstaubwolken aufsteigen, Schafherden mit neugeborenen Lämmchen, Vogelgezwitscher, ein Vollmondaufgang hinter dem Berg Athos – und ich tauche in eine Welt fern des Alltags ein. Auf einer Wanderung kreuzt eine Raupenprozession den Weg: Mindestens 160 Raupen bewegen sich in einer langen Schlange, Kopf an Schwanz, zielstrebig durch das unebene Gelände. Fällt die erste einen kleinen Abhang hinunter, lassen sich alle anderen auch fallen und bilden sofort danach wieder eine Kette. – Wohin wollen sie alle? Was kann im Gelände jenseits des Weges so verlockend sein, dass es sich lohnt, solche Strapazen auf sich zu nehmen? Woher wissen die Raupen, welches der richtige Weg zum Ziel ist? Und wie bestimmen sie ihren Anführer?

- Haben die Raupen womöglich auf ihre Weise Fragen gelöst, die sich uns Menschen immer wieder als ungelöst stellen?

6.4.2004

Am Strand von Karýdi hat das Wasser karibische Farben, die Felsen erinnern an gigantische Urzeittiere, einzelne Schirmpinien setzen rhythmische Akzente ins Himmelblau, der Sand reflektiert blendende Helligkeit.

Die einsame Bucht ist wunderschön. Aber nicht vertraut. Bewunderung, Begeisterung, auch Dankbarkeit empfinde ich dafür. Aber jeder unspektakuläre mecklenburgische See löst mehr innere Beteiligung, mehr Glücksgefühle aus. Wie kommt das? Wird meine Vertrautheit mit der griechischen Landschaft und damit das Glücksgefühl mit der Zeit wachsen? - Ich wünsche es mir, habe aber keinen Einfluss darauf. Ich vermute, dass ich manches, was hier atmosphärisch besonders ist, gar nicht so wahrnehmen kann, wie ich das in Norddeutschland könnte. Dafür muss ich wohl ganz neue Sensoren entwickeln.

7.4.2004

Ouranoúpoli am Übergang zur Athos-Halbinsel: Frappé unter Palmen, Strandwanderung bis zur Grenze: eine hohe Mauer mit einem winzigen, verschlossenen Tor, archäologische Ausgrabungen, ein kranker Hund…
Weiter im Landesinnern ein gluckernder Bach, ein liebliches Tal, Orchideen und Schildkröten im Unterholz, große bunte Schmetterlinge und Nachtigallen…
Der Weg endet an einem Wall aus Felsen und Geröll, der durch einen Erdrutsch entstanden ist. Fast kommt es mir vor, als hätte die Natur hier absichtlich den Zugang versperrt, damit die Menschen nicht zu weit in diese einsame und unberührte Landschaft vordringen. Sogar der merkwürdig antiquierte Status der Mönchsrepublik Athos erscheint mir in diesem Zusammenhang sinnvoll: Womöglich schützt er die Halbinsel davor, durch Tourismus und Verkehr

ihres Zaubers beraubt zu werden. Mir ist das recht, ich möchte dort gar nicht eindringen.

Die natürliche Barriere erinnert mich an das Allerheiligste der orthodoxen Kirche, das meistens durch kunstvoll bemalte Flügeltüren vom Kirchenraum abgetrennt ist. Auf ihnen sind der Engel Gabriel und Maria mit einer weißen Lilie abgebildet - Symbole des Unberührten, wie sie auch in die Athoslandschaft passen würden. Was sich tatsächlich jenseits der Grenzen abspielt, bleibt der Fantasie überlassen…

19.4.2004

Weißblühende Obstbäume vor hohen Schneegebirgen prägen die Landschaft im Westen Makedoniens, die ich mit Freunden erkunde. – Kleine byzantinische Kirchen stehen überall, wo in dieser einsamen Gegend je Menschen gelebt haben. Am Ende unserer fünftägigen Reise habe ich mehr Kirchen gesehen als in den letzten fünf Jahren.

Weil sie alle so ähnlich sind, verschmelzen sie in meiner Erinnerung zu einer einzigen Erfahrung mit der griechisch orthodoxen Kirche.

So kommt mir die Idee, dass die Wiederholung des immer gleichen ikonographischen Programms auch eine Art Heimatgefühl wachsen lässt: Wer in Griechenland mit seiner eigenen Dorfkirche aufgewachsen ist, fühlt sich vermutlich auch in allen anderen griechischen Kirchen zuhause.

Als ich später in der Nähe von Metéora eine halb verfallene Klosterruine entdecke, fällt es mir nicht schwer, aus den wenigen Resten in der Phantasie die ganze Anlage zu rekonstruieren. Ich weiß genau, wonach ich suchen muss…

Natürlich zeigt sich in der Wiederholung des Immergleichen auch die Starre der Orthodoxie, die sich vor allem als Bewahrerin und Überliefern der „einzigen Wahrheit" versteht.

Dieser Wahrheit darf nichts hinzugefügt werden, weder im Glaubensbekenntnis noch in der Kunst. Es gelten die Beschlüsse der ersten Konzile von vor 1500 Jahren und Richtlinien zur Gestaltung des Kirchenraums, die angeblich auf Petrus zurückgehen.

Offensichtlich wirkt sich diese starre Haltung auch auf andere Lebensbereiche, z. B. auf Bildungskonzepte, aus. Die Vorstellung, es gäbe nur eine einzige unbestrittenen Wahrheit, begünstigt ein Bildungssystem, in dem alles von der obersten Behörde festgelegt wird.

Ein Lehrer ist folglich nichts anderes als ein „Überlieferer", der das Ewiggültige in die Köpfe der nächsten Generation füllt. Sein Spielraum ist nicht größer als der eines Ikonenmalers, der Kirchenwände mit den bis ins Detail festgelegten Motiven bemalt. - Der Maler hat allerdings den Vorteil, dass er weiße Wände vor sich hat, während der Lehrer es mit lebendigen, modernen Kindern zu tun hat. – Und deren Bereitschaft, sich wie ein Gefäß der Überlieferung einfach „ausmalen" oder „füllen" zu lassen, nimmt auch bei den griechischen Kindern ab. Was wird dann wohl aus dem Bildungssystem und der Kirche?

29.4.2004

Meine Gäste aus Deutschland stehen auf meinem Balkon, blicken auf die Stadt und überschütten sie mit ihrer Begeisterung, die ansteckend wirkt.

Gerne übernehme ich an einem solchen Frühlingstag die Rolle der Stadtführerin und es gelingt mir einen Weg zu finden, der alle schönen Plätze, die ich kenne, ansteuert - und die Hässlichkeiten geschickt umgeht. Heute ist das nicht einmal schwer: Die Sonne und die frisch belaubten Straßenbäume geben auch den engen Straßen ein freundliches Aussehen und lassen das chaotische Treiben als südländisches Flair erscheinen. Im Klostergarten um die Ágios-Nikólaos-Órfanos-Kirche blühen Olivenbäume und sonnen sich Schildkröten; die berühmten Fresken sehen im hellen Sonnenlicht kein bisschen düster aus, sondern erzählen auf einem heiteren blauen Grund bunte Geschichten. Im Hof des Vlatádon-Klosters schlagen die Pfauen prachtvolle Räder, und die gesamte

Akropolis schmückt sich mit tiefrotem Mohn und gelbem Raps. Wie um das Bild perfekt zu machen, proben an der Stadtmauer gut aussehende Männer in bunten Trachten den makedonischen Kampf – für einen Film.

Als ich zum Abschluss meine Gäste in eine Taverne führe, dessen Besitzer mich als alte Bekannte begrüßt, merke ich, dass ich wieder einen Schritt in Richtung Ankommen geschafft habe.

16. Osterkerze im Fahrstuhl

Kalamariá, den 8.5.2004

Liebe Freunde!

Wenn ich Post bekommen will, muss ich welche schreiben, oder? Also gibt es mal wieder Nachrichten aus Thessaloníki.

Inzwischen habe ich hier mein erstes Osterfest erlebt. Eigentlich müsste ich Euch also grüßen mit: „Christós anésti" („Christus ist auferstanden") und Ihr müsstet antworten: „Alithós anésti!" („Er ist wahrhaft auferstanden!") So begrüßt man sich bis Pfingsten, allerdings ist der Brauch wohl im Aussterben begriffen. Außer beim Bäcker an der Ecke und bei meinen Nachbarinnen auf den umliegenden Balkons habe ich den Gruß bisher nur von alten Frauen auf dem Weg zur Kirche gehört.
An Ostern war ich hier in Kalamariá in der Kirche und habe einige der festlichen Zeremonien miterlebt. Einer der Höhepunkte der „Megáli Evdomáda", der „Großen Woche", ist die Karfreitagsprozession, bei der ein blumengeschmücktes gläsernes Gestell, das Epitáfio, durch die Gemeinde getragen wird. Darin liegt ein Tuch, das durch die vorangegangene Zeremonie in das Grabtuch Jesu verwandelt worden ist. Vor dem Epitáfio, das ein bisschen aussieht wie der Sarg von Schneewittchen, marschiert die Blaskapelle und dahinter schreiten die Popen, gefolgt von der Gemeinde. Die Menschen tragen brennende Kerzen, auch auf vielen Balkons sind Kerzen und Weihrauchgefäße angezündet, so dass die ganze Stadt nach Kirche duftet. Abgesehen davon geht es aber nicht sehr kirchlich zu. Natürlich haben alle Leute ihre Handys dabei und telefonieren lautstark, und wenn sie sich dann noch eine Zigarette anstecken, wissen sie gar nicht, wo sie die Kerze lassen sollen. Manche Leute beobachten den Zug auch lieber vom Kafeníon aus, in dem nebenher der Fernseher und laute Musik laufen... Verwundert stelle ich fest, dass meine Vorstellung, zu kirchlichen Ritualen gehöre eine andächtige Haltung, hier offenbar nicht gilt.

In Mitteleuropa würde man religiöse Bräuche wohl eher ganz aufgeben als sie ohne Andacht mitzumachen. Das ist hier wiederum ganz anders. In der Osternacht war ich bei meiner Kollegin Fotiní eingeladen, deren ganze Familie in der kommunistischen Partei engagiert ist. Trotzdem hatte sie Osterkerzen für ihre Patenkinder, für ihren schnauzbärtigen Ehemann (Wolf-Biermann-Typ) und ihren gelangweilten 21-jährigen Sohn gekauft. Ihr Atheismus äußerte sich darin, dass wir statt um zehn Uhr erst kurz vor Mitternacht in die Kirche gingen. Die war sowieso längst überfüllt, so dass wir draußen auf dem Hof warteten, natürlich wieder mit Handy und Zigarette. Um Mitternacht öffnete sich das Tor, eine große Ikone, Weihrauchgefäße, eine silberne Bibel und ein Kreuz wurden herausgetragen und dann folgte der singende Pope mit dem Osterlicht. Er sang den Osterhymnus, der griechische Biermann und viele andere Menschen brummten leise mit. (Gemeindegesang gibt es hier nicht, offiziell singen nur der Pope und die Vorsänger.) Dabei wurden alle Kerzen angezündet, was auf dem dunklen, pinienbestandenen Kirchplatz ganz märchenhaft aussah. Unmittelbar danach holten alle ihre roten Eier aus der Manteltasche und klopften sie gegeneinander: Wer das härteste Ei hatte, gewann das Spiel. Gleichzeitig läuteten die Glocken, wurde neben der Kirche ein Feuerwerk gezündet und der Pope sang unbeirrt weiter. Die meisten Menschen gingen anschließend direkt nach Hause, um das Fasten zu brechen und die Ostersuppe zu essen, einen fetten Eintopf mit Innereien und Kohl, auf den ich nicht besonders scharf war.

Ich ging stattdessen zurück in die Kirche, wo die Liturgie noch lange fortgesetzt wurde. Mindestens zwölfmal hörte ich das "Christós anésti", so dass ich es zum Schluss auch mitsummen konnte. Es war wie ein Mantra. Nachdem der Rummel vorbei war, kehrte eine heitere, goldene Ruhe ein. Bibeln und Ikonen wurden auf besonderen Wegen durch die Kirche getragen und geküsst, prächtige Gewänder angelegt, der Metropolit stieg auf seinen Thron und trug eine Krone, wie ich sie bisher nur in Märchenbüchern gesehen hatte. Irgendwann war ich so müde, dass ich mich in der buntbemalten Kirche selbst wie im Märchen wähnte. Als ich um zwei Uhr nachts nach Hause ging, war die Liturgie noch nicht beendet.

Meine Kerze trug ich brennend in den Fahrstuhl und in den 7. Stock. Dort hätte ich eigentlich eine Öllampe im Herrgottwinkel damit anzünden müssen, die dann das ganze Jahr über brennt.

Zwei Tage später sah ich auf dem Flughafen einen Popen, der das Osterlicht in einer Laterne in ein Flugzeug trug. So überschneiden sich hier uralte und moderne Zeiten...

Manchmal sind die Konsequenzen dieser Überschneidungen grotesk:
So werde ich z. B. zum Direktor zitiert, weil sich Eltern über meinen Unterricht beschwert haben. Ich habe mit der 9. Klasse Songs aus dem Film "Sister Act" gesungen. Das sei erstens kirchenfeindlich und zweitens proamerikanisch. Beides ist nicht erwünscht.
Der deutsche Schulleiter als Vertreter der griechischen Obrigkeit, (die bis heute keine Trennung von Kirche und Staat kennt), legt mir einen Erlass vor, der ausländischen Lehrern ausdrücklich verbietet, nationale, religiöse oder sozialpolitische oder sexualmoralische Themen anzusprechen! Weiter heißt es dort in der amtlichen Übersetzung:

> „In diesen Bereichen hat der ausländische Lehrer keinerlei Berechtigung einzudringen, umsomehr als er hier kaum Kenntnisse der Sachlage hat. Wenn ich sage ´eindringen´, dann meine ich auch z. B. die Tolerierung von Diskussionen in der Klasse über solche Themen; denn ein Lehrer, der zu einem Thema, das in der Klasse diskutiert wird, weder Stellung nehmen kann noch darf, obliegt nicht in ausreichendem Maße seinen Pflichten. (…) Lassen Sie uns doch nicht vergessen, dass ein gewissenhafter Lehrer nicht vorstellbar ist, der seine Klasse spaltet. Jedoch der Ausländer, der in den oben gefassten Bereich der Begriffe ´national´, ´religiös´, ´sozialpolitisch´ und ´sexualmoralisch´ vordringt, spaltet notwendigerweise die Klasse. Und ein Lehrer, der die Klasse spaltet, ist ein Lehrer, der sein Ziel verfehlt hat.“

Die Schüler finden den ganzen Wirbel lächerlich. Natürlich wollen sie internationale Popmusik singen – und schlagen vor, stattdessen lieber den Englischunterricht abzuschaffen, der ja auch proamerikanische Tendenzen vermitteln könnte! Dass im Film „Sister Act" in der Kirche Gospels statt byzantinischer Hymnen gesungen werden, ist ihnen zwar fremd aber durchaus sympathisch.

Ich nehme die Songs also nicht aus dem Programm, sondern bitte die Schüler, ihre Eltern über das „Missverständnis" aufzuklären. Mal sehen, was passiert, wenn wir sie beim Sommerkonzert aufführen…

Insgesamt geht es mir in der Schule aber ganz gut, vor allem mit den Schülern, den griechischen Kollegen und den Sängern des Erwachsenenchores, die gleichzeitig eine Art Freundeskreis bilden und von Woche zu Woche besser singen. Ich bin froh, dass ich noch nicht wieder nach Deutschland zurückkehre und freue mich auf den Sommer und eine etwas entspanntere zweite Runde.

Euch wünsche ich einen üppigen Frühling, endlich mal Sonne, Gelassenheit im Schulendspurt oder wo Ihr sonst durch den Alltag eilt und Freude am Leben.

Bis zum nächsten Brief, liebe Grüße!

Gesine.

17. Der Weg zum „Himmlischen Jerusalem"

Dunkel, duftend und golden kommen mir die ersten griechischen Kirchen vor, die ich betrete. Ihre Atmosphäre erlebe ich sehr unterschiedlich, je nachdem, woher ich gerade komme.
Scheint draußen die Sonne, dann finde ich es drinnen düster, kalt und lebensfeindlich.
Tobt draußen der Großstadtverkehr, dann kommt es auch vor, dass ich den Kirchenraum als Oase der Stille und echten Spiritualität erlebe.

Am Anfang sind mir die buntbemalten Fresken- und Ikonenwände sehr fremd: Ich sehe nur ein großes Durcheinander mir unbekannter Heiliger mit den immergleichen langgezogenen Nasen, viel zu kleinen Mündern, mit Rauschebärten, hängenden Schultern und schwungvoll wallenden Gewändern, die nicht aussehen, als ob sich darunter ein Körper verbergen könnte.

Beim Betreten der Vorhalle begrüßen mich meist die Märtyrer, schreckliche Qualen leidend in einer feindlichen Welt, und die militärischen Heiligen, von denen mir als einziger der Ágios Dimítrios, der Schutzheilige von Thessaloníki, bekannt ist. Man weiß nicht viel über ihn, außer dass er ein junger römischer Soldat war, der sich zum Christentum bekannte und dafür getötet wurde.
Ich frage mich, was er wohl in seinem Leben getan hat, um seinem christlichen Glauben Ausdruck zu verleihen. Gibt es da etwas, das ihn zum Vorbild für die Gläubigen macht?
Aber ich merke bald, dass das die falsche Frage ist. Griechische Märtyrer treten offensichtlich erst lange nach ihrem Tod in Aktion: Der heilige Dimítrios jedenfalls soll Thessaloníki erst 1900 Jahre nach seinem Tod von der fünfhundertjährigen osmanischen Herrschaft befreit haben: An seinem Feiertag im Jahr 1912 marschierte die griechische Armee in die Stadt ein.

Die Wände des Hauptraums erzählen Geschichten aus der Bibel, oft solche, die in mitteleuropäischen Kirchen selten dargestellt werden. Zu ihnen gehört die „Metamorphose Christi", die in allen griechischen Kirchen bis in die Details gleich gestaltet ist und mir darum auffällt, weil einer der drei Männer, die sich mit dramatischen Gesten vom strahlenden Christus abwenden, mit ausgestreckten Armen aus dem Bild heraus fällt. Ich habe jedes Mal den Impuls, meine Arme auszubreiten und ihn aufzufangen.

Je näher ich dem Allerheiligsten komme, desto mehr nimmt die Dramatik ab und das Heilige zu: Kirchenväter und Heilige umgeben die Maria in der Apsis, Engel und Propheten bevölkern den Raum rund um die große Kuppel - und in ihr thront, dem Himmel am nächsten, der Pantokrator: Christus als Weltenherrscher mit einem geöffneten Buch in der linken Hand, die Rechte zu einer Segensgeste erhoben.
Ich ertappe mich dabei, wie ich beim Betreten einer Kirche meinen Blick nach oben schweifen lasse: Ist der Pantokrator an seinem Platz? - Dann ist ja alles in Ordnung.

Erst später beim Lesen stelle ich fest, dass ich mich offensichtlich genau auf die beabsichtigte Weise habe durchs Programm führen lassen: Jeder byzantinische Kirchenraum soll den Weg von der Welt zum „Himmlischen Jerusalem" abbilden. Die Gläubigen sollen dort „abgeholt" werden, wo sie sich im Alltag befinden: in einer Welt voller Grausamkeiten, Martyrien und Kriege.
Doch dann führt sie der Raum über viele Lebens-Geschichten zur Maria als Gottesmutter, die für die meisten Griechen die Vermittlerin ist, die Greifbare, die sie mit dem Unbegreifbaren verbindet. Und von ihr aus geht die Bewegung himmelwärts.

Auch die orthodoxe Liturgie zelebriert genau diesen Weg. Die endlosen Gänge, die der Priester mit Weihrauchfass und Bibel abschreitet, bilden nichts anderes ab als den Weg durch die Welt in den Himmel. Dabei ist der Priester nur der Stellvertreter Christi, der über dem Geschehen thront und selbst die Verbindung zum Göttlichen, zum „Himmlischen Jerusalem", herstellt.

Ich lasse meinen Blick in die Kuppel schweifen und wage ein Gedankenspiel: Ich stelle mir das „Himmlische Jerusalem" als einen Ort der konkreten Utopie vor: eine Stadt, verbunden mit der Welt und doch so weit über sie erhoben, dass sich dort etwas verwirklichen lässt, was *in* der Welt nicht möglich ist.

Ich brauche solche Spielräume für meine Träume. Nicht als Fluchtmöglichkeiten in versponnene Illusionen, nicht zur *Ab*lenkung , sondern zur *Hin*lenkung auf die kleinen Schritte, die nötig sind, um den großen Entwürfen etwas näher zu kommen.

Enthält das Konzept der byzantinischen Kirche womöglich in seinen oberen Regionen Spielräume für eine konkrete geistige Utopie, dann gewinnt die Liturgie, die hier gefeiert wird, auch eine für mich nachvollziehbare Funktion:

Sie ermöglicht es den Gläubigen, jeden Sonntag einmal den Weg aus dem Alltag hinaus zu finden und sich mit der Sphäre der Utopie, des Lebenstraums, des Zukunftsentwurfs oder Gesellschaftsmodells zu verbinden. So kann etwas von dem „Glanz des Himmels" (- so der Titel des Buches über die orthodoxe Liturgie, durch das meine Gedanken angeregt wurden -) auf das weltliche Leben zurückstrahlen.

Von all dem spüre ich allerdings während der endlosen liturgischen Gesänge nicht viel. Keinesfalls beneide ich die orthodoxen Gläubigen, die mehrere Stunden im Weihrauch-Nebel stehend Rituale und Psalmodien an sich vorüberziehen lassen müssen – und ich kann diejenigen gut verstehen, die nur mal kurz für eine halbe Stunde vorbeischauen oder die Messe vom Kafeníon gegenüber verfolgen. Zu diesem Zweck wird in vielen Dörfern die Liturgie per Lautsprecher auf den Marktplatz übertragen. Davon profitieren auch alle, die während des dreistündigen Gottesdienstes dringend eine Rauchpause brauchen, ihre Erlebnisse vom Samstagabend austauschen oder ihre Freunde anrufen wollen.

Wie verträgt sich das geschäftige Kommen und Gehen mit dem zelebrierten Weg in den Himmel? Für Mitteleuropäer ist beides schwer vereinbar. Für Griechen ist es wohl selbstverständlicher Ausdruck davon, dass kirchliches Ritual und Alltagsleben nahtlos ineinander übergehen. Ob allerdings irgendjemand dabei an die große Utopie des „Himmlischen Jerusalem" denkt, wage ich zu bezweifeln.

Ich habe nicht einmal eine Vorstellung davon, wie eine Utopie aussehen könnte, die im Leben der modernen Griechen eine Rolle spielen könnte. Möglicherweise sind die Zeiten hier genauso ungünstig für groß angelegte Lebens- und Gesellschaftsentwürfe wie in Mitteleuropa.

Beim Thema „Wünsche für die Zukunft" sind sich die Jungen meiner griechischen 9. Klasse einig: Macht, Geld und schnelle Autos wünschen sie sich, oder auch „dass mich alle Frauen bewundern".

Reichtum, Machtstreben und glänzende Selbstdarstellung lassen sich aber kaum durch bescheidene mittelalterliche Kirchenräume abbilden, sie manifestieren sich eher im öffentlichen Raum der modernen Großstadt.
In Thessaloníki ist die Tendenz offensichtlich: Täglich werden kleine alte Häuser abgerissen und durch achtstöckige Hochhäuser ersetzt. Die modernen Großstadtbewohner blicken häufiger an der verspiegelten Fassade eines modernen Geschäftshauses hinauf als in die Kuppel einer byzantinischen Kirche hinein.

Auch die Bebauung rund um die Kirchen bildet die modernen Wertigkeiten ab: Fast überall in der Großstadt sind die Kirchen die niedrigsten Gebäude. Sie werden von den umstehenden Hochhäusern regelrecht erstickt. Die Grundstücksspekulation hat die Kirchhöfe aufgefressen, bevor die Städteplaner auf die Idee gekommen sind, die Bebauung an die Proportionen der Kirchen anzupassen.
Nur an einigen ganz besonderen Orten in der Oberstadt haben die Pfauen und Schildkröten in den Klosterhöfen überlebt. - Wo überleben die Utopien?

18. Alltagstheater und Auslandsrollen

7.5.2004

Aus einer regnerisch-kühlen Zeit mit Abiturprüfungen, Korrekturen und Konzertproben ragen ein paar sonnige Frühlingstage besonders strahlend und blank heraus. An einem dieser Tage treffe ich mich mit Birgit im Café des Segelclubs an der Strandpromenade. Wir mischen uns unter die Segler der High Society und schlüpfen in die Rollen der Yuppies aus dem Karibik-Prospekt oder der Bacardy-Reklame. Lässig nippen wir an unseren Drinks, schieben die Sonnenbrillen zurück und lassen den Kellner ein cooles Foto von uns aufnehmen.

An wie vielen Auslandsschulorten, an die es mich hätte verschlagen können, kann man sich wohl an einem normalen Freitagnachmittag so relaxt fotografieren lassen?

14.5.2004

Statt mit Oréstis zum Griechischunterricht treffe ich mich mit Iríni zum Kaffeeklatsch und erprobe an sämtlichen Frauenzeitschriften-Themen meine Griechischkenntnisse: Über Mode und Männer, Kosmetik und Diät kann ich schon beinah flüssig mitreden! In der fremden Umgebung und Sprache finde ich sogar Themen interessant, mit denen ich mich in Deutschland nie abgeben würde. So spiele ich mit Vergnügen die Rolle einer griechischen Frauen-Zeitschriften-Freundin und wir amüsieren uns auf eine Weise, wie ich es zuletzt mit dreizehn Jahren erlebt habe, als ich mit einer Klassenkameradin die Kosmetika ihrer Mutter durchprobierte.

Oft kommt mir mein Leben hier vor wie eine Folge von Theaterszenen, in denen ich lauter verschiedenen Rollen ausprobieren darf, viel mehr, als mir in meinem eigenen Land je angeboten werden!

15.5.2004

Manchmal bieten sich mir allerdings auch Rollen an, die ich auf keinen Fall spielen will, am häufigsten die der Gerüchteköchin und Tratschtante.

Birgit und ich sitzen am Samstagnachmittag in Liegestühlen auf dem Flachdach, essen Eis und unterhalten uns über Belanglosigkeiten aus dem Schulalltag und dem Leben der Kollegen: Birgit erzählt von Julia, die bei einer Fete zu viel getrunken und sich unmöglich benommen hat und von Annette, die schon den dritten Blechschadenunfall verursacht hat. Sie spekuliert über das Verhältnis des Schulleiters zu seiner Frau und zum Alkohol und ereifert sich über seinen Geiz. Ich soll zu jedem Gerücht Stellung beziehen und möchte doch nur bremsen.

Solche Klatsch- und Tratschgeschichten mag ich nicht. Sie gehen mich nichts an und ich habe nichts davon außer der Belastung, die entsteht, wenn ich die entsprechenden Kollegen das nächste Mal treffe und nicht umhin kann, sie mir in peinlichen Situationen vorzustellen, ohne dass sie davon wissen.

Auf der anderen Seite können wir in einer so kleinen Gemeinschaft nicht ganz darauf verzichten, über Dinge zu sprechen, an denen gemeinsame Bekannte beteiligt sind. Ich komme nicht darum herum mir zu überlegen, wo eigentlich die Grenze zum Tratsch ist.

Vor allem kommt es wohl auf das Erzählmotiv an: Manchmal geschehen Dinge, die uns so bewegen, dass wir durch Erzählen einen Standpunkt dazu finden oder das Erlebnis auf Distanz bringen wollen.

Wenn Birgit mir von einem kleinen Schüler erzählt, von dem sie vermutet, dass er zu Hause geschlagen wird, ist das kein Klatsch, denn sie erzählt es ohne Häme oder Schadenfreude um eine Möglichkeit zu finden, damit umzugehen. Wenn ich aber erzähle, dass Patrick meine Grilleinladung verpennt hat und wir uns darüber ereifern, dass er regelmäßig alle Termine „vergisst", dann schwingt außer meiner Enttäuschung auch ein bisschen Belustigung und Selbstgerechtigkeit mit. Gemeinsam schütteln wir die Köpfe: „Wie kann man nur…!" und damit ist die Grenze zum Klatsch eindeutig überschritten.

Ich habe keinerlei Übung im Umgang mit Klatsch und Tratsch, weil ich immer in offenen Systemen gelebt habe. Aber hier in dieser engen deutschen Gemeinschaft muss ich unbedingt lernen mich herauszuhalten - und dabei so diplomatisch sein, dass ich mir nicht unnötig Feinde mache. Birgit ist leider ziemlich sauer, dass ich die Rolle der Klatschfreundin ablehne.

22.5.2004

Meine Kollegin Wilma hat offensichtlich eine andere Strategie zum Umgang mit Klatsch im Kollegium entwickelt: Sie ruft mich am Samstagmorgen an und erzählt mir sämtliche Gerüchte, die zurzeit über mich im Umlauf sind, „damit ich mir ein Bild machen kann". Natürlich ohne zu verraten, woher sie sie hat.
Die schlimmste Verleumdung behauptet, ich meldete mich krank und ginge dann am Wochenende mit griechischen Freunden zum Schifahren! Abgesehen davon, dass das völliger Blödsinn ist, sehe ich daran, wie hartnäckig Gerüchte sind: Seit Februar liegt nirgends mehr Schnee, aber das Gerücht hat sich – wie Gletschereis - bis Mai gehalten!
Es folgt eine Liste mit weiteren Ungeheuerlichkeiten.
Was fange ich nun mit dem Bild an, das einige meiner Kollegen von mir zeichnen und das Wilma mir da so treu überliefert? Am liebsten möchte ich es einfach ignorieren, aber das gelingt mir nicht. Als ich am Montag in die Schule komme, vermute ich hinter jedem Blick und jeder Geste eines Kollegen eine versteckte Anspielung auf einen der Vorwürfe. Als sich die Vertretungsstunden auffällig häufen, vermute ich dahinter eine Strafe für meine angeblichen Schivergnügungen… Ich habe keine Möglichkeit, irgendetwas richtig zu stellen, weil ich nicht weiß, an wen ich mich dafür wenden müsste. Am liebsten würde ich den Kontakt zu den Kollegen noch weiter reduzieren, aber das hätte zur Folge, dass die Gerüchte nur umso besser gedeihen. Und ich würde auch diejenigen verlieren, mit denen ich mich gut verstehe. Wilma mag ich eigentlich, aber ihre Strategie – wenn sie denn wirklich so gut gemeint ist – macht alles noch schlimmer. Die

Rolle der Außenseiterin oder gar des Mobbing-Opfers mag ich nun wirklich nicht spielen.

14.6.2004

Ein Hoch auf Europa! Dank der Europawahl haben wir kurz vor den Sommerferien noch mal ein langes Wochenende. Denn die Tradition ist unumstößlich: Wenn gewählt wird, fahren alle Griechen in ihre Dörfer. Dort gibt es ein ausführliches Wiedersehen der Großfamilie, das sich auf keinen Fall auf ein normales Wochenende beschränken lässt. Deshalb haben alle Schüler am Freitag und Montag frei und viele Erwachsene nehmen sich Urlaub.
Fast gleichzeitig ist hier mit großer Kraft und Hitze der Sommer angebrochen: Die Sonne scheint wie selbstverständlich von morgens bis abends, der Oleander blüht und das ganze Land wird für viele Stunden täglich von einer angenehmen Trägheit erfasst.
Das alles lässt sich natürlich viel besser außerhalb der Großstadt genießen und ich habe das große Glück, dass mir Bekannte den Schlüssel zu ihrem Ferienhaus auf der Chalkidikí überlassen.
Hier brauche ich keine Rollen zu spielen! Der Innenhof ist wie ein mittelalterlicher „hortus conclusus", ein Paradiesgärtlein. Malerisch wird er umrahmt von winzigen Kämmerchen, die in die Mauer eingebaut sind. Die Stirnseite begrenzt das alte Feldsteinhaus mit einem vorgebauten Balkon und einer Weinlaube, die einen lichten Schatten spendet. In Tontöpfen blühen Oleander, duftender Jelängerjelieber und Kräuter, um die die Bienen summen.
Hier bin ich vollkommen geschützt vor der Außenwelt, brauche aber nur auf die Gartenmauer zu klettern, um den Überblick über das ganze Dorf, die Berge und einen Streifen Meer am Horizont zu haben und einen kühlen Lufthauch zu genießen - und natürlich um Kirschkerne in die Landschaft zu spucken, was ich in Thessaloníki im 7. Stock lieber bleiben lasse!
Die Geräusche des sommerlichen Dorfes schwappen über die Gartenmauer: Hundegebell, gackernde Hühner, gurrende Tauben, ab und zu eine Kinderstimme oder die Megaphonstimme eines Verkaufsautos, aber je heißer es wird, desto mehr verstummen

auch diese Geräusche. Übrig bleiben nur das Summen der Bienen und das Rascheln des Weinlaubs im Wind.

Ich habe ein großes Bedürfnis nach Rückzug, Schutz und Geborgenheit. Baue den Liegestuhl auf und blicke durch rosa Blüten und hellgrüne Blätter in den blauen Himmel. Lese einen griechischen Roman, trinke Frappé, lerne ein paar Vokabeln und höre Mendelssohn-Klaviersonaten.

Mendelssohn passt gut in diese Landschaft und Stimmung. Seine Musik kann sich mit dem südlichen Sommer besser verbinden als die anderer mitteleuropäischer Komponisten – und gleichzeitig verbindet sie mich mit meinen eigenen inneren Quellen, rührt an die Zartheit und das Unaussprechliche, das in mir ist und hier in Griechenland wenig Ausdrucksmöglichkeiten findet hinter all den neuen Rollen, die mit der der Musikerin nichts zu tun haben. Er ist also noch da, dieser innere Schatz, der sich mir durch Musik erschließt…

Abends klopfen zwei Kolleginnen ans Tor, beide mit Griechen verheiratet, die ein Ferienhaus in der Nähe besitzen. Sie laden mich ein zusammen schwimmen zu gehen, zeigen mir die Trinkwasserquelle von Ágios Pavlos und die beste Fischtaverne am Ort. Die entspannte Freundlichkeit und Selbstverständlichkeit, mit der sich mich dabei sein lassen, tut gut.

19. Sommeranfang

Kalamariá, den 18.6.2004

Liebe Freunde!

Ich schreibe Euch an einem strahlenden Sommermorgen in Thessaloníki. Zum Frühstücken auf dem Balkon braucht man eine Sonnenbrille und ich komme mir vor wie auf der Kommandobrücke eines großen Schiffes, umgeben von blauem Meer, blendendem Weiß und kräftigem Wind von vorne. Im Hafen liegt - von hier oben gut zu sehen - die „Aida-Aura", ein Kreuzfahrtschiff, dessen Stapellauf ich durch Zufall letztes Jahr in Hamburg gesehen habe. Jetzt scheint sie die Weltmeere zu verbinden. Alle paar Wochen kreuzt sie hier frühmorgens auf, schickt ihre Passagiere zum Shopping oder Sightseeing und legt abends wieder ab. Ich gebe ihr immer Grüße an die Hamburger unter Euch mit...

Heute ist Samstag und ich habe gute Laune. Gestern haben wir die Zeugnisse verteilt, jetzt beginnt so eine Art Zwischenzustand mit Konferenzen, Abschiedsfesten und überflüssigen Terminen, mit denen die Schulleitung klarstellt, dass wir noch keinen Urlaub haben. Am Montag und Dienstag muss ich lediglich telefonisch erreichbar sein, und so werde ich heute Mittag zu Gerts Häuschen auf der Pilionhalbinsel fahren um zu sehen, wie es den Winter überstanden hat. Es ist ein alter Ziegenstall aus Feldsteinen, schön ausgebaut und in einer traumhaften Lage an einem steilen Hang hoch über dem Meer. Der Tagesablauf wird dort sein wie hier überall im Sommer: Tagsüber verkriecht man sich an einem schattigen Platz und tut nur das Allernötigste, wenn es abends kühler wird, geht man an den Strand zum Baden oder in die Taverne.
Das hört sich sehr geruhsam an, ist aber auf die Dauer für einen aktiven Menschen wie mich gewöhnungsbedürftig. Jetzt hätte ich endlich mal Zeit zum Musikmachen, aber es ist einfach zu heiß, jetzt könnte ich wandern und die Gegend erkunden, aber nach fünf Schritten merke sogar ich, dass das eine Schnapsidee ist.

Immerhin komme ich endlich mal wieder zum Lesen, ich habe mich in Deutschland mit dicken Büchern eingedeckt.

Ja, ich war vor kurzem in Deutschland, als Begleiterin einiger Teilnehmer aus Thessaloníki am Bundeswettbewerb von „Jugend musiziert".
Das war eine schwierige Erfahrung und ich habe erst im Nachhinein gemerkt, woran es lag:
Für mich hatte der Austragungsort Villingen-Schwenningen im Schwarzwald etwas Heimatlich – Provinzielles. Im Schwarzwald bin ich aufgewachsen, und so machte ich mir erst viel zu spät klar, dass ein schwarzer Wald im fernen Deutschland für die Eltern der Teilnehmer etwas sehr Bedrohliches hatte. Die Angst nahm konkrete Formen an, als sie im Informationsschreiben lasen, ihre Kinder würden in der Jugendherberge übernachten, wo man die Bettwäsche selber mitbringen müsste, und sie sollten ihren Krankenschein nicht vergessen. Unter einer Jugendherberge - ohne Bettwäsche! - stellten sie sich eine üble Spelunke vor; unter einem Krankenschein die Vorstufe zum Totenschein! Also fürchteten sie, ihre Kinder würden in Deutschland Räubern in die Hände fallen oder schrecklichen Epidemien ausgesetzt werden. Statt bei mir nachzufragen beschlossen sie am Tag vor der Reise kurzerhand, mitzufahren, um ihre Kinder zu beschützen. Ein Vater drohte zusätzlich mir und der Schule einen Prozess an, falls irgendetwas schiefginge.
Also fuhr ich mit drei misstrauischen, kampfbereiten Eltern im Schlepptau in das idyllische Städtchen Villingen, wo sich der Wettbewerb in einer beschaulichen Fußgängerinnenstadt, umgeben von hohen Stadtmauern, abspielte.
Dort stolzierten die griechischen Jungen nun aufgeblasen durch die mittelalterlichen Gässchen, vertrieben sich die Zeit damit, für je dreißig Verwandte Andenken einzukaufen und warteten auf ihren Auftritt, um schnell einen ersten Platz abzusahnen und wieder nach Hause zu fahren. Mir war völlig klar, dass es darum nicht gehen konnte. Ich versuchte die Jungen zum Zuhören bei anderen Teilnehmern und zum Besuch der abendlichen Konzerte zu bewegen. Vergebens - sie kannten aus dem griechischen Musikschul-

system nichts anderes, als dass es ausschließlich darum geht, der Beste zu sein und alles andere zu ignorieren. Kaum hatten die griechischen Jungs ihr Vorspiel absolviert, flogen drei von ihnen mit den begleitenden Eltern auf eigene Kosten zurück. Nur einer blieb und versuchte seine Erfahrung, *nicht* der Beste zu sein, in einer Neuorientierung zu verarbeiten…

Jetzt beginnt in Thessaloníki die Zeit der Stadtflucht. Tatsächlich hat fast jeder hier irgendwo ein Haus auf dem Land, entweder im Dorf der Großeltern oder am Meer. Die Familien verbringen dort die drei Sommermonate, die Berufstätigen pendeln täglich oder am Wochenende. - Viele freuen sich über Besuch! So habe ich Einladungen von Leuten aus meinem Chor, der Schulsekretärin, meiner Putzfrau, einer Schülerin und der deutschen Pastorin erhalten, sie in ihren „Landhäusern" zu besuchen. Außerdem habe ich seit kurzem eine Gesangsschülerin, die mir statt Geld ab und zu den Schlüssel zu ihrem Sommerhäuschen gibt...

Bei allem, was in einem solchen Brief für Euch beneidenswert klingt, war dieses Jahr für mich in vieler Hinsicht auch hammerhart. Ich habe gerade in der letzten Zeit schlimme Erfahrungen gemacht mit Klatsch und üblen Verleumdungen seitens einer Kollegengruppe in der Schule.
Ich habe - zum ersten Mal in meinem 42jährigen Leben - erfahren, was es heißt, ein Untertan zu sein und sich den Entscheidungen einer selbstherrlichen (Schul)Obrigkeit beugen zu müssen. Ich habe erlebt, was es bedeutet, in einem privatwirtschaftlichen Betrieb zu arbeiten, der sich nur den Kundenwünschen verpflichtet fühlt und keine eigene Linie hat. Ich habe bei vielen meiner Kollegen gesehen, wie die Angst vor dem Verlust des Arbeitsplatzes die pädagogischen Visionen tötet... Und ich habe mit vielen Menschen zu tun gehabt, kleinen und großen Schülern, Kollegen und Eltern, die unter diesen Bedingungen erheblichen Schaden erleiden und sich doch nicht dagegen wehren können. Immer wieder versuche ich, etwas zu ändern - es geht nur hinten herum, im Kleinen, heimlich. Sobald ich offiziell Vorschläge mache, setze ich mich in die Nesseln. Ich bin unheimlich froh, dass ich nicht immer hier bleiben

muss und werde vermutlich mit einem ganz anderen Blick für die positiven Seiten meines deutschen Arbeitslebens zurückkommen. Natürlich ändert sich dort im Moment auch vieles zum Schlechten. Was ich aber auf jeden Fall von hier mitbringe, ist eine große Dankbarkeit für die Bedingungen, unter denen ich die ersten 14 Jahre meines Beruflebens gearbeitet habe.

Genug vom Arbeitsleben. Ich hoffe, Euch geht es in dieser Hinsicht besser als uns hier!
Die großen Ferien sind überall in Sicht. Ich wünsche Euch wunderschöne Reisen, gute Begegnungen, genug Muße, sonniges Wetter, spannende Ferienbücher, gute Laune… und dass wir uns bald sehen!

Liebe Grüße!

Gesine.

20. Barbarinnen

26.6.2004

Auch in meinem zweiten griechischen Sommer kommt es noch vor, dass ich morgens aufwache und ein deutliches Bild aus meinem „alten Leben" vor Augen habe. Den alten Mann mit der Milchkanne zum Beispiel, der jeden Morgen die Straße von Rausdorf nach Großensee entlangging. Bei jedem Wetter, zu jeder Jahreszeit. Ob er jetzt gerade wieder unterwegs ist? Merkwürdig die Vorstellung, dass für ihn das Leben unverändert seinen Gang geht, während für mich alles anders geworden ist…

Mein „neues Leben" kommt an diesem heißen Junitag erst abends in Gang. Kurz vor Sonnenuntergang schwinge ich mich auf mein Rad und fahre an der Promenade entlang in die Innenstadt. Der Himmel färbt sich in einem überwältigenden Orange, das Meer wird bunt, die Kräne im Hafen heben sich schwarz wie Scherenschnitte dagegen ab. Es weht eine leichte Brise, ein Streicheln und Schmeicheln auf der Haut. Die Luft hat ungefähr die Temperatur des Blutes in den Adern; wenn man sich nicht zu viel bewegt, ist das sehr angenehm. Man schwimmt in einer freundlichen goldenen Flüssigkeit.

Das Bücherfestival an der Promenade ist leider schon beendet, aber im Hafen läuft noch die Ausstellung: „Als Chagall fliegen lernte…" Der Eintritt kostet 10 Euro. Weil das Museum bald schließt, lässt mich der Wärter umsonst hinein.

Schwebende Geiger und schaukelnde Liebespaare vor Augen bummle ich die Promenade entlang, schiebe mein Fahrrad. Die Sonne ist inzwischen untergegangen, über Kalamariá steht der Mond und übersät das Meer mit silbernem Funkeln. Gegenüber sind gegen den hellen Himmel noch die Umrisse des Olymps zu erkennen. Auf mehreren Restaurantschiffen braust das Nachtleben, überhaupt ist es – wie immer – extrem laut. Aber würde Stille überhaupt zu diesem Abend passen?

Überrascht stelle ich fest, dass ich heute alles an „meiner" Stadt schön finde, ich bin auf dem besten Weg, mich in Thessaloníki zu verlieben! Das hätte ich nach dem mühsamen Anfang nicht erwartet, als der Alltag eine solche Herausforderung war, dass ich von den Stimmungen der Innenstadt nichts mitbekam.

Heute weiß ich genau, dass ich Abende wie diesen vermissen werde, wenn ich hier nicht mehr lebe. – Merkwürdige Perspektive, *jetzt* lebe ich doch erstmal *hier*!

Seit Wochen wird an jeder Straßenecke Mais verkauft, ich habe ihn noch nie probiert. Heute kaufe ich mir einen Kolben und lerne dabei das Wort: Kalambóki. In der Nähe sitzt auf einem Poller eine Bettlerin. Ich frage sie, ob sie auch einen Maiskolben will, aber sie hat keine Zähne mehr. Dafür ganz lebendige Augen und ein strahlendes Lächeln. Sie fragt mich, woher ich komme, und fängt an, ein Lied von einer schönen Germanída zu singen, in einer Mischung aus Griechisch und Georgisch, wie sie mir erklärt. Ich glaube, den Text erfindet sie spontan.

Wir versuchen uns zu unterhalten. Wo uns beiden die Worte fehlen, beginnt sie wieder zu singen. Ich summe mit, bewege mich im Takt, wir verstehen uns. Sie nimmt mich in den Arm, ihre Arme reichen mir gerade bis zur Taille. Wir sind so unterschiedlich und

doch verbindet uns das, was in diesem Moment zählt: Wir sind beide Fremde und wir sprechen mit den Augen, im Lächeln und im Lied die gleiche Sprache. Als sie mich bittet, kurz auf ihre Sachen aufzupassen, damit sie hinter den Busch gehen kann, stecke ich ihr die 10 Euro, die ich im Museum gespart habe, unter die 10 Cent Münzen. So trifft die Freundlichkeit des Museumswärters die Richtige.

Die Frau heißt Barbara. Sie kommt oft am Abend hier her, wenn es kühler wird und ein frischer Wind weht. Vielleicht werde ich sie wiedersehen.

Mir fällt der Mann mit der Milchkanne aus meinem „alten Leben" wieder ein.

Nun gibt es eine Barbara aus Georgien an der Promenade von Thessaloníki, eine Frau, die zuverlässig zu „meiner" neuen Stadt gehört. Und einen Grund, öfters mal diesen Weg zu nehmen.

21. „Wir" sind Europameister!

Kalamariá, den 14.7.2004

Liebe Freunde!

Stellt Euch einen heißen Freitagabend Ende Juni in Thessaloníki vor. Die Großfamilien - oder vielmehr ihre männlichen Mitglieder - haben sich auf den Balkons versammelt, trinken Ouzo und feiern das Wochenende. Es ist überall so laut, dass ich sicher niemanden störe, wenn ich bei offenen Terrassentüren noch ein bisschen Bratsche spiele.
Plötzlich ein gellender Schrei durch die ganze Stadt! - Erdbeben? - Nein: „Gol! Gol! Gol!" - Tor für Griechenland im Spiel gegen Frankreich um das Viertelfinale der Europameisterschaft! Seitdem bin sogar ich Fußballfan! Zum Glück habe ich seit zwei Wochen einen Fernseher, sodass ich den Rest des Spiels dort verfolgen kann, immer im Wechsel mit dem Spektakel auf den Nachbarbalkons, das eigentlich genauso spannend ist.
Wenn ich gedacht habe, auf den Balkons ginge die Party nach dem Spiel erst richtig los, habe ich mich getäuscht: Die Leute schnappen ihre Fahnen vom Nationalfeiertag, springen in ihre Autos und brausen unter wildem Gehupe in Richtung Weißen Turm. Innerhalb von Minuten sind alle Straßen Richtung Innenstadt verstopft. Prompt kehren die Fans um und versuchen die Strandpromenade von Kalamariá zu erreichen. Alle knattern sie hier vorbei: Fahnen schwenkend zu dritt auf einem Moped; mit eingeschalteter Alarmanlage und singend auf dem Autodach, Bier trinkend auf der Ladefläche eines Kleinlastwagens, der hupend die roten Ampel überfährt!
Am Weißen Turm beginnt inzwischen ein spontanes Feuerwerk. Bunte Leuchtraketen platzen gleichzeitig im Abendhimmel vor meinem Balkon und auf der Mattscheibe meines Fernsehers. - Und das ist erst die Vorrunde!

Das Viertelfinale erlebe ich auf dem Pilion, gemeinsam mit Freunden in der Taverne der Fischerbucht von Damoúchari. Die Dorfjugend sorgt für Stimmung und die Deutschen werden mit einbezogen, haben „wir" doch den „Rechágel" (Trainer Otto Rehagel) beigesteuert, den großen „Rechaklís", wie sie ihn hier inzwischen nennen. Den Sieg krönen in Damoúchari ein einzelner Feuerwerkskörper, viel Ouzo und Retsina - und der friedlich aufgehende Vollmond.

Pünktlich zum Endspiel kommt Sturm auf. Die Tavernenbesitzer von Ai Jiánni bauen am Strand eine Großleinwand auf, vor der sich die Menge drängelt. Ich sehe alles schräg verzerrt von der Seite und höre statt des Kommentars nur die Brandung. Dafür sorgen die Griechen für Stimmung, indem sie ununterbrochen das Fußballlied grölen: „... δε μπωρώ, δε μπωπώ να περιμένω!" („Ich kann es nicht erwarten!") Nur die anwesenden Albaner sind für Portugal, was die Stimmung noch mehr aufheizt. Beim Sieg der Griechen fallen sich alle in die Arme und dann beginnt die Fete: Autokorso auf der einzigen – einspurigen - Straße, Tanz in den Bars und Tavernen, Gesang und Hupen bis zum Morgengrauen…

Am nächsten Nachmittag feiern die Griechen immer noch. Ich versuche, mit dem Auto durch Athen zu fahren - an sich schon eine Schnapsidee! - genau zu dem Zeitpunkt, als die Nationalmannschaft zurückerwartet wird und halb Griechenland zum Flugplatz fährt um sie abzuholen.
Vielleicht ist dies der Härtetest für die Olympischen Spiele: Kreuz und quer kurven fahnengeschmückte, vollbeladene Autos über die Autobahn, die während der letzten Vorbereitungen auf die Olympiade fast nur aus Baustellen besteht, bis irgendwann gar nichts mehr geht - außer den Hupen - und die Autos querfeldein über Brachflächen und Bauschutt in die Nebenstraßen rumpeln.
Auf diese Weise gelange ich gegen Abend aus Versehen ans Kap Sounio, die berühmteste Sehenswürdigkeit Griechenlands: Der Poseidon-Tempel strahlt in der Abendsonne wie auf den Titelseiten der Reiseführer. Vielleicht bin ich der erste Mensch, der diesen Ort, für den Touristen aus aller Welt teure Flugtickets zahlen, unbeabsichtigt und durch Zufall erreicht! Malerisch ist es dort jeden-

falls, im Gegensatz zu Athen, dieser chaotischen Großbaustelle, die in vier Wochen die ganze Welt zu Gast haben wird…

Mit dem letzten Schiff komme ich tatsächlich noch am selben Tag nach Kéa, einer Kykladeninsel, auf der Hanne aus meinem Chor ein Häuschen hat. Man erreicht es vom Hafen aus über Schotterstraßen und einen steinigen Mulipfad, es gibt dort außer dem Strom aus einer kleinen Fotovoltaikanlage keine Elektrizität und das Wasser kommt aus der Zisterne oder einem ziemlich weit entfernten Brunnen.

Überhaupt gibt es auf Kéa ganz wenig - und das ist gerade das Faszinierende: Die Vegetation ist um diese Zeit vertrocknet und so schimmert die Insel je nach Tageszeit braun, ocker oder golden. An geschützten Orten gibt es Oliven- oder Mandelbäume, silbergraue Tupfer in der Landschaft, und dazwischen, in großen Abständen voneinander, kleine weiße Bauklotz-Häuschen und Kapellen. Nur in den tief eingeschnittenen Tälern, in denen auch im Sommer Wasser fließt, grünt eine üppige Landschaft mit Oleander, Feigenbäumen, Melonengärten - und mit Millionen von Insekten. - Die gibt es auf Kéa nämlich im Überfluss: Dicke grüne Heuschrecken sind überall, man muss sogar aufpassen, dass man sie nicht mitisst. Zikaden hüllen die ganze Insel in ein auf- und abschwellendes vibrierendes Summen und entwickeln umso mehr Ausdauer, je heißer es ist. Hitze gibt es auf Kéa ebenfalls mehr als nötig. An Tagen mit über vierzig Grad haben wir das kleine Steinhäuschen mit seinen meterdicken Wänden kaum verlassen. Dort bestand unsere Hauptbeschäftigung aus Warten auf die abendliche Abkühlung.

Aber an den kühleren Tagen sind Hanne und ich abends über die Insel gewandert, hinunter zum Strand oder zu antiken Ausgrabungen. In der Taverne am Ziel erwartete uns Jorgos, ihr Mann, zum Abendessen mit frischem Fisch und Salat.

Das sommerliche Inselleben hat einen sehr geruhsamen Rhythmus. Viel Frappé, Ouzo und Sonnencreme gehören dazu; außerdem Lebensgeschichten von Inselbewohnern, Kartenspiele, Musik mit Gitarre und Didgeridoo, begleitet vom unablässigen Zirpen der Zikaden. Es war eine ideale Stimmung für den Beginn einer Freundschaft…

Trotzdem kann ich mir nicht vorstellen, den ganzen Sommer auf diese Weise in einer Kykladenhütte zu verbringen. Dazu braucht man wohl ein Projekt, das in diese Landschaft passt. Hanne ist Künstlerin. Sie malt archaische Figuren auf erdfarbenem, selbstgeschöpftem Papier. Ihre Bilder sind von den Inselfarben inspiriert und können vermutlich nirgends anders entstehen als hier: In einer Welt ohne Grün, mit einer Lebensweise wie vor Jahrhunderten.

Auf der Rückfahrt nach Thessaloníki sehe ich mir das antike Díon an, das an einem Fluss am Olymp liegt. Als ich dort durch das von Wasser umflossene Isisheiligtum wandere, bin ich glücklich über das viele Grün!

Ab morgen werde ich in Deutschland wohl genug Grün erleben, leider zum Preis einer arktischen Kälte! Schade, dass ich nicht ein bisschen Hitze mitbringen kann.
So viel von der ersten Ferienetappe. Ich bin begeistert vom griechischen Sommer! Er ist eine echte Belohnung für den Rest des Jahres.

Euch allen schöne Ferien und liebe Grüße!

Gesine.

22. Heimaturlaub in Deutschland

15 . 7. 2004

Auf den „Heimaturlaub" in Deutschland habe ich mich seit langem gefreut. Heute, wo ich losfahre, will ich hier eigentlich gar nicht weg. Ich bummle durch Kalamariá und fühle mich endlich ein bisschen heimisch. Unterhalte mich mit dem Bäcker, der die besten Kritsínia (Sesamstangen) der Stadt bäckt und streichle den alten Hund von gegenüber. Die ganze Zeit gehen mir griechische Songtexte durch den Kopf. Ein bisschen fürchte ich, dass mir dieses gute Gefühl wieder verloren gehen wird, wenn ich jetzt nach Deutschland fahre.

Am Stuttgarter Flughafen regnet es unter dicken schwarzen Wolken und ist dunkler als ein Tag in meiner Erinnerung überhaupt sein kann. Dafür kommt mir alles merkwürdig organisiert und sauber vor: Behindertentoiletten am Flughafen mit unzähligen Knöpfen, Griffen und Anleitungen, ergonomisch ausgetüftelt und übersichtlich angeordnet; symmetrische Blumenrabatten an den unspektakulärsten Ecken der Flughafenzufahrt, funktionierende Automaten und Chipkartensysteme überall. - Nicht dass mich das besonders begeistert. Aber es fällt mir zum ersten Mal auf und ich kann mir plötzlich vorstellen, was Ausländer meinen, wenn sie sagen, die Deutschen wären so gut organisiert. Es gibt tatsächlich eine Erfahrung zu diesem Klischee.

25.7. 2004

Ich ertappe mich bei dem Gedanken: Griechenland ist doch schön, ich habe schon viele gute Fotos gemacht. - Er zeigt, wie wenig ich noch emotional oder ganzheitlich mit dem Land verbunden bin. Daran kann ich nichts ändern.
Hier sitze ich an einem völlig unspektakulären holsteinischen See und mache *keine* Fotos, weil sie das, was mir wichtig ist, doch nur ganz unvollständig einfangen könnten: Stille, Wärme, Duft, sanft

spielende Schatten – und in all dem eine wunderbare Geborgenheit.

10. 8. 2004

In einer hellen norddeutschen Sommernacht sitzen wir, in Pullover und Wolldecken gewickelt, auf dem Balkon und unterhalten uns über fremde Länder. Das ist besonders spannend, weil einige meiner Freunde selbst für mehrere Jahre im Ausland gelebt haben. Ihre Erfahrungen mit der japanischen oder mexikanischen Kultur sind meinen Griechenland-Erfahrungen erstaunlich ähnlich. Anscheinend ist Griechenland für Mitteleuropäer kaum vertrauter als Japan oder Mexiko:
Genau wie ich kennen Maren und Hans das Gefühl, Gäste zu sein, aber über diesen Status hinaus dazu gehören zu wollen; den Wunsch, sich anzupassen und dabei doch die eigene Identität zu wahren; ein Teil der Gesellschaft des Gastlandes werden zu wollen und gleichzeitig den Kontakt zum eigenen Land nicht zu verlieren. Auch Maren ist in diesem Spannungsfeld nach ein paar Monaten sehr krank geworden. Und dennoch sind Maren und Hans diejenigen meiner Freunde, die mir am deutlichsten zeigen, wie wichtig so ein Lebensabschnitt im Ausland sein kann und wie sehr sie es jetzt, im Rückblick auf ihr Arbeitsleben, bereuen würden, wenn sie auf dieses Abenteuer verzichtet hätten.
Ich bin ziemlich sicher, dass es mir auch so gehen wird.

12. 8. 2004

Deutschland besteht nicht nur aus Idylle, und es ist gut, dass ich das auch noch von Nahem erlebe, bevor ich wieder nach Griechenland fahre. Meine Freundin Nicole lebt alleinerziehend mit zwei kleinen Kindern in einer winzigen Wohnung in einem Stadtteil, in dem mit Sicherheit weniger Deutsch gesprochen wird als Türkisch, Russisch oder afrikanische Sprachen. Ich kenne Nicole seit Kindertagen, sie ist mir wie eine Schwester und ich werde immer zu ihr halten. Aber das bedeutet nicht, dass ich alle ihre Ansichten teile, besonders, wenn es um ihre Verachtung der Ausländer geht: Die Italiener „grölen die ganze Nacht", die Russen sind „zu faul um Deutsch zu lernen und sich anzupassen". Nicole benutzt noch viel schlimmere Ausdrücke.

Zwar habe ich nie so gedacht, aber meine Haltung zu den Ausländern, denen ich in Deutschland begegne, hat sich deutlich gewandelt, seitdem ich selbst im Ausland lebe. Ich habe mehr Fantasie entwickelt mir vorzustellen, wie ihnen wohl zumute ist, wenn sie im Supermarkt in der Schlange stehen oder mit ihren Familien im Industriegebiet an der Elbe picknicken, wenn sie versuchen, am Bahnhof die Lautsprecherdurchsagen zu verstehen oder in der Fußgängerzone betteln. Ich weiß nicht, ob ich sie tatsächlich besser verstehe als früher, ob meine Fantasie ihrem tatsächlichen Erleben in irgendeiner Weise nahe kommt, aber ich empfinde eine besondere Achtung vor ihren Gefühlen und einfach davor, dass sie in einer fremden Umgebung leben. Gleichzeitig habe ich eine konkrete Vorstellung von der Verschiedenheit der Menschen und Kulturen entwickelt, die mich nicht mehr ganz so naiv von Integration sprechen lässt, wie ich das vorher getan habe.

Die Forderung, dass die Menschen, die hier leben, Deutsch lernen sollen, finde ich nach wie vor berechtigt. Ich habe allerdings inzwischen erfahren, wie unterschiedlich die Lernstrategien in den verschiedenen Kulturen sind:

Ich lerne mit meinen intellektuellen, von deutschem Organisationswillen geprägten Lernstrategien Griechisch. Außerdem bin ich in einer lesenden und schreibenden Umgebung aufgewachsen und kann mir diese Kulturtechniken beim Sprachenlernen zunutze machen. - Dagegen habe ich überhaupt keine Übung im Auswendiglernen, wie sie den meisten Menschen mit islamischem Hintergrund wohl selbstverständlich ist, die ihr Gedächtnis von Klein auf beim Auswendiglernen des Korans trainiert haben.

Ich weiß also, dass meine Strategien beim Fremdsprachenlernen nur begrenzt auf Ausländer in Deutschland übertragbar sind und dass ich den Erfolg einer kurdischen Analphabetin nicht einfach mit meinem vergleichen darf.

Ich vermute aber auch, dass die Unstimmigkeit zwischen Nicole und mir beim Thema Ausländer ganz andere Gründe hat: Nicole hat nicht das Gefühl, dass ihr soziales Umfeld sie unterstützt und trägt. Ihr fehlen Freunde, die ihr ähnlich sind. So richtet sich ihr Hass gegen Menschen, die ihr fremd sind und sie wünscht sie sich weg aus ihrer Umgebung.

Ich wünsche Nicole nicht *weniger* Ausländer, sondern ich wünsche ihr *mehr* Freunde und Nachbarn, die sie unterstützen, egal, welcher Herkunft.

Es kann sein, dass es den Menschen in meiner griechischen Umgebung ähnlich ergeht: Denjenigen, die sich in ihrem eigenen sozialen Umfeld nicht sicher fühlen, fällt es schwer, eine Fremde, die noch mehr Verunsicherung bringt, einzubeziehen.

Meine Chancen dazugehören zu dürfen sind größer, wenn ich mich an diejenigen halte, die – aus einer stabilen Situation heraus – noch Kapazitäten frei haben um sich auf mich als Fremde einzulassen.

Für die Ausländerintegration in Deutschland bedeutet das wohl, dass eine offene Haltung gegenüber Fremden sich nur erreichen lässt, wenn möglichst viele Deutsche ein Mindestmaß an Sicherheit und Geborgenheit in ihrer eigenen Umgebung erfahren. Ideal wäre es, wenn viele von ihnen außerdem eine Zeitlang im Ausland leben und Erfahrungen mit dem Fremdsein sammeln könnten. Danach würden sie nicht mehr so pauschal und bequem über Ausländer urteilen.

23. Samos im Sommer

Kalamariá, den 5.9.2004

Liebe Freunde!

Es ist noch gar nicht so lange her, dass ich in Deutschland war und viele von Euch getroffen habe, und so finde ich es nicht leicht, wieder auf das elektronische Erzählen umzustellen. Die Unmittelbarkeit beim Kirschenpflücken im Garten meiner Eltern, am Lagerfeuer in Dwerkaten oder beim Paddeln auf dem Schaalsee ist doch durch nichts zu ersetzen!
Ich bin ganz erfüllt aus Deutschland zurückgekommen, sehr froh, dass es so leicht war, dort wieder an Bekanntes anzuknüpfen und dass ich mich unter meinen Freunden überhaupt nicht fremd gefühlt habe.
Zwischendurch fiel mir der Slogan ein: „Jeder Mensch ist ein Ausländer – fast überall!" und ich dachte erstaunt und dankbar: Was für ein Zufall, dass ich gerade hier, gerade jetzt *keine* Ausländerin bin! Es war ein merkwürdiges Gefühl, mal wieder Inländerin zu sein.

Nun bin ich hier wieder Ausländerin, aber eine, die es vergleichsweise leicht hat. So erwachen meine Abenteuerlust und meine Neugier auf das, was sich im zweiten Jahr entwickeln wird.
Einen Wunsch habe ich mitgebracht: Ich möchte gerne mindestens einen Menschen und eine Landschaft in Griechenland kennenlernen, mit denen ich auch dann innig verbunden bleibe, wenn ich wieder in Deutschland lebe.

Kaum angekommen, ist der Wunsch vielleicht schon in Erfüllung gegangen. Ich war in der letzten Ferienwoche auf Samos (- Ja, auf der Insel aus der Ballade vom „Ring des Polykrates", es gibt sie wirklich!), eingeladen von Viki aus meinem Chor, deren Mann dort in einem kleinen Dorf zuhause ist.
Die Insel ist ein Paradies: Im Norden üppig bewaldet, im Süden von Olivenhainen bewachsen, in der Mitte gebirgig, rundum ge-

säumt von wunderschönen Stränden - und über allem liegt ein besonderes Licht, ein Glanz, der bewirkte, dass ich mich sofort in sie verliebte!

Mit Viki verstand ich mich auf Anhieb sehr gut. Die Leute fanden, wir sähen uns so ähnlich, dass sie uns überall als Schwestern begrüßten. So bekam ich gleich Anschluss an eine samiotische Großfamilie: Vikis Kinder und deren Freunde, die Großeltern, Tanten, Cousinen... Anscheinend waren in dem Dorf fast alle irgendwie miteinander verwandt und neugierig auf einen neuen Gast.

Ich wurde dem „παππού", dem Großvater, vorgestellt, einem freundlichen uralten Mann mit riesigen, lederbraunen Händen, der die Familienfotos von der Wand nahm und mir dazu seine Geschichte erzählte. Sein Leben lang hat er Holzschiffe gebaut, die als kleine Frachter zwischen den Inseln verkehrten. Aber das Wichtigste – das beteuerte er immer wieder - war die Liebe: zu seiner Frau, den Kindern, den Enkeln.
Da hat die „γιαγιά", die Großmutter, Glück gehabt. Denn als sie neunzehn Jahre alt war und heiraten sollte, war es noch nicht üblich, die Braut um ihre Zustimmung zu bitten. Heiratsverträge waren Männersache. Ihr Vater fragte sie lediglich, ob sie sich vorstellen könnte, unten am Hafen zu wohnen – und da ahnte die junge Frau, dass sie dem Schiffbauer versprochen worden war, der dort seine Werkstatt hatte. Alle Mädchen im Dorf hätten gern den Schiffbauer Antónis geheiratet, denn er war ein gut aussehender, kräftiger Mann mit einem ehrbaren Beruf, das war eine solide Grundlage für eine Ehe. Dass er außerdem noch ein besonders liebevoller Mensch ist, war eine besondere Zugabe - nichts, womit eine Frau rechnen konnte. Inzwischen sind die beiden seit 57 Jahren verheiratet. Sie verbringen den Tag im schattigen Hof hinter ihrem Häuschen und freuen sich, wenn Nachbarinnen, die Schwiegertochter oder die Enkel vorbeischauen. Jeder bekommt eine Handvoll Feigen von ihrem Baum, eine besonders schöne Weintraube oder sogar einen Topf Fischsuppe, die für die nächste Hauptmahlzeit reicht. Kochtöpfe, die durch das ganze Dorf getragen werden, sind hier ein alltäglicher Anblick, ein sichtbares Zei-

chen der engen Verbundenheit und des regen Austauschs inner-
halb der Großfamilien. Als ich zum ersten Mal ein großes Blech
Pita die Hauptstraße entlang trug, hatte ich das gute Gefühl, in die
Großfamilie aufgenommen worden zu sein.

Die Enkel des Schiffsbauers, alle drei meine Schüler in Thessaloníki, sind moderne Stadtkinder, die auf den ersten Blick mit
Hamburger Jugendlichen mehr gemeinsam haben als mit ihren
Großeltern auf der Insel. Im Sommer kehren sie jedoch in ihr Ursprungsdorf und zu dessen traditionellen Lebensrhythmen zurück:
Wie die alten Männer verbringen sie die heißen Tage im Schatten
der Markisen am Hafen und spielen statt mit dem κομπολόι, der
Gebetskette, mit dem Handy. Wenn sie Hunger haben, gehen sie
bei der Großmutter vorbei, setzen sich eine Weile zu ihr unter die
Weinlaube, erzählen ein bisschen, lassen sich von ihr küssen und
mit Obst verwöhnen. Ein mir ungewohnter aber typischer Anblick: die alte Großmutter in der graubraun gemusterten Kittel-
schürze neben ihrer Enkelin im knappen Bikinitop und rosa Minirock. Es ist offensichtlich, dass die beiden sich gern haben – von
der Verlegenheit, die in Deutschland oft das Verhältnis zwischen
Großmüttern und ihren jugendlichen Enkeln beherrscht, sehe ich
keine Spur.
Für die meisten Jugendlichen fängt der Tag erst am späten Nachmittag richtig an. Dann klettern sie auf den gelb-roten Fischkutter
und springen von dort ins Wasser: vom Deck, von der Reling, vom
Kajütendach. Ich habe es auch probiert – das letzte ist schon eine
Mutprobe.
Gegen Sonnenuntergang fangen sie an, um das Haus herum-
zustreifen und zu schnuppern, ob etwas gekocht wird. Wenn es
gut riecht, kommen sie gleich zu fünft oder sechst, wenn es nichts
gibt, holen sie sich Brot und Oliven und spielen im Hinterhof
Távli – übrigens mit einer lässigen Routine wie die Alten, die es
mir unmöglich macht, die Regeln zu durchschauen. Abends
gegen zehn Uhr fangen sie an zu überlegen, wie sie den Abend
verbringen wollen. Die Handys kommen zum Einsatz, man trifft
sich mit Freunden in der billigen Pizzeria am Hafen, von der aus
man die Übertragung der Olympischen Spiele in der Taverne

nebenan verfolgen kann. Manchmal wird auch Fußball gespielt oder im Dunkeln mit großem Geschrei gebadet.

Wie es nach Mitternacht weitergeht, weiß ich nicht, weil ich dann meistens nicht mehr wach bin, aber morgens finden wir sie oft schlafend auf dem Sofa, von wo sie sich, wenn wir aufstehen, in ihre Betten zurückziehen, täglich mit der Frage: Wann fahren wir endlich in die Stadt zurück?

Das Leben der Jugendlichen ist dem der erwachsenen Samioten ziemlich ähnlich. Auch sie scheinen den ganzen Sommer auf dem Plastikstuhl vor der Haustür oder auf den Stufen bei den Fischerbooten zu sitzen. Einige fahren früh morgens zum Fischen; wir sehen sie, während wir auf dem Balkon frühstücken, mit einer Ladung Fischen zurückkehren und dann den ganzen Vormittag unter dem Sonnendach ihres Bootes ihre Netze ordnen.

Andere öffnen irgendwann eine Taverne oder einen kleinen Laden, oder sie sitzen neben ihrem „Zimmer zu vermieten" Schild und warten auf Touristen. Aber besonders scharf auf Tourismus oder viel Geld scheinen sie nicht zu sein, und so machen viele eines Tages ihr Geschäft wieder zu und lassen das Gebäude verfallen. Irgendwann kommt ein anderer und öffnet für ein paar Monate ein neues Unternehmen, vielleicht eine Strandbar. Wenn der auch genug hat, zeugen schließlich nur noch zwei verwitternde Schilder und eine Ruine, die langsam vom Gestrüpp überwuchert wird, vom Geschäftssinn der Dorfbewohner.

Ganz anders gehen die Samioten mit ihren Olivenbäumen um. Alle Olivenhaine sind in ausgezeichnetem Zustand: die Bäume gut geschnitten, die Erde dazwischen frei von Unkraut, die Mäuerchen repariert. Olivenbäume sind für die Samioten wie Menschen, sie lieben sie und würden sie nie vernachlässigen.

Ich könnte Euch über Samos viele Geschichten erzählen: Über die romantische Bucht, in der Viki und Pandelís sich vor zwanzig Jahren kennengelernt haben – sie Studentin mit Rucksack, er Dorfjunge mit Fischerboot – ein Märchen, das bis heute eine überwiegend glückliche Fortsetzung findet. Oder von der Einsiedlerin in einem winzigen Kloster in den Bergen, die uns in ihren Bann schlug wie die böse Hexe aus dem Märchen von „Jorinde und Joringel". Oder von den drei Frauen, Großmutter, Mutter und Tochter, die - alle drei ergraut - in einer einsamen Bucht eine Taverne betreiben, in der es nichts gibt außer fetten Pfannekuchen mit Pommes...

Samos ist eine wunderschöne Kulisse für Märchen, vielleicht fahrt Ihr selber mal hin.

An meinem letzten Inseltag war es stürmisch und kühl, das Meer glitzerte noch heller als zuvor, die Leute auf der Hafenmole zogen gefütterte Jacken an und behaupteten, das wäre jetzt der Wintereinbruch.

Tatsächlich vollzog sich in diesen letzten Augusttagen ein Wandel. Am Abend zuvor hatten sich die Dorfbewohner bei Vollmond in der Taverne versammelt um die Abschlusszeremonie der Olympiade im Fernsehen zu verfolgen, zuerst erhoben von feierlichen Gefühlen, dann erleichtert darüber, dass die Spiele von Katastrophen verschont geblieben waren, schließlich eigentümlich leer, weil das Ereignis, auf das sich das ganze Land jahrelang vorbereitet hatte, endgültig vorbei war.

Tags darauf fuhr das letzte fahrplanmäßige Schiff des Sommers nach Thessaloníki. Viki und ich packten unsere Sachen und begannen unsere Verabschiedungstour durchs Dorf, die sich über den ganzen Vormittag hinzog.

Auch der alte Großvater hätte sich am liebsten verabschiedet. Der Sommer ging zu Ende und die Enkel reisten ab, er legte sich ins Bett und wollte in Ruhe gelassen werden. Sofort fielen die Verwandten in einen hektischen Aktivismus. Der Arzt sollte kommen und eine Krankheit diagnostizieren, Medikamente verordnen, ihn womöglich nach Athen ins Krankenhaus bringen. Keiner hörte auf den stolzen alten Mann, der in seinen klaren Momenten zu verstehen gab, dass er zu Hause sterben wollte. So verhindern die Möglichkeiten der modernen Medizin einen friedlichen und würdigen Abschluss eines langen Insellebens...

In meiner Wohnung in Thessaloníki stauen sich Hitze und Staub eines langen Sommers. Unten auf der Straße schreien sich zwei Autofahrer an, die gerade zusammengestoßen sind, dazu kläffen die Straßenhunde. Man hat sie also nicht wie in Athen anlässlich der Olympiade vergiftet. Das Hupkonzert der blockierten Autos und das Gebrüll der Pressluftbohrer in der Seitenstraße schwappen von verschiedenen Seiten in mein Wohnzimmer. Dazu Gestank nach frischem Teer und Kloake. Seit drei Tagen gibt es kein Wasser und in ganz Kalamariá keine Briefmarken zu kaufen, dafür ist die Stadt mit bunten Olympia-Fahnen geschmückt.

So beginnt der „Winter" mit seinen täglichen kleinen Pannen. Ich habe erst in diesem Sommer begriffen, wie sehr die beiden Extreme, „Sommer" und „Winter", aufeinander bezogen sind.

Nun bin ich gespannt auf das zweite Jahr, in dem hoffentlich nicht alle Energie von der Alltagsbewältigung aufgefressen wird. Zumindest, was die Sprache angeht, stehe ich ganz anders da als vor einem Jahr. Ich verstehe inzwischen schon ganze Lebensgeschichten, wenn sie mir auf Griechisch erzählt werden.

Trotzdem seid Ihr mir immer noch um vieles näher als meine fremden Freunde hier und ich freue mich, dass es Euch gibt.

Alles Liebe!

Gesine.

24. Hexe oder Heilige

Der „Κακοπέρατο", der „schlecht Begehbare" ist ein Gebirgspfad auf Samos, der durch weiße, auf die Felsen gemalte Kreuze bezeichnet und durch blaue Stangen gesichert ist.

Wie alle griechischen Gebirgspfade führt er zu einer Kapelle - kein Grieche würde einen Pfad anlegen oder benutzen, nur um einen Gipfel zu erklimmen oder die Freuden des Wanderns zu erleben.

Meine beiden Begleiterinnen haben unterschiedliche Motive für die abenteuerliche Kletterei mitten in der Augusthitze: Viki teilt meine deutsche Wanderbegeisterung, die durch nichts zu erschüttern ist. Maria, eine junge rumänische Nonne, die ihrem Kloster entflohen ist und in unserem Dorf Zuflucht gefunden hat, will dem Heiligen, dem die Kapelle geweiht ist, einen Besuch abstatten. Kaum in der kühlen Höhlenkapelle angekommen fängt sie an aufzuräumen, säubert die Öllämpchen und Weihrauchschalen, entzündet Kerzen und stimmt dann mit klarer Stimme byzantinische Gesänge an, die in der großen Höhle vielfach widerhallen.

Nach dieser Einstimmung machen wir bei einem Kloster Rast, in dem eine einzige Nonne lebt. Viki kennt sie und hat etwas Angst oder zumindest Respekt vor ihr, weil sie mit einer unheimlichen Strenge alles Weltliche verurteilt. So kann es durchaus passieren, dass Besucher unter Verwünschungen aus dem Kloster gejagt werden.

Zögernd betreten wir die kleine Kirche, die mit ihren Wachstuchdecken und Häkelgardinen an eine ärmliche Wohnküche erinnert. Da kommt aus einer Seitentür die Nonne angeschlurft, ein winziges verhutzeltes Weiblein in einer zerlumpten schwarzen Kutte und Pantoffeln. Sie befiehlt uns mit harter Stimme, sofort die Kirche zu verlassen. Draußen auf dem Hof erkennt sie Viki. Die fragt, wie der letzte Winter gewesen sei. „Κακός!" („Schlecht!") stößt die Alte hervor, mit so viel Abscheu in der Stimme und in den schwarzen Augen, als wären wir schuld daran. Ob wir sie beim Mittagsschlaf gestört hätten? – „Nein, aber beim Lesen der Schriften!"

Die alte Frau scheint sich trotz allem mit dem Gedanken anzufreunden, Besuch zu haben und fragt uns, ob wir Kaffee wollen. Auf einem Kunststofftablett bringt sie winzige Tassen mit schwarzem, süßem Kaffee und Wasser in Plastikbechern. Viki stellt uns vor. Maria erzählt, dass sie mit siebzehn Jahren ins Kloster eingetreten sei und zehn Jahre als Nonne gelebt habe. Von dem Moment wendet sich die Einsiedlerin nur noch an ihre Glaubensschwester. Viki und ich werden Zeuginnen eines theologisch-moralischen Gesprächs zwischen zwei orthodoxen Nonnen.

Maria fragt die Alte nach ihrem „Dienstgrad", die schiebt ihre schwarzen Lumpen auseinander und zeigt ihr darunter ein rosafarbenes und ein leuchtend buntes Gewand, offensichtlich Zeichen einer fortgeschrittenen Einweihung. Auch Maria scheint schon eine hohe Stufe erreicht zu haben, aber aufgrund irgendeiner schlimmen Erfahrung im Kloster, über die sie nur in Andeutungen spricht, hat sie es verlassen und ist vorübergehend bei Vikis Schwägerin untergetaucht.

Jedenfalls holt sie jetzt alles nach, was sie jahrelang entbehrt hat: Sie trägt ein dünnes Trägerkleid und hat sich für die Wanderung auffällig geschminkt. Die alte Nonne tadelt sie dafür streng, doch dann besinnt sie sich wohl auf ihren Bekehrungsauftrag und bietet Maria an, zu ihr zu kommen und in der Einöde ein frommes Leben zu führen – ausgerechnet Maria, die vom Athener Nachtleben träumt und sich schon in unserem Fischerdorf mit seinen bescheidenen Vergnügungsmöglichkeiten zu Tode langweilt!

Doch die Alte gibt nicht auf. Sie fragt die Junge aus, ob sie regelmäßig in die Messe gehe, die Schriften lese und die Fastentage einhalte. Das meiste kann Maria bejahen. Sie ist tatsächlich eine ungewöhnliche Mischung aus vergnügungssüchtigem Teeny und frommer Jungfrau! Dabei auch relativ unabhängig, denn sie betont immer wieder, dass Gott weniger auf Kleidung und Speisen als auf ein reines Herz achte, und bleibt der Älteren gegenüber freundlich und respektvoll. Diese kann in solchen Gedanken nur böse Verirrungen sehen und stöhnt mehrmals auf, der „Sátanas" sei dabei, die Welt zu gewinnen! Schließlich schlägt sie viele Kreuzzeichen über Maria und murmelt dabei mit finsterer Stimme Gebete, die in meinen Ohren klingen wie die Beschwörungsformeln einer bösen Zauberin. Immerhin verspricht sie Maria, für sie zu beten, während sie mir bei ihrer Prophezeiung vom Sátanas tief in die Augen blickt.

Als wir das Kloster verlassen, steht die Alte am Tor und ruft uns etwas nach, von dem ich nicht weiß, ob es ein Fluch oder ein Segen ist - oder einfach Ausdruck ihrer Einsamkeit, in die sie nach unserem Besuch wieder zurückfallen wird.

25. Übergänge

26.9.2004

Der Herbst beginnt mit einem dramatischen Gewitter, vor dem ich mich in eine Taverne an der Steilküste flüchte. Hier sitze ich am Fenster, unmittelbar an der Kante mit Blick auf schaumgekrönte Wellen, taumelnd im Sturm flatternde Vögel, wild gepeitschten Bambus und Schwälle von Wasser, die die Scheiben herunterströmen und die ganze dramatische Landschaft zum Fließen bringen. Es blitzt und donnert kräftig, aber der Tavernenbesitzer stellt einfach die Musik lauter und den Fernseher an. So mischen sich die Donnerschläge mit melancholischem, phrygischem Rembetiko, in dem sich „μακριά" (weit) auf „καρδιά" (Herz) reimt, und mit einem Fußballspiel, das sich in den nassen Fensterscheiben spiegelt.

In der Tasche habe ich Canettis „Stimmen von Marrakesch". Als ich es aufschlage, um die feuchten Ränder zu trocknen, fällt mein Blick auf den folgenden Abschnitt:

> „Ich versuche, etwas zu berichten, und sobald ich verstumme, merke ich, dass ich noch gar nichts gesagt habe. Eine wunderbar leuchtende, schwerflüssige Substanz bleibt in mir zurück und spottet der Worte. Ist es die Sprache, die ich dort nicht verstand und die sich nun allmählich in mir übersetzen muss? Da waren Ereignisse, Bilder, Laute, deren Sinn erst in einem entsteht; die durch Worte weder aufgenommen noch beschnitten wurden; die jenseits von Worten, tiefer und mehrdeutiger sind als diese."

In diesem Text scheint das Glänzende, Geheimnisvolle der Fremde besonders schön auf.
Ich kenne solche Momente auch hier, merke aber, dass ich über das Stadium der spontanen Verzauberung hinausgewachsen bin.
Nun befinde ich mich in einem merkwürdigen Zwischenreich:
Von der Sprache verstehe ich so viel, dass sie mir nicht mehr geheimnisvoll erscheint aber noch nicht genug, dass sie mir ein zu-

verlässiges Kommunikationsmittel sein könnte. Hinter den Ereignissen, Bildern und Lauten des fremden Alltags vermute ich nicht mehr sofort eine exotische Tiefe und Vieldeutigkeit jenseits ihrer praktischen Zusammenhänge.

Gestern auf dem Vláli-Markt, dem „Orientalischsten", was Thessaloníki zu bieten hat, kam mir die Stimmung recht gewöhnlich vor. Ich hätte kein Kapitel mehr darüber schreiben können wie das, welches Canetti über die Suks von Marrakesch schreibt.

Möglicherweise wird mir dieser Zwischenzustand hier jetzt häufiger begegnen: Ich lasse mich nicht mehr so einfach zum Staunen verführen wie eine Touristin - aber ich bin noch immer eine Fremde.

Natürlich wollte ich genau das: über das Stadium des Tourismus hinauswachsen.

Aber ich ahne, dass es gar nicht so einfach sein wird, in dem Zwischenzustand zu leben.

Ich werde den Glanz – und die Herausforderung - des Neuen durch etwas anderes ersetzen müssen, das erst noch wachsen muss. Noch während ich mich auf diese neue Dimension des Ankommens einzustellen versuche, muss ich entscheiden, ob ich in zwei Jahren nach Deutschland zurückgehe oder meinen Vertrag in Thessaloníki verlängere. Nach all den Anfangsturbulenzen, in denen ich lieber heute als morgen zurückgegangen wäre, taucht jetzt manchmal der Wunsch auf, aus dem „Oberflächen-Abenteuer" eine „Tiefenerfahrung" von mehr als drei Jahren zu machen…

Zwischen den schwarzen Wolken und den Gipfeln des Olymp kommt plötzlich die Abendsonne hervor. In allen Farben glitzern die Regentropfen auf dem Bambus und den Kieseln unten am Strand, das Radio spielt plötzlich Schlager von Michális Chatzijiánnis, der Wind legt sich.

Solche jähen Belichtungswechsel mag ich, als Teil des Abenteuers, das mein Leben zurzeit ist, und ich nehme dabei in Kauf, dass sie auch häufig anders herum verlaufen: vom Hellen zum plötzlich Dunklen, Gewittrigen.

Ich kann das eine nicht ohne das andere haben; die besonderen Erfahrungen des griechischen Landlebens im Sommer nicht ohne die Zerreißproben des griechischen Schulsystems im Winter, die Neugier auf die Entwicklung neuer Freundschaften in Griechenland nicht ohne den Verzicht auf die Geborgenheit im Kreis meiner vertrauten Freunde in Deutschland. Ich brauche Zeit und Kraft, um die Gegensätze zu einer Tiefenerfahrung zusammenzufügen.

Manchmal wünsche ich mir, eine Zeitlang einfach nur Zuschauerin in meinem Leben zu sein, oder Statistin – oder Schnulzenschauspielerin in einer heiteren Liebeskomödie...

Inzwischen ist die Sonne hinter den Bergen untergegangen. Übrig bleiben ein goldroter Streifen und eine Kette aufsteigender Wolkenhügel, die den Götterberg gleich wieder verhüllen werden. Zeit für den Rückweg in den Alltag

26. Frauenschicksale

9.10.2004

Letzte Woche erschien – seit langem mit Spannung erwartet – ein Buch mit dem Titel „Vierzig Jahre Urlaub – Lebensgeschichten deutschsprachiger Heiratsmigrantinnen in Griechenland." Der Titel ist der Geschichte einer Hamburgerin entnommen, die in den 60er Jahren von ihrem griechischen, in Deutschland lebenden Mann zu den Schwiegereltern in ein griechisches Dorf gebracht wurde, um dort zusammen mit ihren drei kleinen Kindern „ein paar Wochen Urlaub zu machen". Er holte sie nie wieder ab und sie musste die Kinder allein großziehen: in einem winzigen Häuschen, unter den misstrauischen Blicken der Schwiegereltern und der Dorfgemeinschaft, ohne Geld und am Anfang ohne Sprachkenntnisse. Der Mann kam nur selten zu Besuch, verprügelte sie und zeugte noch ein Kind…

Das ist nur eine von tausenden von Lebensgeschichten deutscher Frauen in Nordgriechenland. Nachdem ich das Buch in einem Zug gelesen habe, bin ich eigentlich traurig, dass keine der Geschichten meiner Freundinnen und Bekannten darin veröffentlicht ist, auch keine, die so ähnlich ist. Das liegt einfach daran, dass *alle* Geschichten von deutschen Heiratsmigrantinnen auf ihre Art spannend und einmalig sind, einige sehr traurig, einige romantisch, lebenslustig, völlig verrückt. Am liebsten würde ich gleich einen zweiten Band mit den Geschichten *meiner* Freundinnen herausgeben! Gleichzeitig bin ich froh, dass ich selbst nicht als Heiratsmigrantin hier lebe und hoffe, dass aus meinen „drei Jahren Urlaub" nicht vierzig werden!

19.9.2004

Eigentlich habe ich vorgehabt, übers Wochenende mit Viki zu den Paraolympics nach Athen zu fahren. Stattdessen bekomme ich eine Lektion in Sachen Frauenrolle in Griechenland:

Wir haben alles organisiert, als mir Viki am Mittwochabend gesteht, sie habe ihrem Mann noch nicht von unserem Plan erzählt, aus Angst, er würde ihr die Reise verbieten. Tatsächlich ist Pandelís dagegen. Er ist der Meinung, die Frau gehöre in die Familie und solle zu Hause sein, wenn er oder die fast erwachsenen Kinder von der Arbeit kommen. Nicht, dass er vorhätte, am Wochenende etwas mit der Familie zu unternehmen. Genau wie seine Söhne verbringt er alle Wochenenden auf dem Fußballplatz. Aber nicht darum geht es, sondern ums Prinzip: Eine Frau fährt nicht zum Vergnügen ohne ihren Mann nach Athen, nicht einmal in Begleitung einer Freundin und mit Übernachtung bei der Schwägerin!

Ich bin so unbelehrbar, spontan Marina zu fragen, ob sie mitfährt. Sie ist von der Idee begeistert und ruft sofort ihren Mann an, um ihn um Erlaubnis zu bitten. Nikos erklärt sich einverstanden – allerdings nur unter der Bedingung, dass er selbst mitkommt! Und da er als Arzt am Wochenende Dienst hat, wird wieder nichts daraus. Marina hat volles Verständnis dafür, dass ihr Mann ihr nicht erlaubt, ohne ihn Geld auszugeben, obwohl sie berufstätig ist und - ebenso wie ihr Mann - gut verdient.
So weit ich das von außen sehen kann, sind beide Frauen in ihrer Ehe nicht etwa unglücklich. Sie halten sich einfach an den Lebensgrundsatz vieler griechischer Frauen, dass man sich für die eigene Meinung und die eigenen Interessen nicht einsetzt, sondern mit Liebe und Geduld darauf vertraut, dass sich das Leben irgendwie zurechtschaukelt. Also bleiben wir am Wochenende in Thessaloníki und streichen mit Liebe und Geduld alle Türen und Fensterrahmen von Elénis neuem Haus.

Zur Entspannung sehen wir uns den neuen griechischen Film „Νύφες" (Bräute) an, in dem es um griechische Mädchen geht, die 1920 nach Amerika „exportiert" wurden um dort an griechische Immigranten verheiratet zu werden. Der Film enthält schöne Landschaftsaufnahmen und Szenen aus dem alten Smyrna, eine recht simple Story mit wenig differenzierten Charakteren, unnötige Längen, unmögliche Schnitte... – und Nahaufnahmen dutzender junger Mädchen mit ganz besonderen Gesichtszügen. Die meisten sehen nicht im gewohnten Sinn schön aus. Fast alle haben etwas Hartes: grobe Nasen, scharfe Linien, dunkle Schatten unter den Augen - genau wie meine Schülerinnen, von denen auch nur ganz wenige die Weichheit haben, die für mich zur Schönheit dazugehört. Aber die Mädchen im Film besitzen alle eine besondere Haltung, eine Art Stolz oder Demut - beides kann wohl sehr nah beieinander liegen - die ihnen eine ungewöhnliche Ausstrahlung verleiht, fast so intensiv wie Schönheit.

Es gibt Szenen, in denen zwischen den Mädchen beinahe so etwas wie Warmherzigkeit entsteht, aber dann siegt doch wieder die Kontrolle und Selbstüberwindung. Am Ende ist das Gesicht der Protagonistin so hart wie ein Holzschnitt, ihr Haar über Nacht ergraut.

Im 21. Jahrhundert werden griechische Mädchen nicht mehr ungefragt nach Amerika verheiratet. Dafür werden sie durch das Bildungssystem zur Härte gegen sich selbst erzogen. Auch meine Schülerinnen mit den aparten, verschatteten Gesichtszügen könnten eine faszinierende Ausstrahlung haben, wenn sie nicht ständig unter solchen Druck gesetzt würden. Wer trotzdem weich ist, wie die arme Anthí in meiner 11. Klasse, bricht nach der Klausur in Tränen aus und findet sich nicht mehr zurecht.

Ich habe keine Möglichkeit, den Druck abzufedern. Die Klausuren werden von meinen Kolleginnen konzipiert, die Fehlerquotienten sind landesweit festgelegt. Unerbittlich werde ich in das System mit eingespannt. Das kann und will ich auf die Dauer nicht!

Anthí und viele andere müsste man trösten und ermutigen - und dann zum Tanzen, Malen, Musikmachen schicken! Man müsste ihnen Zeit geben, sich zu verlieben und so neue Erfahrungen zu machen. Stattdessen beteuert Anthís Mutter in meiner Sprechstunde, sie werde ihre Tochter ab sofort noch häufiger ins Frontistírio schicken. Dabei wirkt die Mutter eigentlich menschlich und liebevoll; ich erkenne die weichen, verträumten Züge der Tochter auch in ihrem Gesicht – allerdings verborgen unter einem starren Panzer der Härte und Hilflosigkeit.

13.11.2004

Es wird Zeit, dass ich mal wieder etwas Positives aufschreibe. Natürlich erlebe ich auch erfreuliche Dinge, sonst hätte ich schon längst die Flucht ergriffen. Ich gehe an einem der letzten sonnigen Herbsttage mit Hanne schwimmen, bei Novemberlicht und langen Schatten in einem schwarz-weiß glitzernden Meer, wie ich es überhaupt noch nie gesehen habe. Ich trinke mit Sára und Dímitra Kaffee und wir albern in der Schulküche rum, nachmittags nach der 8. Stunde, wenn alle anderen gegangen sind und wir uns endlich entspannen.
Oder ich stöbere am Samstagvormittag in der internationalen Buchhandlung und finde tatsächlich einen ins Deutsche übersetzten griechischen Roman, den ich noch nicht gelesen habe: „Astradení – Die Sternenbindende" von Evgenía Fakínou. Damit setze ich mich in die Nachmittagssonne auf das Flachdach meines Hochhauses - und sehe mich mit einem weiteren Frauenschicksal konfrontiert.

Erzählt wird aus der Sicht eines zehnjährigen Mädchens die Übersiedlung ihrer Familie von der Insel Sými nach Athen Ende der 70er Jahre. Die Familie ist in einer Notlage, hat aber auch keine realistische Vorstellung von dem, was sie in der Großstadt erwartet. So zieht sie vom eigenen Inselhäuschen mit Brunnen und Gemüsegarten in eine Souterrainwohnung mit Lichtschacht in einem Hochhaus. Die Hoffnung auf eine gute Arbeit für den Vater zerschlägt sich innerhalb weniger Tage; das Kind wird in der Schule gedemütigt. Doch mit unerschütterlichem Optimismus versucht es, an jeder schlimmen Situation eine gute Seite zu entdecken, weil es sich die sagenumwobene Hauptstadt Athen einfach nicht anders als wunderbar vorstellen kann. Dass die Mutter in der dunklen Kellerwohnung zugrunde gehen wird, lässt sich sehr bald absehen. Und zum Schluss wird das Mädchen von einem Nachbarn vergewaltigt. Trotzdem zieht keiner in der Familie ernsthaft in Erwägung, auf die Insel zurückzukehren…

Der Roman hat eine Traum-Ebene, auf der es um die Opferung des Mädchens geht. Die Göttin Artemis spielt dabei eine Rolle, die Göttin der wilden Natur, die Beschützerin der Bärinnen und der Mädchen in der Übergangszeit vom Kind zur Erwachsenen. Von Iphigenie wird erzählt, die von Artemis gerettet und zur ersten Priesterin ihres Heiligtums in Brauron gemacht wird, nachdem ihr Vater, Agamemnon, sie opfern wollte...

Soll das heißen, dass die moderne Großstadt auch Menschenopfer verlangt? – Das ist nicht so abwegig, wie es klingt. Viele junge Mädchen opfern hier ihre Lebendigkeit oder werden von den Eltern und der Gesellschaft geopfert. Und es gibt keine Göttin, die sie im letzten Augenblick retten könnte…

27. Auf dem Gipfel des Olymp und in den Niederungen des Alltags

Kalamariá, den 24. 10.2004

Liebe Freunde!

Nach einem gesamten Jahreszyklus in Griechenland habe ich verstanden, dass die Gegensätze zwischen Winter und Sommer, Stadt und Land, Arbeit und Freizeit hier größer sind als in Deutschland. Trotzdem bin ich von den Extremen zunächst wieder überwältigt und schon nach sechs Wochen Schule so erschöpft, dass ich den ganzen Tag schlafen könnte statt Euch einen Brief zu schreiben Aber ich habe mir nun schon so oft vorgenommen, Euch zu schreiben, dass ich es diesmal nicht wieder aufschieben will: Ich bin mir nicht sicher, ob es, wenn man im Ausland lebt, überhaupt etwas Wichtigeres gibt als Freunde und den Kontakt zu ihnen. Der Alltag kann hier so rau und hart sein, dass er sich nur durch Zusammenhalten mit Freunden ertragen lässt. Auch durch Briefe entsteht Zusammenhalt und zu schreiben gibt es genug.

Der September war noch ein goldener Monat! An einem Wochenende war ich mit Kollegen auf dem Olymp, zu Besuch in der kargen Welt der Götter! Von weitem ist es kaum vorstellbar, dass man dort überhaupt raufklettern kann. Während der heißen Sommermonate ist der Götterberg meistens hinter einem Dunstschleier verborgen und zeigt sich nur kurz vor Sonnenuntergang als schwarze Silhouette am Horizont. An manchen Tagen sieht man seinen Gipfel frei schwebend über einem Kranz weißer Wolken… Und doch kann man als Sterblicher den Götterberg besteigen: Von dem sommerlich heißen Kleinstädtchen Litóchoro, nur wenige Kilometer vom Meer entfernt, fährt man mit dem Auto ins Gebirge bis zu einer Sägemühle, an der der Schotterweg endet. Dort beginnt ein steiler Aufstieg durch eine bewaldete Schlucht. Ab und zu kommen einem Mulis mit großen leeren Traggestellen entgegen. Sie haben die Hütte - und vielleicht auch die Götter - beliefert und sind allein auf dem Rückweg in ihr Dorf. Meistens haben sich in

der Schlucht ein paar dicke Wolken gefangen, und man geht die ganze Zeit durch eine dämmerig-feuchte Kühle wie durch eine Schleuse - hinaus aus der Menschenwelt. Wenn man Pech hat, wird es auf der letzten steilen Etappe auch noch dunkel – und dann ist es wirklich wie im Märchen, wenn plötzlich auf einem Felsen knapp über der Baumgrenze ein kleines Licht sichtbar wird: die Hütte. Ein gemischtes Volk ist da versammelt, keine Räuber oder Stadtmusikanten, dafür aber Bulgaren, Tschechen, Amerikaner, sogar ein paar Griechen und wir, eine deutsch-slowakische Gruppe. Es gibt Spaghetti, Kartenspiele und ein paar Schnarcher im Schlafsaal wie auf jeder Alpenhütte. Aber der Aufstieg am nächsten Tag ist doch ganz anders als in den Alpen. Nach kurzer Zeit hört die Vegetation ganz auf, Geröllfelder und nackte braune Felsen liegen vor uns. Wieder ziehen dicke weiße Wolken hin und her, verhüllen den Blick auf die Göttergipfel und verwirren die Orientierung. Mit ein bisschen Glück gelingt es uns, die Wolken schließlich unter uns zu lassen. Nun gibt es nur noch bizarre Felsen, Schnee und einen weiten blauen Himmel darüber. Keinen Kontakt mehr zur Menschenwelt, die 3000 Meter tiefer unter den Wolken liegt. Hier also, auf dem höchsten Gipfel Griechenlands, wo wir unsere Müsliriegel auspacken, haben die Götter einst mit Nektar und Ambrosia getafelt?

Meinen Geburtstag feiere ich – Mitte Oktober – mit Baden, Grill-feuer und meinen neuen Freunden am Strand. Am nächsten Tag kippen das Wetter und die Stimmung.

Seitdem herrscht „Winter" in meinem Alltag. Jeden Tag gibt es neue Herausforderungen, Hindernisse und Rückschläge, so dass ich mich manchmal bei dem Wunsch ertappe, diesem Land zum ersten möglichen Zeitpunkt den Rücken zu kehren!

Wenn ich allerdings abends Chorprobe halte mit lauter motivierten Leuten, die gestresst aber erwartungsvoll ankommen, sich beim Singen entspannen und Energie tanken und schließlich gut gelaunt nach Hause gehen, dann denke ich: Hier will ich bleiben! Einen solchen Chor gebe ich doch nicht freiwillig früher als nötig wieder ab…

Diesen Gedanken verfolge ich so lange, bis ich am nächsten Tag versuche, bei der Telefongesellschaft vorbeizufahren: Nach ner-venaufreibendem Stop and Go durch ganz Kalamariá finde ich weder die richtige Straße noch einen Parkplatz, so dass ich nach einstündiger Irrfahrt aufgebe, nach Hause fahre und mich zu Fuß auf die Suche mache.

Bei der staatlichen Telefongesellschaft kennen sie mich inzwischen schon, weil sie fast jeden Monat einen Fehler machen, den ich dann persönlich beheben muss. Letzten Monat haben sie mir das Telefon abgestellt, weil sie die Rechnung an eine falsche Adresse geschickt hatten, wo sie verloren ging und nicht bezahlt wurde. Diesen Monat haben sie 66 Euro zu viel berechnet, (was ich nur überprüfen konnte, weil ich inzwischen weiß, was "ofeilí apó ypó-loipo proigouménou logariasmoú" heißt). Inzwischen habe ich aber eine funktionierende Taktik entwickelt: Ich steuere direkt auf den Chef zu, begrüße ihn als alten Bekannten, frage ihn, wie es ihm geht. Meistens ziehe ich mich dafür schick an, aber heute reg-net es so stark, dass ich einen Anorak überziehe. Das ist hier ein so ungewöhnliches Kleidungsstück, dass der Effekt wohl der glei-che ist. Der Chef macht mir ein paar Komplimente und versucht, sich als Kavalier zu zeigen. Heute allerdings führt er ein endloses privates Telefongespräch, das Spielchen läuft nebenher und ich fürchte schon, ich hätte keine Chance, als er plötzlich den Hörer aufknallt und eine Rechnung aus seinem Computer zieht: 44 statt 110 Euro! „San sti Germanía!" („Wie in Deutschland!") ruft er triumphierend, als ich mich theatralisch wundere, wie schnell das gegangen ist. Ich verkneife mir die Bemerkung, dass deutsche Telefongesellschaften sich nicht jeden Monat zu ihren Gunsten verrechnen... An der Kasse habe ich leider noch keine Beziehungen und brauche weitere zwanzig Minuten, weil zwei der drei Beamten hinter ihren „geschlossen"-Schildern Käsepita essen und Löcher in die Luft gucken.

Könnt Ihr Euch jetzt vorstellen, warum der Alltag hier so anstrengend ist?
Eigentlich wollte ich Euch noch viel mehr erzählen: von der Mandelernte und dem anschließenden Künstlerfest im Mandelhain, von einem echt griechischen Wandertag, von meinem ersten Besuch in einem griechischen Theater. Aber die Sonntage sind die einzigen Tage, die schnell vergehen und jetzt muss ich mich an die Vorbereitungen der Nationalfeier machen.

Wenn die geschafft ist, gibt es endlich drei Tage Zeit zum Verschnaufen und ich fahre in Gerts Häuschen auf den Pilion. Dahin müsstet Ihr mal mitkommen – es ist ein Stück Paradies, fern vom hektischen Großstadtalltag!

Na, so was gibt's ja in Deutschland auch und ich höre von schönem Herbstwetter... Also, genießt das Leben, wo es sich anbietet und freut euch an den Dingen, die sich positiv vom griechischen Alltag unterscheiden. Und wenn Euch trotzdem was fehlt, kommt Ihr mich eben in den nächsten Ferien besuchen!

Liebe Grüße!

Gesine.

28. Tränen, Lärm und Scheingefechte

2. 11. 2004

Eine Freundin hat mir auf meinen letzten Rundbrief geantwortet, sie sei traurig gewesen über all das Negative darin. Dabei hatte ich von unserer Olympbesteigung erzählt und anschließend einen ziemlich normalen Tag beschrieben. Es war mir nicht aufgefallen, dass das besonders negativ klang. Nachdem sie mich darauf aufmerksam gemacht hat, muss ich ihr allerdings Recht geben. – Bin ich an einem Punkt, an dem mich die negativen Aspekte stärker beeindrucken als die positiven, ohne, dass ich es überhaupt merke? Woran liegt es, dass ich nicht stattdessen ausführlich über meinen Strandgeburtstag oder die Mandelernte geschrieben habe, über Ereignisse also, die als Lichtblicke aus dem Alltag herausragen?
Der Schulalltag besteht nicht nur aus frustrierenden Erfahrungen. Aber zwischen gelingenden- und Routinestunden gibt es täglich mehrere Situationen, die all meinen pädagogischen Vorstellungen und Zielen zuwiderlaufen, ohne dass ich daran etwas ändern kann, und so sammelt sich auf die Dauer mehr Enttäuschung, als sich an den Wochenenden abbauen lässt.

Wo immer das Geflecht von griechischen und deutschen Schulgesetzen und -Verordnungen Spielräume lässt, versuche ich sie zu nutzen:
Mit der 7. Klasse der deutschen Abteilung habe ich einen STOMP-Film gedreht, für den die Schüler eigene Rhythmus-Szenen entwickelt und mit Basketbällen, Kochtöpfen und Handwerkszeug realisiert haben. Das gesamte Schulgelände haben sie dabei unter Musik gesetzt. Heute sehen wir uns den fertigen Film gemeinsam an. Die Schüler sind stolz auf ihr Produkt und spenden sich gegenseitig stürmischen Applaus.
Mit der griechischen 7. Klasse singe ich zum ersten Mal einen Kanon, ein einfaches Beispiel für polyphone Mehrstimmigkeit, wie es sie in der griechischen Musiktradition nicht gibt. Zu Anfang halten sich alle Kinder die Ohren zu und singen so laut sie können, um die Gegenstimmen zu übertönen. Doch mit zunehmender Sicher-

heit hören sie genauer hin und sind fasziniert, einige sogar begeistert von dem ungewohnten Höreindruck.

Dagegen stehen mehrere Katastrophen, allen voran die erste Deutscharbeit in der griechischen 11. Klasse: Als ich das Klassenzimmer betrete, herrscht eine Atmosphäre der Hektik, Panik und Konkurrenz, gegen die ich mit allen Versuchen, ein bisschen Gelassenheit zu verbreiten, nicht ankomme. Direkt nach dem Abgeben der Zettel bricht ein Mädchen in Tränen aus. Es liegt nicht daran, dass die Arbeit besonders schwer ist, es liegt an dem zerstörerischen Druck, der auf den Jugendlichen lastet und von dem ich sie nicht befreien kann, egal, wie gut ich sie auf die Arbeiten vorbereite.

Die zweite Katastrophe ereignet sich wie jede Woche in der griechischen 8. Klasse, die sich auf ihre Weise gegen den Druck zur Wehr setzt: Mit ohrenbetäubendem Lärm und einem extremen Durcheinander wird der Unterricht in allen Fächern unmöglich gemacht. Die meisten Kollegen haben nach vielen gescheiterten Versuchen und Gesprächen das Unterrichten aufgegeben und verteilen nur noch Arbeitsblätter. Damit gelingt es ihnen natürlich nicht, den Druck an die verantwortlichen Stellen weiterzugeben. Zu Hause und in den Frontistírien pauken die Schüler den Stoff der Hauptfächer trotzdem, um sich mit Bestnoten gegenseitig zu übertrumpfen. Der Protest bleibt also auf die Situation im Klassenzimmer beschränkt. Dort ist der Lärm schier unerträglich. - Soll ich Chorsingen mit Hilfe von Arbeitsblättern unterrichten? Das ist absurd! Ich kämpfe gegen die Windmühlenflügel des griechischen Schulsystems. Eine Stunde in der 8. Klasse kostet mich so viel Kraft wie sonst ein ganzer Schulvormittag.

So gerechnet bin ich bereits in meiner 11. Stunde, als die griechische 9. Klasse den Musiksaal stürmt. Wir haben eigentlich ein gutes Verhältnis, aber in den letzten Wochen geht nichts mehr. Alles, was ich den Schülern anbiete, lehnen sie in freundlichen, lautstarken Diskussionen kategorisch ab. Das Spektrum deutschsprachiger Popmusik macht es mir nicht gerade leicht, den vorgeschriebenen Anteil an sprachlichen und landeskundlichen Themen durchzusetzen. Klassiker wie „Heute hier, morgen da" fallen für diese

Generation fast in die Kategorie Mittelalter; von den „Toten Hosen" gibt es nur ein einziges Lied mit akzeptablem Text; Grönemeier macht zwar gute Texte, aber langweilige oder nicht singbare Melodien; und nachdenkliche Songs aus der ehemaligen DDR wie „Über sieben Brücken" werden einfach abgelehnt, „weil sie zu leise sind". - Deutsche Melancholie ist für Griechen noch weniger nachvollziehbar als alles andere.

Im Hinblick auf das bevorstehende Weihnachtskonzert wird es noch schwieriger. Mein Vorhaben, mit den griechischen Klassen traditionelle deutsche Weihnachtslieder zu singen, einfach als landeskundliches Thema, auf das man sich auch mal einlassen könnte, wird durch freundlichen Boykott gekippt. Aus lauter Ratlosigkeit singen wir schließlich den englischen Knaller „Last Christmas" und meine Suche beginnt von vorne, diesmal nach guten griechischen Weihnachtsliedern, von denen ich bisher gehört habe, es gäbe sie nicht. Die Klasse behauptet, es gäbe sie doch... Vielleicht nutzen die Jugendlichen aber nur aus, dass ich sie ernst nehme und machen sich einen Spaß daraus, durch solche Diskussionen Unterricht zu verhindern…

Fünf Tage in der Woche erlebe ich Tränen, Lärm und Scheingefechte. Wie soll ich da das Leben hier schön finden oder positiv sehen?

13.11.2004

Gestern habe ich mir am Flughafen „Die ZEIT" gekauft, Themenschwerpunkt: Deutschland 15 Jahre nach der Wende. Das „Dossier" quillt über von spannenden Artikeln und menschlichen Schicksalen, die mich im Grunde mehr interessieren als die fremden und aussichtslosen Reibereien im griechischen Schulsystem!

Wäre ich nicht lieber im eigenen Land dabei, wenn es um die Begegnung zweier unterschiedlicher Gesellschaften und die Verständigung zwischen ihnen geht?

Selbst so etwas Banales wie Lektüre der Anzeigen für private Internate stimmt mich nostalgisch: Schulen versprechen die Förderung von „Selbstbewusstsein", „Lebenskompetenz", „Gemeinschaftsgefühl" und der „Bereitschaft Verantwortung zu übernehmen". Das sind in Deutschland alltägliche Schlagwörter, die als solche keinen guten Unterricht garantieren – aber in Griechenland wären sie als Schulziele völlig undenkbar.

Ich ertappe mich dabei, dass ich mich darauf freue, irgendwann zurückgehen zu können. Dabei ist noch nicht einmal die Hälfte meiner Zeit vorbei! Und ich habe mir eigentlich zum Lebensgrundsatz gemacht, mich nie auf ein Leben einzulassen, das nur im Hinblick auf eine ferne Zukunft lebenswert ist. *Jetzt* lebe ich, wer weiß, was in zwei Jahren ist!
Was täte ich, wenn man mir anbieten würde, sofort nach Deutschland zurückzukehren? Nein, der Versuchung würde ich nicht nachgeben. Ich will hier auf jeden Fall einen sinnvollen Abschluss finden, allerdings lieber früher als später!

17.11. 2004

Ich werde jeden Tag frustrierter: Nun setzt der Druck auch noch von der anderen Seite ein: Mit der 8. Klasse, die ihren Protest in Lautstärke umsetzt, erprobe ich einen neuen Weg der Gruppenarbeit. Die meisten Schüler sind überrascht und begeistert, dass ich ihnen zutraue, selbständig etwas zu erarbeiten. Da sich die Gruppen mit ihren verschiedenen Musikinstrumenten und CDs gegenseitig stören würden, verteile ich sie auf mehrere Räume und laufe selbst immer hin- und her, fast ein Marathonlauf! In der zweiten Gruppenarbeitsstunde tritt plötzlich hinter einer Säule der stellvertretende Schulleiter hervor: Er habe beobachtet, dass ich meine Aufsichtspflicht verletze. Damit mache ich mich strafbar. Ich solle das Experiment sofort abbrechen.
So tritt also die deutsche Seite der Schulleitung in Aktion: Misstrauisch wird der gesamte Schulbetrieb überwacht, werden die Schüler und Lehrer kontrolliert und bei jeder Abweichung werden mündliche und schriftliche Verweise erteilt.

Zum ersten Mal kommt mir der Gedanke, dass ich bereue ins Ausland gegangen zu sein und dass ich, wenn sich nicht grundsätzlich etwas ändert, nur mit Schaden an Leib und Seele daraus hervorgehen werde. Ändern kann ich ausschließlich mich selbst. So nehme ich all meinen Mut zusammen und rufe einen Supervisor an, der Beratung auf Deutsch anbietet. Nach dem Telefongespräch geht es mir schon besser: Ich werde zumindest herausfinden, wie ich aus dieser Situation etwas lernen kann.

25.11. 2004

Nach der ersten Supervisionsstunde bin ich ganz zuversichtlich. Es entlastet mich, dass ich nicht nur jammere und andere verantwortlich mache, sondern auf verschiedenen Ebenen etwas zu verändern suche. Und es tut mir gut, dass mir mal wieder jemand richtig zuhört, ohne dass ich Rücksicht auf seine Gefühle nehmen muss.

Bei meinen neuen Freunden sind die Rücksichten doch manchmal recht groß: Den Freundinnen, die hier verheiratet sind, will ich auf keinen Fall das Leben hier schlecht reden, nachdem sie sich mehr oder weniger mühsam darin eingerichtet haben. Bei meinen Bekannten aus dem Umkreis der Schule muss ich aufpassen, weil immer alles gleich Stadtgespräch wird. Mich von einer schwachen, ratlosen Seite zu zeigen wage ich eigentlich nur bei Patrick und Walter, die gleichzeitig mit mir an die Schule gekommen sind und ähnliche Probleme haben. Sobald einer von uns ein Stickwort gibt, jammern wir um die Wette. Das ist manchmal entlastend aber es löst keine Probleme. Erzähle ich meinen Freunden in Deutschland von den hiesigen Arbeitsbedingungen, dann wollen sie mich sofort zum Zurückkehren bewegen. Es tut mir zwar gut zu wissen, dass sie sich freuen, wenn ich wiederkomme, aber ich will mein Abenteuer erst abschließen. – Dafür brauche ich Verbündete. In meinem Supervisor habe ich hoffentlich einen gefunden.

26.11.2004

Verflogen schon wieder die Zuversicht! Täglich ein neues Problem!
In der griechischen 11. Klasse steht die Übersetzung vom Griechischen ins Deutsche auf dem Lehrplan. Die Lehrerin der Parallelklasse, die beide Sprachen perfekt beherrscht, wählt dafür schwierige Texte aus griechischen Zeitungen aus. Auf Anhieb verstehe ich kein Wort. Mit der Hilfe meines Griechischlehrers brauche ich vier Stunden, um einen Text zu erarbeiten und die entsprechende Stunde vorzubereiten! Zudem habe ich, die ich noch nie zuvor eine Fremdsprache unterrichtet habe, keine Ahnung, wie man mit zwanzig Schülern einen abwechslungsreichen oder gar interessanten Übersetzungsunterricht machen kann. Vielleicht gibt es den gar nicht.
Schon am Ende des letzten Schuljahres habe ich den Schulleiter darauf hingewiesen, dass ich die Falsche für diese Aufgabe bin. Er tat meine Bemerkung mit dem Hinweis ab, ich hätte in meinem Vertrag unterschrieben, Deutsch zu unterrichten. - Wie, ist ihm offensichtlich egal.

9.12. 2004

Ich stecke sehr viel Energie in den Übersetzungskurs. Interessant wird es, sobald wir anfangen, verschiedene Übersetzungen zu vergleichen, die die Schüler vorschlagen. Das ist allerdings auch anspruchsvoll und wird leicht unübersichtlich. Und es bereitet nicht zielstrebig genug auf die Klausur vor, bei der genau 180 Wörter über die Notenpunkte entscheiden.
Die Alternative, die meine Kollegin vorschlägt, besteht darin, dass die Lehrerin sich ans Pult setzt, die Musterübersetzung vorliest und alle anderen Lösungen als falsch deklariert.
Auf diese Weise wird die Betrachtung der Sprache und der Welt auf eine einzige richtige Sichtweise reduziert: Orthodoxie im Deutschunterricht!

Ich bemühe mich nach Kräften, mich an diese Methode anzupassen, die mir so gegen den Strich geht. Natürlich bemerken die Schüler meine Vorbehalte und auch meine sprachliche Unsicherheit. Schon beginnen die Eltern um die Noten ihrer Kinder zu fürchten, verabreden sich beim Schulleiter und fordern meine Absetzung. – Recht haben sie! Ich bin für *diese* Art des Unterrichts tatsächlich nicht die Richtige! Stattdessen könnte ich den Schülern so viel anderes, Wertvolleres anbieten, das hier aber mit Verachtung abgetan wird. Ich habe das Gefühl, Perlen vor die Säue zu werfen und bin kurz davor, an diesem „Saustall" zu verzweifeln!

10.12.2004

Freitagabend, ich lümmele auf dem Sofa herum und blättere in alten Literaturbeilagen der „ZEIT", die ich mir immer aus Deutschland mitbringe und dann in kleinen Häppchen genussvoll verzehre. Manchmal bekomme ich dabei Lust zum Schreiben – zum Lesen sowieso. Literatur ist – bei allen Brüchen und Krisen dieser Zunft – wohl immer noch der Blick unangepasster Menschen auf einen besonderen Ausschnitt ihrer Welt unter Verwendung der kreativen Möglichkeiten der Sprache. Unangepasste Blicke erlebe ich bei mir selbst täglich, manchmal bis zum Zerreißen; das Schreiben hilft mir, statt zu zerreißen, elastischer zu werden.

Im Unterricht mit der deutschen 12. Klasse wird mir mal wieder besonders klar, dass nicht nur Schreiben, sondern auch Lesen eine Kunst ist. Auf dem Lehrplan steht die Lektüre von Goethes „Faust". Für die Jugendlichen, die zwischen zwei Sprachen und Kulturen aufwachsen, ist Goethes Deutsch eine Fremdsprache. Mir bleibt nichts anderes übrig, als unter Aufbietung aller meiner komödiantischen Fähigkeiten ausgewählte Szenen in moderner Alltagssprache vorzutragen. Doch kaum haben die Schüler die Sprache verstanden, stellt sich heraus, dass ihnen der Inhalt noch weniger zugänglich ist. Verständnislos schütteln die Köpfe: „Ein merkwürdiger Typ ist dieser Faust! Was will er denn vom Leben?! Soll er sich doch – wie Wagner –

mit dem zufrieden geben, was andere erforscht haben, und damit Karriere machen…"

Der Famulus als Leitbild anstelle des Genies! – Was nun? Mein didaktisch reichlich plumper Versuch, die Schüler doch noch auf eine Spur zu setzen, indem ich nach Parallelen zwischen der Studierzimmerszene und heutigen Lebenskrisen und Lösungsversuchen frage, gipfelt in Antworten wie dieser:

„ In unserer epoche gibt es kaum so Kriesen, wie Faust sie hat. Fals so ein Fall auftaucht bei einer Person, wird der sofort durch Psychologen und andere Mitteln behandelt und ins Krankenhaus."

Das heißt doch: Der unangepasste Blick – sei es einer literarischen Figur, eines Autors oder eines „echten Menschen" - wird sofort als Krankheit verdächtigt und mit „normalitätsfördernden Mitteln" oder der Isolation von den „Gesunden" behandelt. Kein Wunder, dass meine Schüler keine Lust haben, sich im Deutschunterricht infizieren zu lassen!

Viel später werde ich das Heimatdorf jenes Schülers kennenlernen, der den originellen Text über Fausts „Kriesen" geschrieben hat. Es liegt hoch in den Bergen des Ipiros am Ende einer Schotterstraße in einer malerischen, aber kargen Gegend, die ihre Bewohner kaum ernähren kann. Mir wird sofort klar, dass die Dorfbewohner von jeher andere Sorgen hatten als sich die Frage zu stellen, „was die Welt im Innersten zusammenhält"…

29. Studentenleben und Universitätskrise

Im Zuge meiner Auseinandersetzung mit dem griechischen Schulsystem frage ich mich immer wieder, welches Ziel eigentlich den ungeheuren Stress rechtfertigt, dem die griechischen Schüler ausgesetzt werden. Klar, die Schule bereitet auf die panhelladischen Aufnahmeprüfungen für die Universitäten vor, und nur die Besten bekommen einen Studienplatz für eines der begehrten Studienfächer (Medizin, Jura, Architektur) an einer der renommierten Universitäten von Athen und Thessaloníki. Aber was kommt danach?

Die Universitäten von Thessaloníki nehme ich lange Zeit nur von außen wahr. Sie prägen das Stadtbild vor allem durch die Flut von Plakaten und Parolen, mit denen der gesamte Stadtteil überschwemmt ist – und durch die große Menge gut gelaunter Studenten, die zu jeder Tageszeit in den zahlreichen Straßencafés sitzen und Frappé trinken. Erst zu Beginn meines Urlaubsjahres versuche ich mir einen Einblick zu verschaffen, indem ich mich an der Aristotélous-Universität für einen Sprachkurs bewerbe. Meine Zulassung scheitert an einem fehlenden Stempel unter der Beglaubigung der Übersetzung meines Abiturzeugnisses (!), der Kurs selbst scheitert an einer monatelangen Besetzung der Universität. Immerhin lerne ich bei der Suche nach den diversen Büros den Universitätscampus kennen, entziffere die Parolen an den Wänden und rechne nach: Anthí und die anderen Elftklässler, die vor zwei Jahren unter so unmenschlichem Druck für ihren Schulabschluss gebüffelt haben, sind – falls sie die Aufnahmeprüfungen erfolgreich bestanden haben - inzwischen Studenten im ersten Studienjahr. Im Oktober haben sie ihr Studium begonnen, seit November, also seit fünf Monaten, wird an fast allen griechischen Universitäten gestreikt. Oder die Studenten besetzen die Gebäude und lassen niemanden hinein. Gestritten wird um ein Geflecht von Maßnahmen zur Reform des Bildungswesens, bei dem sich die erstaunlichsten Koalitionen bilden und gegenseitig blockieren. Mein Eindruck ist, dass sich die meisten Studenten kaum mit den unterschiedlichen Konzepten für eine Reform beschäftigen, sondern entweder ein lockeres Leben zwischen Demos und Cafés führen oder längst in ihre Heimatorte zurückgefahren sind, wo sie das Ende der Auseinandersetzungen abwarten und den Stoff für die Prüfungen aus Büchern lernen. Denn für die Prüfungen werden die Hochschulen kurzfristig geöffnet, eine Tatsache, die Bände über die Effektivität der Lehrveranstaltungen spricht: Da die Professoren dort im Allgemeinen ihre eigenen Bücher vorlesen, geht es zur Not auch ohne sie.

Ab und zu treffe ich ehemalige Schüler in der Stadt: Agápi und Anatolí beim Shopping auf der Tsimiskí-Straße, Konstantís beim Filmfestival, Fótis und Kléon im Café. – Haben sie *dafür* mehrere Schuljahre lang den ganzen Stress auf sich genommen?

Mein Freund Jorgos, der die Streiks von der Hochschullehrer-Seite erlebt, geht jeden Montagmorgen, wenn das Tor geöffnet wird, zur Uni, um seine Post abzuholen und zu erfahren, ob die Besetzung fortgesetzt wird. Sobald am Montagmittag das Tor wieder verrammelt wird, fährt Jorgos in seinen Schrebergarten, wo er den Rest der Woche Karotten züchtet und „sich auf den Ruhestand vorbereitet", wie er sagt.

Der einzige, der mir wirklich etwas über die Zusammenhänge erklären kann, ist Ilías, mit dem ich mich in einer der überfüllten Studentenkneipen treffe. Er macht zwei Dinge für die verfahrene Situation verantwortlich:

Erstens seien innerhalb der Hochschullandschaft Griechenlands alle Positionen traditionell zwischen den großen Parteien bzw. den Gewerkschaften aufgeteilt. Hochschullehrer und Studenten ordneten sich zu Beginn des Studiums irgendeiner Position zu, und wer Karriere machen wolle, müsse eher einflussreiche Förderer finden als sich wissenschaftlich profilieren. Deswegen gehe es auch nie wirklich um Hochschulthemen, sondern in erster Linie um Parteipolitik und Beziehungen.

Das kann ich leicht nachvollziehen, wenn ich mir die Karriere von Polychrónis ansehe, der, obwohl auf seinem Fachgebiet international anerkannt, seit Jahren vergeblich um eine feste Anstellung an der Universität kämpft. Je nach Bedarf wird er mit Kurzzeitverträgen angestellt und wieder entlassen. Vor kurzem brauchte der Institutsleiter eine Stelle für seine Lebensgefährtin, die vom Fach keine Ahnung hat. Er setzte sie auf Polychrónis´ Posten, woraufhin das Vorlesungs- und Prüfungswesen zusammenbrach. Polychrónis nahm inzwischen eine Stelle als Grundschullehrer an, um seine Familie ernähren zu können. An Tagen, an denen die Grundschulen streiken, stellt ihn die Universität für ein paar Stunden ein, damit er wenigstens die wichtigsten Prüfungen abwickelt.

Der zweite Grund für die verfahrene Situation ist – laut Ilías – die Tatsache, dass die Studenten nie gelernt haben, eigene Standpunkte zu formulieren, Konzepte zu entwerfen, sie gegen andere Konzepte zu verteidigen und Kompromisse auszuhandeln… Darum habe ihre Revolte ganz wenig inhaltliche Anteile.

Dabei fällt mir ein, wie schwierig es ist, meinen griechischen Oberstufenschülern das Wort „Kompromiss" zu erklären, weil sie von dem, was das Wort bedeutet, keine Vorstellung haben. Also frage ich Ilías, was „Kompromiss" auf Griechisch heißt.
Obwohl Ilías derjenige meiner Freunde ist, der mit der größten Leichtigkeit zwischen Deutsch und Griechisch wechselt, sucht er auf dem ganzen Weg von der Agia Sofia bis zum Weißen Turm nach dem Wort, aber es fällt ihm nicht ein. Schließlich schlägt er „μέση λύση" (mittlere Lösung) vor, sozusagen als Kompromisswort.
Stunden später bekomme ich eine SMS mit einem einzigen Wort: „συμβιβασμός!"

Um dem Bild noch eine Facette hinzuzufügen sehe ich mir beim Dokumentarfilm-Festival einen Film an, den Studenten der Medien-Wissenschaften an der Universität von Mytilíni über ihr Studentenleben gedreht haben: ein sehr vergnügliches, flottes, technisch brillant gemachtes Kaleidoskop, das nebenbei auch ein paar nachdenkliche Anteile enthält. Studieninhalte und Hochschulpolitik bleiben völlig außen vor, stattdessen geht es um Freundschaft und Einsamkeit, Freizeit und Alkohol, Jungen und Hausarbeit, Emanzipation von den Eltern. Das Ganze ist perfekt rhythmisiert, phantasievoll und mit viel Humor gestaltet – drei Eigenschaften, die im griechischen Dokumentarfilm eher selten sind!

Also gibt es – zumindest auf einer abgelegenen griechischen Insel – doch Studenten, die etwas aus ihrem Studium machen: einen guten Film.

30. Leben auf der Verwerfungslinie

Kalamariá, am 4. Advent 2004

Liebe Freunde!

Adventssturm. Die meisten Briefe an Euch sind bei Sturm entstanden. Da bläst der Vardáris die Aussicht frei und ich habe den Eindruck, bis nach Europa sehen zu können.

Nach Europa? Das sagt man hier so und zählt Griechenland nicht dazu. Auf meine erstaunte Frage, wozu Griechenland gehöre, wenn nicht zu Europa, bekomme ich die stolze Antwort, Europa sei der Okzident und hinter Konstantinoúpoli (Istanbul) beginne der Orient. Griechenland aber liege genau in der Mitte!

Das beschreibt die Situation ziemlich treffend: Weder in Europa noch im Orient leben wir hier, sondern genau auf der Verwerfungslinie. Das ist manchmal eine spannende Herausforderung und sehr anregend, oft erzeugt es jedoch tiefe Erschütterungen auf allen Ebenen.

In der Schule erlebe ich zurzeit jede Menge Beben, die durch die Reibungen zwischen dem deutschen und dem griechischen Bildungssystem erzeugt werden. Dabei sind es meistens die griechischen Schüler, die zwischen den Systemen aufgerieben werden, und wenn ich mich für sie einsetze, gerate ich mit zwischen die Fronten. Die kulturellen und pädagogischen Verwerfungslinien sind allerdings viel komplexer. Oft komme ich mir hier vor wie ein Seismograph, der das alles registriert, ob er will oder nicht. Lediglich auf die Auswertung der Daten habe ich Einfluss. Manchmal finde ich das äußerst interessant, öfter jedoch nur anstrengend und aussichtslos, weil keine Annäherung in Sicht ist.

Zum Beispiel kann ich mich nicht daran gewöhnen, dass die griechischen Jugendlichen ihre gesamten Nachmittage und Abende in Frontistírien, einer Art privater Nachhilfeschulen, verbringen, in denen sie nach alter Tradition den gesamten Schulstoff auswendig lernen.

Am Tag des Weihnachtskonzerts, nach den letzten Generalproben, kommt eine Abordnung der 9. Klassen zu mir um anzukündigen, dass sie abends beim Konzert nicht mitsingen könnten, weil das Frontistírio wichtiger sei. Dort würden an dem Abend Arbeiten geschrieben, die sie nicht versäumen dürften.

Es gibt im griechischen System kein Argument, das stärker ist als der Druck dieser Nachmittags- und Abendschulen! Als der deutsche Schulleiter dazukommt und versucht, die Frontistírien an Druck und Drohungen zu überbieten, fangen die fünfzehnjährigen Jugendlichen an zu weinen! Der Chef lässt sich davon nicht beeindrucken. Er kündigt harte Strafen an und notiert sich die Telefonnummern der Eltern, um auch sie unter Druck zu setzen.

Ein Weihnachtskonzert mit Tränen? Das widerspricht ja nun allen meinen musikalischen und pädagogischen Absichten! So bleibt mir nichts anderes übrig, als meine Schüler gegen meinen Vorgesetzten in Schutz zu nehmen, die Jugendlichen ins Frontistírio zu entlassen und mit dem standhaften Rest von 15 Sängern aufzutreten. Beim nächsten Konzert werde ich schlauer sein.

Das ist nur ein Beispiel für die täglichen Erschütterungen, mit denen zu rechnen ich erst langsam lernen muss.

Und nebenbei ist ja eigentlich Advent, ein Wort, für das es keine griechische Entsprechung gibt, wohl, weil die Zeit vor Weihnachten nicht besonders hervorgehoben wird. Das wiederum liegt sicher daran, dass wir es hier nicht so nötig haben, uns auf die „Ankunft des Lichts" vorzubereiten, weil wir den ganzen Dezember überwältigende natürliche „Lichtspiele" erleben, vor allem nachmittags, kurz bevor die Sonne hinter dem Olymp versinkt. Ich versuche deshalb, an jedem Adventswochenende einmal an den Strand zu fahren. Die Gleichzeitigkeit von verschiedenen Jahreszeiten ist dort manchmal wirklich bizarr: Das Meer ist türkisblau wie im Sommer und noch warm genug zum Baden, aber die Sonne steht schräg, färbt die Wolken schwarz und verbreitet ein klares Winterlicht mit harten Schatten. Am dritten Advent sind Hanne und ich in einer windstillen Bucht in die Fluten gesprungen, während Viki und Amalía in dicken Daunenjacken auf einem Felsen saßen und Tee aus der Thermoskanne tranken. Anschließend haben wir uns in Hannes Ferienhaus am Holzofen aufgewärmt und Kaffee und Lebkuchen (aus Deutschland importiert!) im

Garten unterm Granatapfelbaum verspeist. Die drei Teelichte, die uns dabei als Adventskerzen dienten, wirkten mickerig in der schrägen Nachmittagssonne!

Zwei Wochen davor hat mir das adventliche Baden eine besondere „landeskundliche Erfahrung" beschert. - So nenne ich inzwischen die eher unerfreulichen Ereignisse, deren einziger Vorteil darin besteht, dass sie sich zu kuriosen Rundbrief-Geschichten verarbeiten lassen.

Diese Erfahrung habe ich mir allerdings selbst eingebrockt. Warum muss ich auch unbedingt am Samstag vor dem ersten Advent Schwimmen gehen und irgendwo am kilometerlangen Sandstrand meinen Autoschlüssel verlieren, den einzigen, den ich habe, seit der andere beim Umzug verloren gegangen ist?!

Was folgt, ist zuerst noch ganz romantisch: Viki und ich suchen bei Vollmond und Wellenrauschen den gesamten Küstenstreifen ab, aber natürlich erfolglos. Dann finden wir einen netten Taxifahrer, der uns zum Festpreis nach Thessaloníki zurückfährt und ich telefoniere mit dem ADAC.

Die „Landeskunde" beginnt beim ersten Kontakt mit dem „Kleidarás", dem Mann vom Schlüsseldienst. Als ich ihn am nächsten Morgen anrufe und frage, wann er bereit sei, mit mir an den Strand zu fahren, um das Auto zu holen, antwortet er barsch aber entschieden: „Se lígo!" Das heißt wörtlich „in Kürze", kann aber tatsächlich alles Mögliche bedeuten. Zwei Stunden später rufe ich wieder an und bekomme die gleiche Antwort. Wieder zwei Stunden später muss er erst zu Mittag essen und verspricht, direkt danach anzurufen. Höflich warte ich diesmal vier Stunden, bis die Mittagsruhe vorbei ist. Diesmal fügt er dem „Se lígo" ein „Min anisichís!" („Mach Dir keine Sorgen!") hinzu.

Schließlich schalte ich den ADAC ein, weil ich keine Lust habe, das „Se lígo"-Spiel die ganze Nacht fortzusetzen. Eine halbe Stunde später hupt der Kleidarás vor meiner Haustür. Es folgt eine halsbrecherische Autofahrt und kurz darauf halten wir neben meinem Auto. Während der Kleidaras es mit wenigen Handgriffen öffnet und startet, fragt er, ob ich verheiratet sei und bietet mir als Treffpunkt seine Privatadresse an. Ich bestehe auf der Adresse der

Werkstatt und der Mann braust mit aufheulendem Motor davon. Der Laden liegt in einer Gasse bei der Vassilissas-Olgas-Straße zwischen einer Bank und einer Konditorei – wie soll ich den finden? Die Vassilissas-Olgas ist eine der unübersichtlichsten Hauptverkehrsadern Thessaloníkis und – wie mir erst jetzt auffällt – von Banken und Konditoreien gesäumt. Also folgt ein neues Spiel: Warnblinker einschalten, mitten auf der Straße halten, Hupen ignorieren, Leute fragen, widersprüchliche Informationen einholen, Auto nicht abwürgen, weil ohne Schlüssel... An der nächsten Kreuzung beginnt das Spiel von vorne.

Trotzdem komme ich lange vor dem Kleidarás bei der Werkstatt an und habe Zeit, mir in Ruhe ein Bild vom Leben einer Innenstadtgasse am Abend des 1. Advents zu machen:

Das einzige geöffnete Geschäft ist ein Lotterie-Laden, in dem ein paar Frauen vor dem Fernseher sitzen. Ab und zu geht ein Mann hinein, um einen Lottoschein abzugeben. Daneben ein Fingernagelstudio, ein aufgegebenes Maklerbüro mit den letzten Angeboten, ein winziger Hof zwischen den Hochhäusern mit einem mikkerigen Feigenbäumchen zwischen den Mülltonnen. Ich muss an Brechts Pflaumenbaum denken. Im zweiten Stock eine Wäscheleine. Ehemals weiße Bettlaken wehen im Straßendreck, der so dicht aufwirbelt, dass er in jedem Scheinwerferkegel sichtbar wird.

Ich beginne wieder das "Se lígo"-Spiel, diesmal per Handy, und beschließe, mir inzwischen die Menschen anzusehen: Vor einer zerschlissenen Plakatwand wartet eine Frau mit einem kleinen Mädchen, das mitten auf der Gasse von einem Schlagloch zum nächsten springt. An dem Kind faszinieren mich vor allem die hüpfenden Füße. Die Augen sind schon genauso gleichgültig wie die der Mutter. Eine alte, schwarz gekleidete Frau schlurft unmittelbar an den beiden vorbei, ohne dass sie sich gegenseitig Beachtung schenken... Ein bisschen traurig stelle ich fest, dass mir von all den vielen Menschen, die während der Wartezeit vorbeikommen, kein einziger besonders sympathisch oder vertraut ist. So fremd bin ich also doch noch hier! Mit der Zeit werde ich immer trauriger; ich setze mich ins Auto, höre eine CD von Alkínoos Ioannídis und starre nur noch die gegenüberliegenden Wand an, auf der der abbröckelnde Putz seltsame Formen entstehen lässt...

Am späten Abend taucht der Schlüsseldienst-Typ endlich auf, vier dicke Männer im Schlepptau, die es sich sofort in seinem winzigen Laden bequem machen und den Ouzo auspacken. Für mich ist kein Platz mehr, ich warte auch lieber draußen. Der Kleidarás geht sofort an die Arbeit: Er stöpselt die Aquariumbeleuchtung ein und zeigt seinen Kumpels einen großen traurigen Karpfen, der in einem Aquarium, kaum größer als der Fisch, herumschwimmt und mit teilnahmslosem Blick durch das Glas glotzt - wie der Kleidarás selbst, der durch die Schaufensterscheibe seiner winzigen Bude durchaus einige Ähnlichkeit mit seinem Fisch hat.

Als er sich endlich mit dem Schlüssel beschäftigt, ist der in ein paar Minuten fertig. Einziger Nachteil: Er passt nicht ins Schloss! Um den Zündschlüssel zu drehen, braucht man als Hebel eine Rohrzange. Der Kleidarás hat sie praktischerweise gleich in der Tasche - anscheinend braucht er sie häufiger. Ich will Einspruch erheben, doch er drückt mir einen Stapel seiner Visitenkarten in die Hand: „Min anisichís! Wenn es Probleme gibt, rufst du mich einfach an!"

„Aber ich sehe doch jetzt, dass der Schlüssel nicht passt!"

Schließlich läuft der Motor und ich gebe auf. Aber bevor ich den Ersatzschlüssel ausgehändigt bekomme, muss ich warten, bis einer der dicken Männer sein Auto geholt hat. Ich habe so einen schönen Parkplatz, den soll ich für ihn freihalten. Der Kleidarás zeigt sich inzwischen großzügig: Ich bekomme die Schlüssel umsonst, wenn ich verspreche, den ADAC anzurufen und zu erzählen, dass alles bestens gelaufen sei. – Stattdessen werde ich bei Fiat anrufen, um passende Schlüssel für mein Geld zu bestellen. Aber das kann ich ihm in dem Ausländer-Idioten-Griechisch, in dem er mit mir spricht, natürlich nicht sagen.

Als ich nach Hause komme, ist der erste Advent schon vorbei, ohne Kerzen und Weihnachtsoratorium - und ich bin um eine Erfahrung reicher...

Aus solchen Erfahrungen ziehe ich irgendwann den Schluss, dass es hier überhaupt keine Weihnachtsbräuche gibt. Da habe ich mich aber getäuscht. Ein Sänger aus meinem Chor nimmt mich mit zum Weihnachtskonzert der Musikethnologen an der Uni, wo es hoch hergeht: Schwarz geschminkte Weihnachtsgeister, sogenannte

„kalikántzari", stürmen mit viel Gebrüll und Gerassel durch den Saal, Kálanda singende Kinderhorden gehen von Tür zu Tür und schreien vor jedem Lied: „Tha ta poúme;" („Sollen wir es singen?") Wenn der Hausherr zustimmt, bekommt er gute Wünsche, wenn er ablehnt, lautstarke Beschimpfungen zu hören. Beides klingt in meinen Ohren ungefähr gleich wild. Vor allem ist die Stimmgebung eine völlig andere als „in Europa": offen und schrill, eher dem Schreien verwandt als unserer Vorstellung vom Singen, dabei rhythmisch skandierend und - außer bei textbedingten Bindungen und orientalischen Melismen - eher abgehackt. So ähnlich singen meine Schüler auch. Auf dem Höhepunkt des Konzerts tritt ein Kamel auf, das offensichtlich bei den Weihnachtsbräuchen eine wichtige Rolle spielt und von Rasseln, Glocken und stampfenden Stöcken begleitet wird. Alles in allem ist es ein ohrenbetäubendes Weihnachtsspektakel - und wenn doch einmal leise Töne vorkommen, übernimmt das Publikum das Krachmachen, raschelt mit Plastiktüten, klappert mit Stöckelschuhen, klingelt mit Handys und ruft nach Kindern und Freunden. Dabei handelt es sich um gebildete Universitätsangehörige, um Professoren und Studenten! Als nach dem Konzert das Fest im Foyer erst richtig losgeht, fangen sie spontan an zu singen und zu tanzen. Alle kennen offensichtlich die endlosen Strophen und Schritte zu den Liedern auswendig und der Musikprofessor begleitet das Spektakel auf einer Art Dudelsack. - Dagegen ist das Weihnachtskonzert der Deutschen Schule natürlich ein Schlafmittel!

Ein Kontrastprogramm bietet der ökumenische Adventsgottesdienst, in dem mein Chor eine Kantate aufführt. Zelebriert wird er vom griechisch-katholischen Erzbischof von Korfu und einem aus Deutschland eingeflogenen evangelischen Militärpfarrer. Die dritte im Bunde bin ich, und es dauert eine ganze Weile, bis der griechische Bischof kapiert, dass er es mit einer Frau in einer Leitungsfunktion zu tun hat! Irritiert und skeptisch blickt er mich an. Doch dann gibt er sich einen Ruck und ist für den Rest des Abends sehr freundlich und kooperativ.

Die orthodoxen Theologen von der Uni sitzen im Publikum. Es ist ihnen anscheinend immer noch nicht erlaubt, bei einem ökumenischen Gottesdienst mitzuwirken.

Die Predigt über die Trennung von Spreu und Weizen ist ziemlich haarsträubend, die Kommunion ausdrücklich den Katholiken vorbehalten und der Chor braucht drei Anläufe, bevor die Fuge endlich klappt, trotzdem ist es wohl ein wichtiger Meilenstein in Richtung Ökumene, an dem wir da mitgewirkt haben...

So, jetzt habe ich Eure knappe Adventszeit aber arg strapaziert - und eigentlich drücke ich mich ja auch nur vor dem Korrigieren. Bevor ich nach Deutschland fliege, muss ich noch 23 Oberstufenarbeiten und vier Schultage schaffen. Und dann habe ich endlich Urlaub vom Abenteuer!

Soll ich Euch das auch wünschen? Vielleicht freut Ihr Euch ja eher über ein richtiges Weihnachtsabenteuer? Auf jeden Fall wünsche ich Euch ein frohes Fest, einen gelassenen Übergang ins Neue Jahr, schöne Pläne und sich verwirklichende Träume, sowie eine friedliche Welt und gute Gesundheit, die hilft, den manchmal merkwürdigen Windungen des Schicksals mit Neugier und Offenheit zu begegnen!

Gesine

31. Entscheidungsträume

3.1.2005

Das neue Jahr hat begonnen und so gibt es keinen Datums-Puffer mehr, der mich von der Entscheidung trennt: Soll ich in Thessaloníki Halbzeit feiern oder meinen Vertrag verlängern?

In der Neujahrsnacht träume ich von einer Fahrt im Sessellift.
Ich stehe mit einem Mann in der Schlange und plane eigentlich mit ihm zusammen zu liften. Aber irgendwie rutscht er an mir vorbei, erwischt einen Doppelsitz allein und fährt los, bevor ich zusteigen kann. Danach kommt lange kein Sessel und es ist auch niemand da, der mir beim Einsteigen den Bügel halten könnte. Als schließlich ein Sessel auftaucht, ist er so verknotet, dass ich den Sitz nicht finde und völlig verquer darin zu hängen komme. Das ist zunächst nicht schlimm, denn ich schwebe nur knapp über dem Boden. Aber irgendwann merke ich, dass die Fahrt länger dauern wird und ich mich zwischen den Seilen und Stangen bequemer und sicherer einrichten muss. Es gelingt mir irgendwie, eine sichere Position zu finden, aber bequem ist sie nicht – und außerdem wird mir kalt. Als ich schließlich Zeit habe mich umzusehen, schwebe ich bereits hoch über den Baumwipfeln auf einen Gipfel zu, der mir das Ziel zu sein scheint. Kaum habe ich jedoch den vermeintlichen Gipfel erreicht, sehe ich, dass die Strecke dahinter weitergeht: zu einem noch höheren Gipfel. So schwebe ich über Täler und Abgründe – ohne Angst, jedoch mit einer gewissen Ratlosigkeit, weil ich mir ja denken kann, dass hinter dem nächsten Gipfel wieder ein Abgrund liegt…
Hier endet meine Erinnerung an den Traum. Ich weiß nur noch, dass ich mir wünsche, oben auf dem letzten Gipfel werde die Sonne scheinen…

Zwischen den Seilen und Stangen meines momentanen Lebens ist es tatsächlich ziemlich unbequem und kalt. Ich bin nicht sicher, ob ich den richtigen Sitz noch finden werde. Vielleicht sollte ich wirklich bei nächster Gelegenheit aussteigen.

– Doch was mache ich dann, auf einem fremden Berg, mitten im Schnee?

23.1.2005

Ein echter Wintertag auf einem fremden Berg kann allerdings auch wunderschön sein. Der Sturm hat über Nacht die Aussicht frei geblasen, ich genieße den gewaltigen Rundblick auf alle Schneeberge Nordgriechenlands, die wie weiße Zelte über dem Horizont schweben. Ein lebendiges Spiel von Licht und Schatten überzieht die Felsen- und Macchia-Landschaft mit schwarz-weißen Mustern, einzelne hohe Pappeln recken ihre blattlosen, fast weißen Äste gegen den tiefblauen Himmel. Es ist eiskalt auf dem Nebengipfel des Chortiátis, den ich ganz allein und ohne Weg bestiegen habe. Die Ziegenherden drängen sich in den Senken eng aneinander. Ich suche hinter einer Kapelle des Heiligen Rafaíl Schutz vor dem Wind und finde den ersten winzigen gelben Krokus dieses Frühlings. Ich bin glücklich hier oben.

Glücklich auch bei Sonnenuntergang in einer Taverne an der Strandpromenade mit Amalía, die ihre ganze Großfamilie und ihre Freunde eingeladen hat. Amalía ist eine richtige Geschäftsnudel, herzlich, ein bisschen verrückt und sehr großzügig. Sie umarmt uns alle, füllt uns die Teller bis an den Rand und bestellt immer neue Spezialitäten.
Zwischendurch befällt mich ein etwas ungutes Gefühl, weil ich weiß, dass ihr Mann das viele Geld, das sie für uns ausgibt, als eine Art „Bauunternehmer" auf recht zweifelhaften Wegen erwirbt.
Gestern stand in der Zeitung, dass für die Rettung des vom Umkippen bedrohten Koronía-Sees vor einigen Jahren 5,5 Millionen Euro EU-Gelder zur Verfügung gestellt worden sind, die vollständig in dunklen Kanälen versickert sind.
Jetzt will man versuchen, noch einmal 6 Millionen aufzubringen, damit der See sich nicht in eine giftige Kloake verwandelt. Da frage ich mich zwischen den verschiedenen Gängen des edlen Menüs,

wofür das Geld ursprünglich bestimmt war, das wir da in der Taverne verprassen…

Und doch geht es mir am Wochenende hier richtig gut, besser könnte es nirgends sein. Das macht die Entscheidung, die ich nächste Woche treffen muss, nicht unbedingt leichter. Nichts in meinem Leben fühlt sich zurzeit nach Bergfest an, eigentlich weist alles auf einen endlich gelingenden Anfang hin. Soll ich die Mitte aussparen und gleich zum Abschied übergehen?

Wieder habe ich einen Sessellift-Traum: Diesmal schwebe ich gemächlich über ein exotisches Dorf und beobachte fremd aussehende Menschen, die auf ihren Dachterrassen merkwürdigen Beschäftigungen nachgehen, auf die ich mir keinen Reim machen kann…
Irgendwann muss ich am Umkehrpunkt angekommen sein, denn plötzlich schwebe ich wieder in die andere Richtung. Bezeichnenderweise kann ich mich an den Wendepunkt überhaupt nicht erinnern. Ich schwebe auch nicht direkt zurück, sondern bewege mich in einer Art Zickzack ungefähr in Richtung des Ausgangspunktes. Plötzlich taucht ein Gewirr von Stromleitungen auf und ich habe große Angst, mich darin zu verheddern oder einen elektrischen Schlag zu bekommen. Aber dann fällt mir ein, dass mir ja nichts passieren kann – so lange ich den Boden nicht berühre…
Schließlich komme ich wieder beim Ausgangspunkt an, klettere gut gelaunt aus dem Lift, laufe direkt dem Betreiber des Lifts in die Arme und erzähle ihm begeistert von meiner Fahrt. Der ist ziemlich sauer. Denn die Benutzung der Anlage ist gefährlich und deswegen verboten - zumindest hätte ich mir vorher die Gebrauchsanweisung und die Sicherheitsbestimmungen durchlesen sollen.
Die sind allerdings in einer Schrift und einer Sprache verfasst, die ich nicht kenne…

24.1.2005

Die Ratlosigkeit über die unverständlichen Regeln und Bestimmungen nehme ich am nächsten Morgen mit in den Alltag und prompt verheddere ich mich wieder in den „Stromleitungen" des griechischen Schulsystems. Der Ärger über völlig unsinnige Verordnungen schleudert mich hart auf den Boden der Realität und ich bekomme einen kräftigen Schlag. Der gibt schließlich den Ausschlag: Ich werde nicht länger als nötig hier arbeiten. Ich will nicht an diesem menschenfeindlichen System zerbrechen, das ich nicht ändern kann! Gerne würde ich ohne die zermürbende „Bodenberührung" noch eine Weile in gemächlichem Zickzack durch Griechenland gondeln, mich niederlassen, wo es gut tut, erleben, beobachten, schreiben…

Ob ich mir das leisten kann: Ein Jahr ohne Schulalltag, dafür mit einer neuen Qualität der Begegnung mit meinem fremden Gastland? Vielleicht erweist sich der Sinn meines Griechenland-Abenteuers ja erst, wenn ich die Schule endlich los bin…

32. Kontakte, Linsen und besondere Blicke

Kalamariá, den 1.2. 2005

Liebe Freunde!

Je länger ich in den letzten Tagen über den nächsten Brief nachgedacht habe, desto klarer wurde mir, dass es darin um den besonderen Blick gehen würde, den das Leben im Ausland mir beschert. Allerdings habe ich mir den Blick nicht *so* vorgestellt, wie ich ihn heute erlebt habe:

Ich bekomme im Straßenstaub der Innenstadt ein Sandkorn ins Auge und nehme eine Kontaktlinse heraus, da fegt ein Windstoß über den Platz und weg ist sie. Daraufhin entwickle ich den „einäugigen Blick" für zwei Quadratmeter Straßenpflaster, die sich vielleicht noch nie jemand so genau angesehen hat wie ich: unregelmäßige Betonplatten, Sand und kleine glitzernde Steinchen in den Zwischenräumen, Glassplitter, Zigarettenstummel, Vogeldreck, platt getretene Kaugummis... aber keine Kontaktlinse. Ungefähr eine halbe Stunde krieche ich allein auf dem Boden herum, bevor ein freundlicher Rentner dazukommt, der mir erst seine ganze Lebensgeschichte als Gastarbeiter in Deutschland erzählt, bevor er verkündet, jetzt habe er Zeit und könne den ganzen Tag suchen. Nach und nach trauen sich auch die Stadtstreicher der umliegenden Bänke näher heran und helfen suchen. Offensichtlich haben sie keine Ahnung, was ein „fakós epafís" ist, denn sie bringen mir handflächengroße Plastikstücke, ein lila Bonbonpapier und eine Glasscherbe von der Größe einer Zwei-Euro-Münze und fragen stolz, ob es das sei, was ich suche. Dabei schlurfen sie so unbekümmert auf dem Pflaster auf und ab, dass ich irgendwann sicher bin, dass die Linse sich längst im Staub aufgerieben hat. Zum Schluss beschließen sie gutgelaunt, die Tauben hätten das Ding aufgepickt, was gar nicht so abwegig ist, denn eine „Linse", wie sie sie sich vorstellen, eignet sich ja tatsächlich als Vogelfutter.

Die Perspektive meines besonderen Blicks kann ich mir also nicht aussuchen. Sie öffnet sich ungefragt in unerwarteten Situationen - und inzwischen sogar, wenn ich in Deutschland auf „Heimaturlaub" bin. Zum Beispiel am 24. Dezember auf dem nasskalten Karlsruher Hauptbahnhof, wo zwei rastagelockte pummelige Mädchen eine Querflöte und eine Gitarre auspacken und im Schneeregen gefühlvolle Melodien spielen, bevor sie sich mit einem langen, innigen Kuss voneinander verabschieden. – Spätestens seitdem weiß ich, dass sich in Deutschland genauso alltäglich-ungewöhnliche Szenen abspielen wie in Griechenland.

Auch bin ich diesmal fasziniert davon, wie dicht das Netz von Blickkontakten und kleinen freundlichen Aufmerksamkeiten zwischen den Menschen in einer normalen deutschen Fußgängerzone ist. Kaum jemand latscht dem anderen mitten in den Weg, fährt ihm mit dem Einkaufswagen über die Zehen oder lässt die Schwingtür direkt vor seinem Hintermann zurückpendeln. Ich habe den Eindruck, dass sich die Menschen unter der dunklen, schweren Wolkendecke, die sich im Winter wochenlang nicht lüftet, kleine Lichtzeichen zuschicken um nicht ganz trübsinnig zu werden. Die Angebote in den Geschäften, die Ausstattung der Cafés und vor allem die Gestaltung der Wohnungen meiner Freunde - all die Kerzen, warmen Farben, weichen Stoffe und guten Düfte - scheinen mir nichts anderes zu sein als kleine Lichtinseln im dunklen nördlichen Winter, die von ihren Bewohnern mit viel Liebe gepflegt werden.

Kaum lande ich wieder in Thessaloníki, knallt die grelle Wintersonne auf den weißen Beton und kein Mensch kümmert sich mehr um die Ästhetik dessen, was sie bescheint – genauso wenig wie um die Mitmenschen. Aber daran gewöhne ich mich bei jeder Rückkehr ein bisschen schneller.

Trotzdem gibt es immer noch genügend Dinge, an die ich mich nicht gewöhnt habe, obwohl ich durchaus den Eindruck habe, dass ich mit dem neuen Jahresanfang wieder eine Schicht tiefer in das griechische Leben eingedrungen bin. Im Moment beschäftigt mich besonders, dass die griechische und die mitteleuropäische Gesellschaft offensichtlich zwei ganz unterschiedliche Konzepte von

Moral haben. Gemäß der griechischen Tradition ist moralisch „richtig", was der eigenen Großfamilie nutzt. Am wichtigsten ist die Ehre der Familie. Deswegen würde ein Grieche kaum jemals zugeben, dass er einen Fehler gemacht hat.

Wenn ich einen meiner Schüler freundlich und undramatisch ermahne, im Unterricht nicht dauernd dazwischen zu reden, kann ich sicher sein, dass er in ein empörtes Palaver ausbricht, das darauf hinausläuft, er habe *nie* auch nur ein *einziges* Wort gesagt! Sein Nebenmann sei es gewesen, der sei an allem Schuld! Dieser verteidigt sich und seine Ehre natürlich genauso lautstark, schiebt die „Schuld" auf den nächsten, und schon ist eine Kettenreaktion im Gange, die ich kaum stoppen kann. Ich muss den Impuls unterdrücken, den ganzen schreienden Machohaufen auszulachen, weil sonst die Eltern am nächsten Tag zum Schulleiter gehen, um die Familienehre wieder herzustellen...

Spannend aber schwierig ist es auch, sich mit griechischen Jugendlichen über Themen wie Berufswahl und Lebensplanung zu verständigen. Denn auch dabei geht es in erster Linie um die Familienehre. Die festigt man am besten, indem man ein Studium in einem der angesehenen Fächer Jura, Medizin oder Architektur absolviert. Ob einen das Gebiet interessiert und ob man damit anschließend Arbeit findet, ist eher nebensächlich.

Wer bei den landesweiten Aufnahmeprüfungen den für diese Fächer erforderlichen Durchschnitt nicht erreicht, studiert meistens einfach das Fach, für das sein Durchschnitt gerade noch ausreicht. Meine Nachbarin Sroúla studiert Geologie, obwohl sie mit Steinen nichts anfangen kann; ihr Freund Tákis, der in der Schule die Fremdsprachen gehasst hat, hat den passenden Durchschnitt für englische Philologie erreicht und sich dafür eingeschrieben. Ausgerechnet die Schüler mit den schlechtesten Ergebnissen landen beim Philosophiestudium, weil dort die Hürde am niedrigsten ist.

Über meine sorgfältig ausgearbeiteten Unterrichtsmaterialien zum Thema Berufswahl schütteln meine 17jährigen Schüler den Kopf. Mit Fragen nach den eigenen Interessen, Stärken, Idealen und Zielen haben sie sich noch nie befasst, von der Suche nach einem eigenen Weg haben sie nie etwas gehört. Deshalb sind sie auch jedes

Mal ganz befremdet, wenn ich sie im Unterricht eine Geschichte schreiben, eine Szene spielen oder zu einem Bild frei assoziieren lasse. Sie können sich beim besten Willen nicht vorstellen, wozu das gut sein soll. Ich weiß ja, dass hinter diesem Unverständnis 1400 Jahre einer anderen religiös-kulturellen Tradition stehen: Im orthodoxen Christentum hat es nie eine Entwicklung zum Individualismus, zur Selbstverwirklichung und Eigenverantwortung des Menschen gegeben. Aber ich mit meinem mitteleuropäisch - aufgeklärten Hintergrund kann mir das einfach nicht vorstellen und falle immer noch auf die Illusion herein, ich könnte meinen Schülern einen Gefallen tun, wenn ich ihnen meinen Ansatz nahe brächte...

So wird das beginnende Jahr wohl wieder reich an Herausforderungen und Lernprozessen werden. Aber dafür bin ich ja hier.

Und was steht für Euch in diesem Jahr an? Bei meinen vielen Begegnungen in Hamburg habe ich den Eindruck gewonnen, dass wir zwischen 40- und 50-Jährigen alle ein ähnliches Thema haben: Es geht darum, was in den nächsten zwanzig Jahren des Berufslebens kommen soll, nachdem die Aufbau- und Bewährungsphase abgeschlossen ist: Einfach mehr desselben mit abnehmenden Kräften? Oder eine Spezialisierung in einem besonderen Bereich? Oder doch noch einmal eine komplette Neuorientierung?
Ich finde es spannend, mutig, manchmal traurig und oft verheißungsvoll, wie wir individualistischen Mitteleuropäer uns mit der Suche nach unseren eigenen Wegen herumschlagen und ich freue mich immer, wenn es uns gelingt, uns bei der Suche gegenseitig zu unterstützen...

In diesem Sinne: gute Entdeckungen, viel Zuversicht und liebe Grüße!

Gesine.

33. Die Kunst ohne Vergleiche zu leben

„Die sicherste Methode, um im Leben zwischen zwei Kulturen unglücklich zu werden, ist die Hingabe an die ´Vergleichsucht´ “, meint meine Freundin Vera, die seit dreißig Jahren mit einem Griechen verheiratet ist. Auf die Dauer könne sie im Ausland nur zufrieden leben, wenn sie jede Kultur für sich gelten ließe ohne beide dauernd gegenüberzustellen.

Für meine Überlegungen zu unterschiedlichen Moralkonzepten oder Ehrbegriffen hat sie gar nichts übrig. Lieber beschäftigt sie sich mit den Gemeinsamkeiten zwischen verschiedenen Gruppen, Gesellschaften, Kulturen und plädiert dafür, die Unterschiede nicht zu hoch zu bewerten.

Also nehme ich mir vor, meine Aufmerksamkeit mehr auf die Gemeinsamkeiten zu lenken.

Die meisten Griechen sind in dieser Hinsicht sowieso sehr entgegenkommend:

Die Männer bieten mir ihre Begeisterung für deutsche Automarken und Fußball als gemeinsames Thema an oder sie bringen einen Cousin ins Spiel, der in Stuttgart oder Düsseldorf gearbeitet hat. Die Frauen fragen als erstes nach Mann und Kindern, um ein Gespräch über die Familie als gemeinsamen Erfahrungshintergrund zu beginnen.

Diese Gemeinsamkeiten reichen gerade für eine Taxifahrt oder ein Friseurgespräch. Manchmal bilden sie die Basis für die Entdekkung weiterer Gemeinsamkeiten - oder für eine Verständigung über die Unterschiede.

Und schon wird es schwierig, Vergleichen aus dem Weg zu gehen. Eine typische Taxifahrerbemerkung lautet: „Ihr baut in Deutschland tolle Autos, während Griechenland nicht einmal eine eigene Automarke herstellt. Aber wenn es ums Feiern geht, da sind wir Griechen Euch hoch überlegen. Wenn in Deutschland die Bürgersteige hochgeklappt werden, fangen wir gerade erst an, den Abend zu genießen…“

Was soll ich dazu sagen? Die Beobachtung stimmt ja und niemand wird unglücklich, wenn er das zugibt. Solange mit dem Vergleichen nicht das Beurteilen oder gar Verurteilen einhergeht, entsteht kein großer Schaden. Geht das Unglück also von der Leidenschaft aus, aus allen beobachteten Unterschieden gleich Urteile abzuleiten?

Wenn das so ist, müsste ich vor allem versuchen Urteile zu vermeiden, um zwischen den Kulturen glücklich zu werden. Ich bemühe mich also nach Kräften.
So lange es um Automarken oder Freizeitverhalten geht, fällt es mir leicht: Es ist ja keine Schande für ein Land seine Autos zu importieren oder seine Feste vor Mitternacht zu feiern. Wenn es um Müllentsorgung oder Musikkultur geht, wird es schon schwieriger. In manchen Situationen drängen sich mir Urteile auf, ohne dass ich das verhindern kann: Ich kann die Vorzüge des Recyclings gegenüber wilden Müllkippen nicht einfach abstreiten und umgekehrt beneide ich die Griechen um ihr positives Verhältnis zu ihrer Volksmusik…
Es gibt unzählige solcher Beispiele. Ich würde mir etwas vormachen, wenn ich behauptete, ich könnte hier jahrelang leben, ohne zu den Besonderheiten meines Gastlandes Stellung zu nehmen. Damit entwickle ich ja auch einen differenzierteren Standpunkt zu den Eigenarten meiner eigenen Kultur – und das ist eines der ausdrücklichen Ziele meines Auslandsaufenthaltes.

Vielleicht meint Vera, das Unglück ginge vom *Ver*urteilen des Fremden aus, denn das kann bestimmt eine Menge Schaden anrichten: Es kann Stolz verletzen und Selbstwertgefühl erschüttern. Es kann dazu missbraucht werden, Überheblichkeit zu rechtfertigen, Privilegien zu schützen und Machtverhältnisse zu begründen. Es kann die Abgrenzung fördern und die Entdeckung von Gemeinsamkeiten verhindern…
Für mich gehört immer wieder eine Menge Fingerspitzengefühl dazu, mit meinen unvermeidlichen Urteilen niemanden zu verletzen und mich selbst in der Wahrnehmung meines Gastlandes nicht zu blockieren.

Und vom Verurteilen ist es nur ein kleiner Schritt zu der Forderung nach Anpassung.

Ich bin sicher nicht mit dem Ziel nach Griechenland gekommen, meine Gastgeber von deutschen Vorstellungen und Standards zu überzeugen und zu verlangen, dass sie sich an diesen orientieren – im Gegenteil: Ich war von Anfang an entschlossen mich an die Lebensweise meines Gastlandes anzupassen und meine eigene Gesellschaft zu hinterfragen. Die Anpassung an die Essgewohnheiten und das Freizeitverhalten der Griechen bereitet mir keine Probleme; die Anpassung an den griechischen Straßenverkehr ist eine Frage des Überlebens.

Und dennoch… Wenn ich sehe, wie eine Mutter einen Kinderwagen zwischen parkenden Autos und verrottenden Müllbergen hindurchzulavieren versucht, wünsche ich der Stadt Bürgersteige „wie in Deutschland". Wenn ich höre, dass eine Familie in Sourotí ihren behinderten Sohn sein Leben lang im Stall versteckt oder wenn ich erlebe, wie im Kindergarten von Kalamariá dreißig Kinder Tag für Tag auf einem leeren, asphaltierten Hof zusammengesperrt sind und sich streiten, während die Erzieherinnen unbeteiligt rauchend daneben sitzen, dann komme ich in Versuchung zu verlangen, dass Griechenland sich in manchen Bereichen an „mitteleuropäischen" Wertmaßstäben und Praktiken orientieren sollte.

Auch im bikulturellen Umfeld der Deutschen Schule entstehen aus der Frage, wer sich wie an wen anpassen soll, täglich konstruktive Auseinandersetzungen – aber auch unlösbare Konflikte und enorme Reibungsverluste.

Vera hat Recht: Das Vergleichen, Anpassen, Durchsetzen und Aushandeln von Kompromissen kostet viel Kraft und Nerven – und macht nicht immer glücklich.

Aber nach meiner Erfahrung lässt es sich nicht grundsätzlich umgehen.

Mir wird an dem überschaubaren System der Deutschen Schule klar, was für enorme Anpassungsleistungen in der „multikulturellen Gesellschaft" und im „globalen Dorf" auf alle Gruppen zukommen. Und wie schwer es ist, vor allem die Gemeinsamkeiten im Blick zu behalten.

34. Winterspaziergänge und Tagträume

28.2.2005

Bei Sturm und Sonne wandere ich in Peraía am Strand entlang und bestelle in einer der Strandtavernen einen Kakao. Obwohl ich mit Anorak und Schal dick vermummt bin, sieht man mir wohl von weitem an, dass ich Ausländerin bin. Ich bestelle auf Griechisch, die Serviererin antwortet auf Englisch. – Sie kann sich nicht vorstellen, dass jemand, der so verrückt ist, im Februar bei Sturm draußen Kaffee zu trinken, auch nur ein einziges Wort Griechisch versteht!

Auf einem weichen Sofa in Spritzweite der Brandung lasse ich mich nieder und sehe den Riesenwellen zu, die das Meer bis zum Horizont mit weißem Schaum bedecken, in meinem Wasserglas auf dem Kopf stehend heranrollen und nach oben kippen, und sich gleichzeitig in dem Glastischchen vor mir spiegeln. Sie vermitteln mir drei völlig verschiedene Ansichten der gleichen Erscheinung, die nur eines gemeinsam haben: Die Beständigkeit, mit der sie immer wieder auf mich zukommen.

2.3.2005

Drei Tage später liegt dicker Schnee, die Schule fällt aus. Ich verbringe den ganzen Tag am Schreibtisch und halte nur zwischendurch einen Friseurschwatz mit Ewi von gegenüber. Bei dem Wetter bleiben die anderen Kundinnen zu Hause, wir trinken ausgiebig Kaffee und Ewi erzählt mir voller Begeisterung, wie schön ihr Beruf ist. Über Jahre hinweg entwickeln sich die Beziehungen zu den unterschiedlichsten Menschen – nicht nur zu ihren Haaren. Manche Kunden berät sie nicht nur im Hinblick auf ihre Frisuren, sondern auch zu wichtigen Lebensthemen. Ewi ist freundlich, behutsam, ein bisschen nachdenklich. Obwohl sie mir die Haare nicht wirklich so schneidet, wie ich das gut finde, weiß ich schon jetzt, dass sie mir fehlen wird, wenn ich nach Deutschland zurückgehe.

Weiter stapfe ich durch den Schnee und klingle bei meiner Vermieterin, um die Miete zu bezahlen - in bar, wie das hier üblich ist - bekomme ihre eingelegten kandierten Quitten zu kosten und die Fotos der Enkelkinder gezeigt.
Auf dem Rückweg mache ich einen kleinen Umweg, um an dem Haus vorbeizukommen, in dem Ilías wohnt. Im Wohnzimmer ist Licht. Am liebsten würde ich auf den Klingelknopf drücken und unter irgendeinem Vorwand bei ihm hineinschneien. Dabei weiß ich nicht einmal, ob er allein dort wohnt. Ich habe Ilías beim Filmfestival kennengelernt und vor kurzem zufällig in einem Straßencafé wieder getroffen, wo wir feststellten, dass wir im selben Viertel wohnen. Eigentlich weiß ich überhaupt nichts über ihn, doch gerade das bringt meine Fantasie in Schwung. Ich habe keine Ahnung, was ihm gefällt, was er gerne tut, was für Freunde er hat. Ich kann ihn mir nicht gut Távli spielend im Kafeníon vorstellen, aber vielleicht ist gerade das seine Lieblingsbeschäftigung?
Ebenso wenig sehe ich ihn mit Bild-Zeitung und Bockwurst in einem deutschen Gasthaus. Aber da er akzentfrei Deutsch spricht, nehme ich an, dass er in Deutschland gelebt hat, vermutlich als Kind.

Wie ist es ihm dort wohl ergangen und wie steht er jetzt dazu? Wo ist er zu Hause? Hat er irgendwo ein χωριό, ein Heimatdorf, in dem seine Mutter jeden Sonntag auf ihn wartet um ihn mit τυρόπιτα (Käsepasteten) und φασσολάδα (Bohnensuppe) für die nächste Woche zu versorgen? Oder stammt er aus einer armen Flüchtlingsfamilie vom Schwarzen Meer, wie der Nachname vermuten lässt? Fährt er Auto „wie ein Grieche"? Wie redet er mit Frauen? Wie liebt er?

Ich wandere durch das verschneite Kalamariá und erfinde mir einen idealen Ilías. Das macht Spaß und ich merke dabei, wie gern ich mal wieder lieben würde, so richtig aus vollem Herzen. – Womöglich auch einen Griechen – denn ich will nicht damit warten, bis ich wieder in Deutschland lebe!

Am nächsten Morgen liegt noch mehr Schnee. Ich streife mit dem Fotoapparat durch die Stadt um die ungewohnte Atmosphäre einzufangen: Palmen und Sonnenschirme, die sich unter der weißen Last biegen, eingeschneite Autos, Baustellen und Ruinen. Es ist wieder interessant und fremd - aber nirgends schön. Auf einmal spüre ich den Wunsch, an einem Ort zu wohnen, den ich lieben kann. Kalamariá, den täglichen Stress in Thessaloníki, also die Seite von Griechenland, die ich im Alltag erlebe, kann ich einfach nicht lieben, so sehr ich es mir wünsche.

Mir kommt in den Sinn, wie ich vor achtzehn Jahren durch Montréal gestreift bin, genau so fremd wie hier, bei viel mehr Schnee. Der Stadtteil, in dem ich lebte, war sicher nicht viel attraktiver als Kalamariá heute. Doch Montréal habe ich geliebt, weil ich einen Kanadier geliebt habe! Auch die langweiligsten Straßenecken und schäbigsten Gassen erschienen mir liebenswert, weil er dort sein bisheriges Leben verbracht hatte, einen kleinen Teil davon mit mir zusammen.

Manchmal denke ich, wenn ich einen Griechen lieben könnte, würde ich vielleicht auch sein Land lieben lernen…

35. Auf der Akropolis und hinterm Olympiazaun

Athen, Akropolis, 6.3.2005

Liebe Freunde!

Gestern Nacht auf der Suche nach einem Taxi in einem dieser trostlosen Außenbezirke war ich felsenfest davon überzeugt, dass Athen die schrecklichste Stadt ist, die ich je erlebt habe. - Jetzt sitze ich in der Sonne auf dem Felsen gegenüber der Akropolis und genieße die Stadt von ihrer schönsten Seite: Frühlingswind mit Pinienduft statt Smog und Abgasen; Vogel- und Touristenstimmen statt Autolärm; antike Säulen und Frühlingsblumen statt grauer Betongebirge.

Habt Ihr Lust, mich an meinem freien Nachmittag während der „Jugend musiziert"-Reise ein Stück durch diese Stadt der Gegensätze zu begleiten?

Die Deutsche Schule, in der der Wettbewerb ausgetragen wird, liegt direkt hinter dem Olympiagelände, eingekeilt von einem riesigen Einkaufszentrum und Baustellen. Zwischen den Neubauten und den Abfällen der Olympiade gibt es immer noch einige alte Häuschen mit Weinlauben, kläffenden Hunden, flatternder Wäsche auf der Leine und Schrott im Hof.

In einem der winzigen Gärtchen unmittelbar am Olympiazaun sitzen zwei alte Männer auf einem Plüschsofa und trinken Frappé. Ihr Haus, nicht größer als ein Wohnwagen, sieht ärmlich aber nicht verfallen aus, im Hof gibt es einen Feigenbaum, ein paar Blumentöpfe, viel Bauschutt, einen Stapel Bretter, ein altes Moped und ein tiefes Loch - keine Ahnung, wozu es dient. Direkt hinter dem blitzblanken Stahlzaun beginnen die Sportanlagen mit frischem Rasen, Büschen in geometrischen Mustern und postmodernen Beleuchtungskörpern. Man sieht von hier auch die himmelblauen Tennisplätze, orangefarbenen Tribünen, froschgrünen Schwimmbecken und die eindrucksvolle Silhouette des Olympiadaches, die wir alle aus dem Fernsehen kennen. Die ganze Welt hat im letzten Sommer mitverfolgt, was die beiden Alten von ihrem Sofa aus sehen konnten.

Jetzt ist die Show beendet, die beiden Männer, Überlebende einer längst vergangenen Epoche sitzen immer noch da und blicken auf die gepflegte Leere hinterm Zaun statt - wie seit der Zeit ihrer Großväter - auf Olivenhaine und ähnliche Nachbarhäuschen, deren Bewohner längst enteignet und von großen Wohnblocks verschlungen worden sind... Die letzten jahrhundertealten Olivenbäume, die geschickt in die Sportanlagen integriert und in kreisrunde Betonkästen versenkt worden sind, könnten wahrscheinlich Geschichten erzählen...

Ob sonst noch jemandem in dieser Stadt der Sinn nach Erzählen steht, ist zweifelhaft. Wenn ich hier lebte, würden die ununterbrochene Hektik und die erstickenden Lebensbedingungen vermutlich jeden kreativen Impuls abtöten. Das ritualisierte Leben in dem Hotel, in dem wir untergebracht sind, (20 Stockwerke, 1000 Zimmer, vollautomatisches Chipkartensystem, Klimaanlage zur Versorgung mit synthetischer, parfümierter Luft, schaufensterpuppenartige Angestellte, unterirdische Speisesäle), bewirkt, dass sich meine Lebendigkeit ganz tief ins Innere zurückzieht.

Bei der Arbeit in der Jury von „Jugend musiziert" kommt sie allerdings wieder zum Vorschein: Ich höre von morgens bis abends gute Musik, zwar unter den einschränkenden Bedingungen der Wettbewerbsatmosphäre, aber doch häufig sehr lebendig gespielt. Manchmal siegt eben doch jugendliche Leidenschaft oder besondere Sensibilität über das im Grunde musikfeindliche Prinzip des Musizierens um Punkte und Preise. Leider wird auch bei „Jugend musiziert" der Druck höher und die Konkurrenz schärfer - der Wettbewerb passt sich ohne erkennbare Notwendigkeit dem Klima der Gesellschaft an - so dass meine Vorbehalte dagegen wieder stärker werden. Aber die Jugendlichen lassen sich davon zum Glück wenig beeindrucken und schließen innerhalb der Woche jede Menge internationaler Freundschaften: Griechen mit Türken, Ägyptern und Italienern. Meistens ist das gemeinsame Interesse an der Musik der Anknüpfungspunkt. Das lässt doch hoffen.

Mit den Jugendlichen lerne ich übrigens einen ganz anderen Ausschnitt von Athen kennen. Sie wollen an ihrem freien Abend das Kneipen- und Tavernenviertel von Kolonáki erkunden. Schon von weitem wehen uns Schwaden von gegrilltem Fleisch und Holzkohlefeuer entgegen: Es ist Τζίκνο Πέμπτη, (verräucherter Donnerstag), offiziell der letzte Tag, an dem das Fleischessen erlaubt ist, bevor am Καθαρά Δευτέρα, dem „Sauberen Montag", die Fastenzeit beginnt. Vegetarier haben an diesem Abend keine Chance: Überall sitzen ausgelassen feiernde Gruppen um Grillplatten, auf denen sich sämtliche griechischen Fleischspezialitäten türmen. Von den Wänden grinsen grellbunte Karnevalsmasken. In einigen Bars wird getanzt, die Musik ist noch lauter als sonst. Die Schüler wählen schließlich einen amerikanischen Schnellimbiss, in dem an diesem Abend die Fleischburger zum halben Preis angeboten werden. Faschingsatmosphäre vermittelt sich hier nur durch einen Blick durchs Fenster auf einen üppig dekorierten Saisonladen, in dem Monster-, Mickey Mouse- und Harry-Potter-Kostüme, made in China, von blinkenden Girlanden umschlungen werden.

In diesem schrillen Athen-Ambiente lass ich Euch jetzt zurück und wende mich wieder meinen Aufgaben zu. Heute Abend ist Empfang in der deutschen Botschaft...

Für viele von Euch beginnen morgen die Frühjahrsferien. Ich wünsche Euch, dass sie diesen Namen verdienen und Euch mit Sonne und Buschwindröschen überfluten!

Liebe Grüße!

Gesine.

36. Athen – Mythos und Moloch

Wenn ich in Deutschland meine griechische Adresse angebe, werde ich oft gebeten, das Wort „Thessaloníki" zu buchstabieren. Einige meiner Freunde sind in ihrer Flower-Power-Zeit mit einem klapperigen VW-Bus durch Thessaloníki gefahren, auf dem Weg nach Istanbul oder auf eine der griechischen Inseln; manche bibelkundigen Bekannten kennen die Briefe des Paulus an die Thessaloniker – alle anderen haben nur eine vage Vorstellung von der zweitgrößten Stadt Griechenlands. Es ist das Schicksal Thessaloníkis, seit über tausend Jahren die „ewig Zweite" zu sein, nach Byzanz, später Konstaninoúpoli - und im modernen Griechenland nach Athen.

„Athen" hat mich noch niemand buchstabieren lassen. Jeder hat eine Vorstellung von der Stadt. Das Zauberwort „Akropolis" evoziert einen Mythos - die Krimis von Petros Markaris zeichnen eine chaotische Millionenstadt, die in Verkehrsinfarkten und Müllbergen versinkt.
Das Athen des Mythos ist bewohnt von antiken Philosophen, die in der Stoa der Agora wandeln, damit den Ausdruck einer „stoischen Ruhe und Gelassenheit" prägend - während die moderne Metropole von Hausfrauen und Händlern, Großmüttern und Geschäftsleuten, Teenagern und Touristen bevölkert ist, die sich in den U-Bahnen drängen, um die Parkplätze streiten oder mit 120 Stundenkilometern über die neue Attikí Autobahn brettern.

Mein erster Kontakt mit der doppelgesichtigen Stadt war vor Jahren das Abenteuer einer Durchreise: Es führte vom Flughafen zum Sýntagma-Platz und gipfelte in der Herausforderung dort den richtigen Bus zur Fähre nach Euböa zu finden. Die Wegbeschreibung, die mich das Abenteuer schließlich erfolgreich bestehen ließ, war über eine halbe Seite lang und gespickt mit fremden Ortsnamen, die ich mir weder merken noch aussprechen konnte. – „Akropolis" kam jedenfalls nicht darin vor.
Das war viele Jahre, bevor ich anfing Griechisch zu lernen. Seitdem hatte „Athen" für mich den Klang einer Mutprobe.

Mein erster Besuch auf der Akropolis war eine Enttäuschung: So kahl und aufgeräumt hatte ich mir den berühmten Felsen nicht vorgestellt, der nachts, von unten angestrahlt, so märchenhaft und entrückt wirkt! Es gab vier Tempel und ein bescheidenes, etwas verwahrlostes Museumsgebäude, einige herumliegende Säulen, viele Absperrungen und tausende von Touristen – aber nichts Geheimnisvolles oder Verstecktes, Verwinkeltes oder Übereinandergelagertes, das meiner Fantasie, bereit, sich von 2500 Jahre Geschichte inspirieren zu lassen, Nahrung gegeben hätte.

Es waren die Archäologen, die in den vergangenen 200 Jahren die Akropolis aufgeräumt und entrümpelt haben: Alles, was nicht aus der klassischen Antike stammte, ließen sie abreißen, den Schutt den Felsen hinunterkippen. Übrig blieb ein Ensemble, das einem Architekturmodell von einer klassischen Stätte ähnlicher sieht als einem Ort, der zweieinhalb Jahrtausende lebendiger Geschichte in sich trägt.

Inzwischen weiß ich, dass das für die Präsentation griechischer Altertümer typisch ist.

Als das moderne Griechenland gegründet wurde, war von der klassischen Antike fast nichts mehr zu sehen. Eroberungen und Völkerwanderungen, Rom, Byzanz und das Osmanische Reich hatten ihre Spuren darüber gelegt, hatten Tempel zuerst in Kirchen und dann in Moscheen verwandelt, Marmorsäulen in Wohnhäuser eingebaut – und schließlich den Hellenismus unter sich begraben. Athen war ein unbedeutendes Kleinstädtchen mit einstökkigen Häusern und Hühnern, die in den Höfen pickten. Zwischen den antiken Ruinen grasten die Ziegen. In Attika wurde mehr Albanisch als Griechisch gesprochen. Kein Wunder, dass die Wiederbelebung der hellenistischen Epoche einer Art „Modellbau" glich. Es sollte ja auch ein Modell für den modernen griechischen Nationalstaat dabei entstehen. – Dieser ist zum Glück bis heute viel bunter und weniger aufgeräumt als die Akropolis!

Viele Architekturmodelle verwenden als Dekoration Spielzeugbäume und Pappmaché-Felsen, die als ideale Landschaft um die Gebäude angeordnet werden, so dass sich von verschiedenen Seiten attraktive Einblicke, harmonische Bezüge zwischen Architektur und Landschaft und sorgfältig aufeinander abgestimmte Proportionen zwischen Vorder-, Mittel- und Hintergrund ergeben. Es ist deutlich zu sehen, dass der gesamte Akropolis-Hügel von renommierten Landschaftsarchitekten sorgfältig angelegt ist, sozusagen als Kulisse für die Inszenierung des „klassischen Griechenlands" als „Wiege der abendländischen Kultur", eingebettet in beschauliche Natur, abseits von den zweifelhaften Errungenschaften der Moderne.

Ich muss gestehen, dass mir die Inszenierung gefällt. Ich sitze gern auf dem Felsen gegenüber von den Propyläen und sehe abwechselnd zur Akropolis hinüber und auf die moderne Großstadt hinunter, die sich unter einem Smog-Schleier bis zum Horizont dehnt, an den Hügeln hinaufkriecht und aus hunderten von Schornsteinen am Hafen dicken Qualm spuckt. Der Szenenwechsel, der sich durch eine einzige Kopfdrehung ergibt, hat durchaus etwas Faszinierendes. – Und der Moloch Athen kann mich nicht mehr erschrecken. Ich habe ihn gezähmt und die Mutprobe endlich bestanden!

Wie zähmt man eigentlich eine fremde Metropole? - Nicht anders als ein wildes Tier: Man versucht durch sorgfältige Beobachtung herauszufinden, von welchen Seiten man sich ihm nähern darf ohne es herauszufordern.

In Athen meidet man am besten das Autofahren, die Taxifahrer und die Sommermonate.

Günstige Wege der Annäherung führen dagegen über die Cafés der Plaka, die Rückseite der Akropolis, das Mégaro Mousikís, (die Musikhalle) oder die deutsche Buchhandlung. Man erkundet sie am besten in Gesellschaft einheimischer Freunde.

Als Ausrüstung empfiehlt sich außer viel Geduld der Vorsatz, alles Befremdliche als interessante landeskundliche Erfahrung zu verbuchen und ein Skizzenblock.

Plötzlich knurrt das wilde Großstadt-Tier nur noch leise und enthüllt einen Blick auf einige seiner Schätze: Ein Kaleidoskop ausgeprägter, zeichnenswerter Gesichter in einem Künstlercafé - und eine Sammlung archaischer, aber ebenso beeindruckender Physiognomien auf den antiken Grabstelen im Nationalmuseum. Einen silbernen Frühlingsvollmond über dem Lykkavitós-Berg und einen zartorange Abendhimmel über dem Piräus, begleitet vom ersten Amselgesang des beginnenden Frühjahrs. Eine berührende Aufführung des Mozart-Requiems in der Musikhalle und ein Publikum, das tatsächlich Sinn dafür hat. Einen Spaziergang am winterblauen Meer im Nobelvorort Voúla, Hand in Hand mit der uralten Großmutter aus dem Fischerdorf in Samos, die den Winter bei ihrer Tochter verbringt...

Schließlich enthüllt sich mir sogar die Schönheit der Akropolis: Die Harmonie der Säulen am Parthenon, die vollendeten Körper der Koren, Reiter und ringenden Jünglinge, das erhabene Pathos einer Aufführung der „Orestie" im Amphitheater des Herodes Atticus, die die halbe Nacht dauert und mich irgendwann in meinen eigenen Traum von der antiken Welt hinübergleiten lässt.

37. Istanbul, griechisch: Konstantinoúpoli

19.3. 2005

In Mitteleuropa beginnt heute die Osterwoche, Zeit für die ersten Frühlingsausflüge und ein paar entspannte Feiertage. In Griechenland liegen noch sechs Wochen Fastenzeit vor uns, denn nach dem Julianischen Kalender feiern wir Ostern in diesem Jahr erste Anfang Mai.

Hart finde ich an der späten Fastenzeit nicht, dass es statt dem lekkeren normalen Essen köstliche Fastenspeisen gibt, sondern dass wir seit Weihnachten durcharbeiten und immer noch keine Verschnaufpause haben. Da schlägt nicht nur manchmal die Arbeit, sondern auch die Fremdheit über mir zusammen und ich wünsche mich weit weg von allen Herausforderungen - ins kühle Hamburg! Die Annäherung an eine fremde Kultur ist ja auch eine Pendelbewegung. Manchmal denke ich ganz euphorisch, ich hätte etwas kapiert - und dann wieder verhilft mir mein tieferer Einblick nur zu der Erkenntnis, dass ich eben gar nichts verstehe oder nachvollziehen kann...

Vielleicht wäre es gut, in ein noch fremderes Land zu reisen, um meinen Blick für die Gemeinsamkeiten innerhalb Europas zu stärken?

Kurz nachdem ich diesen Gedanken habe, ergibt sich die Gelegenheit zu einer Fortbildungsveranstaltung nach Istanbul zu fahren. Das ist von Thessaloníki ja nicht weit entfernt, kaum weiter als Athen.

Istanbul wird von den Griechen immer noch Konstantinoúpoli – oder einfach „Η Πόλη", („Die Stadt") genannt und wenn sie den Namen aussprechen, verklärt sich ihr Blick: Konstantinoúpoli sei die schönste Stadt der Welt! Eine griechische Stadt, eigentlich…

An dieser Stelle werden meine Gesprächspartner traurig oder melancholisch oder sie holen weit aus um mit großem Pathos ihre dramatische Familiengeschichte zu erzählen, in der „Die Stadt" als verlorenes Zentrum eine wichtige Rolle spielt. Fast jeder in Nordgriechenland hat Vorfahren, die aus Konstantinoúpoli oder von

der Kleinasiatischen Küste stammen. Jahrhunderte lang haben sie dort mit den Türken, Armeniern und Juden mehr oder weniger friedlich zusammengelebt. Natürlich hat es sie bedrückt, dass die Osmanen (schon kurz nach der Eroberung 1456) die Hagia Sophia und andere Kirchen in Moscheen umgewandelt haben, aber die Stadt blieb trotzdem ihr religiöser Mittelpunkt - und ist es bis heute: Der Patriarch von Konstantinoúpoli - übrigens ein integrer und ziemlich fortschrittlicher Mann, der sich um den Dialog der Konfessionen und Religionen bemüht - hat zusammen mit wenigen tausend Griechen alle Verfolgungen dort überstanden und ist noch immer das Oberhaupt der gesamten orthodoxen Welt.
Meine Freundin Viki, verheiratet mit einem streng religiösen Griechen, weigert sich inzwischen mit ihrem Mann nach Konstantinoúpoli zu fahren, weil der dort in jede Kirche geht und betet und weint über das Schicksal der Stadt.

Mit diesen Geschichten im Gepäck von Thessaloníki nach Istanbul zu fahren ist etwas völlig anderes als mit einem Baedeker ausgerüstet in Frankfurt ins Flugzeug zu steigen.
Unwillkürlich suche ich in der Stadt von Anfang an auch das Griechische - und werde schon im Taxi vom Flughafen zum Hotel fündig: Die Musik aus dem Radio klingt ganz und gar vertraut. Überrascht stelle ich fest, dass ich vom Text kein Wort verstehe. Mit dem Taxifahrer wechsele ich Worte wie „Bosporos" und „Marmara", die für mich wie Zauberformeln aus den Märchenerzählungen griechischer Großmütter klingen, hier aber die dunklen Wasserflächen neben der Stadtautobahn bezeichnen. Auch ein paar Füllwörter kommen mir sehr vertraut vor („adde re!") und ich will gerade wagen ihn zu fragen, ob er vielleicht Griechisch spricht, als mir einfällt, dass die griechische Sprache ja viele dieser Formeln aus dem Türkischen übernommen hat. („Aide!")

23.3.2005

Drei intensive Fortbildungstage liegen hinter mir und nebenbei fange ich an, die Stadt zu entdecken. Es ist ein merkwürdiger

174

Tagesablauf, tagsüber intensiv über poststrukturalistische Literaturwissenschaft zu diskutieren und sich abends ins Getümmel einer orientalischen Millionenstadt zu stürzen, sich hinunter zum Bosporos treiben zu lassen und ein kleines Linienschiff nach Asien zu nehmen; Fahrpreis: eine Million Lire – oder ein Euro! Das Schiff ist voller müder Männer, die von der Arbeit kommen. Sie ziehen ihre Pudelmützen ins Gesicht und verstecken sich hinter ihren Zeitungen, denn es ist bitter kalt. Mehrmals kommt auch ein Teeverkäufer mit einem großen Tablett vorbei, ich trinke meinen ersten süßen türkischen Tee aus einem kleinen geschwungenen Glas…

Mit meinem Kollegen Lutz betrete ich asiatischen Boden, einen verkehrsreichen Platz, von dem viele Einkaufsstraßen abgehen. Klamotten- und Handygeschäfte, Kebapbuden, Videotheken, Haushaltswaren- und Süßigkeitenläden – sieht so Asien aus? Der Döner, den wir in einem kleinen Laden essen, heißt hier nicht Gyros, schmeckt aber wie in Griechenland und auch sonst ist alles sehr ähnlich – aber doch nicht gleich: Die Istanbuler sitzen nicht – wie die Griechen – bei jedem Wetter draußen. Sie haben Kaffeehäuser, die von außen nicht einsehbar sind, und viel weniger Balkons an ihren Häusern, so dass sich ihr Alltagsleben nicht so einfach beobachten lässt wie das der Griechen.

Auf den Straßen sind viel mehr Männer als Frauen. Die wenigen Frauen, die wir sehen, treten in untergehakten Gruppen oder als Hälften von Liebespaaren auf. Viele sind verschleiert oder strahlen zumindest ein verschleiertes Dasein aus. Die Männer auf der Straße sind viel kontaktfreudiger als die Griechen. Zwischen einem offenen Lachen und dreister Anmache gibt es alle Varianten, keine davon bin ich aus Griechenland gewöhnt. Völlig exotisch wirkt ein großes blondes Paar, das uns entgegenkommt. Wir sehen uns verdutzt an: genauso exotisch wirken wir hier ja auch!

24.3.2005

Meine Neugier und die ungewohnt hohe Bereitschaft der Menschen Kontakte zu knüpfen verführen mich heute zum Kaufrausch. Am Anfang stecke ich bei meinem Bummel über den großen Markt die Hände in die Manteltaschen und setze eine betont uninteressierte Miene auf, um nicht von allen Seiten angesprochen zu werden. Doch irgendwann wird mir das zu langweilig und ich erwidere die Blicke und Bemerkungen der Verkäufer. Sofort werde ich zu einem Apfeltee eingeladen, auf einem Schemel mitten im Laden platziert und über ein Schicksal zwischen Krefeld und Istanbul aufgeklärt. Nach einer guten Stunde verlasse ich den Laden mit sieben bunten Nachtischschälchen zum Preis von fünf, einer Tüte Apfeltee, einer E-Mail-Adresse und einer herzlichen Einladung! Ich habe zum ersten Mal gehandelt – und mich vermutlich kräftig übers Ohr hauen lassen, spätestens bei der Umrechnung von Lira in Euro, die ich immer noch nicht durchschaue.

Ein noch größeres Erfolgserlebnis hat allerdings ein Lederhändler zu verbuchen, der mich mit viel Charme dazu überredet, mir seine Kollektion anzusehen. Zu meiner Überraschung ist sein Bazarstand dreistöckig, er entführt mich ins oberste Stockwerk und dort gibt es wieder Apfeltee - und Komplimente. Wir spielen ein witziges Verkleidungsspiel, in dessen Verlauf ich auf einmal in einer schwarzen Lederhose und einer roten Lederjacke dastehe. Es sieht wirklich total schick aus! Allein würde ich mich nie trauen, so etwas auch nur anzuprobieren. Ich finde Gefallen an meiner Verkleidung, frage nach dem Preis, fange an zu handeln, ohne eine Vorstellung zu haben, was Lederklamotten normalerweise kosten. Wahrscheinlich habe ich viel zu viele Skrupel, ein wirklich niedriges Angebot zu machen. Aber das Handeln und die gespielte Empörung des Händlers über mein Angebot gehört zum Spiel. Dieser ganze Bazar ist ein Spielplatz! Wenn ich nicht aufpasse, verspiele ich mein ganzes Monatsgehalt! Schließlich verlasse ich den Bazar als Lederjacken-Lady mit zwei großen Tüten.

In dieser Aufmachung ziehe ich vom Nobelhotel in eine billige Absteige um, wo Wasser von der schwarzschimmeligen Decke tropft. Ich bin nicht pleite – noch nicht, aber die Fortbildung ist zu Ende, ich habe noch ein Wochenende Zeit und während der Ostertage sind alle Hotels ausgebucht, in die sich Europäer normalerweise hineinwagen. Was bleibt mir anderes übrig, als ein biss-

176

chen mehr zu riskieren? Ich halte mich so lange wie möglich draußen auf, sitze schreibend in einem kleinen Kaffee und unterhalte mich mit der Kellnerin, die mir mit Händen und Füßen zu verstehen gibt, dass sie auch schreibt: Gedichte...

Am späteren Abend wird mir die Atmosphäre auf der Straße unheimlicher als die in dem schäbigen Hotel. Ich krieche ins Bett. Die Wolldecken haben Brandlöcher, das Bettlaken ist zu kurz und gibt den Blick auf eine völlig verdreckte Matratze frei. Die rosa gestrichenen Wände sind von gekitteten Rissen durchzogen, von der Decke baumelt eine einzige Funzel. Ich lösche das Licht. Durch eine dünne, graue Gardine wird das Zimmer von jedem Autoscheinwerfer hell beleuchtet, Lastwagen rattern vorbei, ein Straßenmusiker spielt auf einem Zupfinstrument melancholische Melodien. Der Vollmond steigt über dem gegenüberliegenden Haus auf. Dort ist in einem festlich dekorierten Saal eine üppige Tafel gedeckt, das Büffet wird durch Kerzen in silbernen Leuchtern angestrahlt, aber es ist niemand da, um zu speisen. Gegen Mitternacht erschreckt mich ein lauter anhaltender Lärm, die Wände fangen an zu vibrieren. – Erdbeben? Ich springe aus dem Bett. Es ist nur ein riesiger Transportlaster, der einen Bagger geladen hat und versucht, vor dem Hotel einzuparken. Sämtliche blockierten Autos fangen an zu hupen, ein Höllenspektakel bricht los. Kurz darauf wird der Krach von wuchtigen Schlägen übertönt: Mitten in der Nacht beginnt ein Trupp Arbeiter, das Nachbarhaus zu entkernen! Polternd fallen die Wände in sich zusammen. Ich denke immer noch, das könne einfach nicht sein und werde bestimmt gleich wieder aufhören. Zur Beruhigung hole ich meinen Diskman ins Bett und versuche die Johannespassion zu hören – immerhin ist Gründonnerstag! Irgendwann ist die Batterie leer und ich schlafe ein, aber ein gewaltiges Krachen weckt mich wieder auf und nun ist an Schlaf nicht mehr zu denken: Ich kann nicht umhin mir auszumalen, was passiert, wenn dieses marode Hotel gleich über mir zusammenbricht... Ziemlich verzweifelt rufe ich den Nachtportier an, aber der sagt nur: „Sorry Madam, ten minutes stop." Mir ist klar, dass die zehn Minuten bis zum Morgengrauen dauern können. Mir ist auch klar, dass ich es so lange hier nicht aushalten werde! Ich ziehe mich an und laufe mitten in der Nacht über die Istiklal-Straße zum Nobelhotel, in dem ich bis gestern gewohnt habe. Dort sind alle Zimmer belegt, wie der Pförtner mir vorher gesagt hat, aber er ruft seinen Kollegen in der Bruchbude an und bittet ihn, mir ein anderes Zimmer zu geben. Dieses ist allerdings dessen eigenes Privatzimmer: Ein schmutziges, völlig überheiztes, von Zigarettenqualm überquellendes Loch mit einem zerwühlten Bett! Was sonst noch darin ist, sehe ich nicht, denn ich lehne sofort ab, halb entsetzt, halb beschämt, weil ich mir vorstelle, dass dies womöglich der einzige Raum eines Menschen ist, der wirklich keine Ausweichmöglichkeit hat.

Ich finde schließlich doch noch eine: Der Pförtner des Nobelhotels lässt sich erweichen, mir für fünfzig Dollar ein Zimmer zu geben, dessen Gäste nicht gekommen sind. So schlafe ich immerhin von fünf bis zehn Uhr im sauberen Federbett in einem Zimmer mit Isolierfenstern, die das Wummern der Abrissbirne nur ganz leise an mein Ohr dringen lassen…

25.3.2005

Nach einem üppigen Frühstück beginnt die „Herbergssuche" von Neuem. Schließlich treffe ich in der deutschen Buchhandlung auf Hayguyi Aga. Sie ist Armenierin, halb so groß und doppelt so dick wie ich, blond gefärbt und etwas mühsam zu Fuß, dafür mit einem sehr herzlichen Lächeln, das manchmal unvermittelt in einen traurigen, fast depressiven Blick übergeht. Bei ihr finde ich endlich ein Dach über dem Kopf und einen Schlafplatz auf dem Sofa. Auf dem Weg in ihren Stadtteil kommen wir an einem Fischgeschäft vorbei und sie fordert mich auf, mir einen Fisch zu kaufen, den sie für mich kochen will. Als ich für sie und ihre Freundin auch je einen Fisch kaufe, fällt sie mir um den Hals.

In der feuchten Kellerwohnung erwartet uns Frau Eléni, eine Istanbuler Griechin, die an einer Krankheit leidet und die Wohnung kaum noch verlässt. Ich bin mir nicht sicher, ob die beiden Frauen in einer Notgemeinschaft oder einer echten Lebensgemeinschaft verbunden sind. Während Frau Aga die Fische zubereitet, zeigt Eléni mir einen Schatz: eine griechische Frauenzeitschrift mit vielen grell geschminkten Fotomodellen in bunten Bikinis. Sie schlägt eine Seite auf und bittet mich ihr vorzulesen. So buchstabiere ich ein griechisches Diätrezept für eine Frau, die selbst fast nichts zu essen hat - und die entweder überhaupt nicht lesen kann oder die Schrift ihrer Muttersprache nicht kennt.

Im Fernsehen sucht Frau Eléni mir ein deutsches Programm. Es geht um die Kluft zwischen Arm und Reich in Deutschland: Villa am Mittelmeer versus Plattenbausiedlung in Potsdam. Verglichen mit der istanbuler Kellerwohnung ist die Plattenbauwohnung ein Luxusapartment! Als sie zum französischen Programm wechselt und ich eine Sendung über den Papst vom Französischen ins Griechische übersetzen soll, bin ich total überfordert. Die beiden Freundinnen amüsieren sich darüber auf Türkisch. Der Fisch ist gut, das Gespräch mühsam. Todmüde und froh in Sicherheit zu sein, schlafe ich vor laufendem türkischem Fernsehprogramm auf dem Sofa ein.

1.4.2005

Istanbul klingt in mir nach und die Bekannten und Kollegen fragen nach meinen Eindrücken. Selbstverständlich erwarten sie Begeisterung!

Ich habe viel von der Schönheit Istanbuls gesehen, dennoch mischt sich unter meine Begeisterung eine Beunruhigung, eine Verunsicherung, für die ich keine konkrete Erklärung habe. Rührt sie von der Horrornacht in dem Abrisshotel her oder von meinen langen, einsamen Spaziergängen durch Stadtteile, in die sich selten ein Tourist verirrt? Ich war dort nicht immer sicher, wie meine sichtbare Fremdheit aufgenommen würde, fühlte mich aber eigentlich nie bedroht. Viele Stadtteile wirkten menschlicher als die meisten Gegenden von Thessaloníki: Ich wanderte über Plätze mit kleinen alten Holzhäusern, vor denen Jungen in der Dämmerung Fußball spielten und verschleierte Frauen Gemüse kauften; durch Straßen, über denen viel Himmel zu sehen war, weil die Häuser nicht über zwei Stockwerke hoch waren; am Ufer des Goldenen Horns entlang, wo alte Männer ihre

Angeln ins Wasser hielten und die Möwen über ihren Köpfen kreischten.

Vielleicht hat die Verunsicherung eher mit meinen vielen Besuchen in Moscheen zu tun. Die meisten von ihnen sind überaus prächtig. Aber einen unmittelbaren emotionalen Zugang kann ich zu der ornamentalen Kunst nicht finden. Noch fremder als die Kunst sind mir allerdings die Menschen und ihre Gebetshandlungen.

An einem Abend sitze ich lange in der Neuen Moschee unterhalb vom Bazarviertel. Ich sehe Händler, Geschäftsleute und Taxifahrer hereinkommen, eilig ihre Schuhe in einer Plastiktüte verstauen, routiniert auf einen bestimmten Platz auf dem in gleichmäßige Rechtecke eingeteilten Teppich zusteuern und dort wie versteinert einige Minuten stehen bleiben. Ganz unvermittelt beginnen sie mit ihren Verneigungen gen Mekka, hören ebenso plötzlich wieder auf und streben mit der gleichen alltäglichen Geschäftigkeit wie vorher zum Ausgang.

Am ehesten kann ich noch die Verneigungsrituale nachvollziehen, die mich entfernt an eine Folge von Yogaübungen erinnern. Was dabei inhaltlich abläuft, kann ich mir nicht erklären; ebenso wenig wie das Empfinden der Frauen, die hinter Gitter in den hintersten Winkel der Moschee – noch jenseits des Bereichs für die Touristinnen – verbannt sind.

Von dieser Unfähigkeit zu verstehen geht eine besondere Beunruhigung aus.

Die Anstrengungen, die ich in den letzten zwei Jahren unternommen habe, um die griechische Gesellschaft zumindest in Ansätzen zu begreifen, lassen sich offensichtlich kaum für das Verstehen des Nachbarlandes Türkei nutzen.

Meine Erfahrungen in Thessaloníki - und erst recht in Istanbul – zeigen mir ganz deutlich die Grenzen meines Verständnisses, obwohl die Bedingungen für die Annäherung ideal sind: Ich bin freiwillig ins fremde Land gegangen, ich bin dort willkommen, es gibt kaum Ressentiments aus vergangenen Verletzungen…

- Wie viel schwieriger muss die Annäherung sein, wenn Menschen aufeinander zugehen wollen, deren Völker sich in jüngster Vergangenheit gegenseitig bekriegt haben!

Trotzdem will ich daraus nicht den Schluss ziehen, dass es sinnlos sei, wenigstens eine – oder einige fremde Kulturen und Sprachen genauer kennenzulernen. Wenn jeder einen einzigen Faden knüpft, ergibt sich daraus immerhin ein dünnes Netz von Vertrautheit rund um die Welt. Mehr ist wohl nicht möglich.

Mein Versuch, meine Griechenland-Fremdheit durch noch größere Fremdheit auszutreiben, ist übrigens erfolgreich: Mehrmals denke ich angesichts der Istanbuler Herausforderungen: Ich will nach Hause! Und meine damit meine Wohnung und meine Freunde in Thessaloníki.

38. Mit den Augen meiner Freunde

21.4.2005

Ich lebe intensiv, heute mal wieder so sehr, dass es fast wehtut. Bin gerade von der Innenstadt über die Promenade nach Hause gelaufen und habe dabei ein großartiges Naturschauspiel erlebt: Am Horizont den weißbeschneiten Olymp schwarz und drohend, knapp unter einer wilden Wolkendecke, deren Saum sich langsam golden färbte, bevor die untergehende Sonne darunter hervorkam und das ganze schwarzblaue Meer mit orange Licht überschüttete. Im Hafengelände die Kräne wie schwarze Stachelpflanzen vor dem glühenden Himmel, an der Promenade die Häuser wie in Flammen. Kalamariá in eine freundliche Glut getaucht.
– Ist diese Stadt womöglich doch schön?
Zumindest wird sie manchmal von den sie umgebenden Elementen so verwöhnt, dass sie ihre Hässlichkeit vergisst und anfängt zu strahlen…

Mich bewegt das Treffen mit Ilías. Wir haben uns in einer Studentenkneipe mit dem bezeichnenden Namen „Emigré" getroffen und über Gott und die Welt geredet - vor allem aber natürlich über Griechenland. Ilías ist als Gastarbeitersohn in Deutschland geboren und aufgewachsen, hat seine letzten Schuljahre an der Deutschen Schule Thessaloníki absolviert und danach in Deutschland studiert. Seit acht Jahren lebt er wieder in Thessaloníki. Insofern ist er auch eine Art Emigrant im eigenen Land.
In unserer Generation gibt es viele Griechen mit einer ähnlichen Geschichte. Sie haben es nicht leicht, denn sie bringen aus Mitteleuropa ökologische, soziale und ästhetische Maßstäbe mit, die bewirken, dass sie ihr eigenes Land sehr kritisch sehen, ohne dass sie – wie die „echten" Einwanderer - ein romantisches Motiv (z. B. heiraten oder aussteigen) oder eine berufliche Motivation haben. Ihr Blick auf das eigene Land wird nicht durch die Begeisterung für das Exotische, Pittoreske oder Kuriose abgemildert, wie die Touristen sie mitbringen. Und ihnen fehlt der Schutz der Gewöhnung der Menschen, die Griechenland nie verlassen haben.

Ilías´ Blick auf seine Stadt ist entsprechend hart: Thessaloníki sei die hässlichste Stadt Europas mit dem wenigsten Grün und der höchsten Verschmutzung. Die Griechen lebten in einer Art materialistischem Wirtschaftswunder-Rausch und kümmerten sich nicht um die Folgen; ebenso wenig seien sie bereit aus den Wirtschaftswunder-Fehlern der Mitteleuropäer zu lernen. Sie hätten kein Gefühl für Ästhetik und kein Interesse an Theater, Literatur und bildender Kunst. Und es gebe kaum jemanden, der etwas bewegen will, was allen zugute kommt. Jeder denke nur an sich und seine Familie und deren materielle Verbesserung.

Selbst von den Jugendlichen seien keine positiven Impulse zu erwarten. Sie würden im Schulsystem aufgerieben und könnten sich keine richtige Pubertät leisten. Viele Menschen holten die Pubertät im Alter zwischen 30 und 35 Jahren nach. Da werde ihnen plötzlich klar, dass sie sich noch nie überlegt hätten, was für eine Richtung ihr Leben nehmen soll. In dem Alter seien sie aber meist so eingebunden in Familie, Beruf und Alltag, dass eine Richtungskorrektur extrem schwierig sei. So machten die meisten nur eine Krise durch und resignierten dann für immer…

Es ist ein düsteres Bild seiner Gesellschaft, das Ilías da zeichnet, aber resigniert hat er nicht.

Gemeinsam überlegen wir, wie es wohl weitergehen könnte. In Deutschland folgten auf das besinnungslose Wirtschaftswunder die Studentenbewegung von 1968 und die Flower-Power-Zeit. – Sollen womöglich Hippies und marxistische Gruppen die griechische Gesellschaft erneuern? Das können wir uns beide nicht vorstellen. Ilías meint, den Ausgangspunkt müsste in Griechenland eine Emanzipation von der Kirche bilden.

Die Kirchenskandale der letzten Monate haben allerdings keine Protestbewegung ausgelöst: Die Leute haben über die korrupten und kriminellen Machenschaften ihrer Bischöfe die Köpfe geschüttelt und sich nur umso stärker auf den Kontakt mit ihren persönlichen Heiligen eingeschworen.

Was muss eigentlich passieren, damit ein Umdenken einsetzt?

22.4.2005

Nur einen Tag später vermittelt mir eine Frau aus meinem Chor einen völlig anderen Ausschnitt aus dem Leben in Thessaloníki. Sie ist mit einem Baumwollfabrikanten verheiratet, wohnt in einer Villa mit einem wunderschönen Garten auf einem Hügel über der Stadt und hat mich zusammen mit vier anderen deutschen Frauen zum Essen eingeladen. Wir wandeln zwischen Obstbäumen und blühenden Sträuchern, die sie aus Deutschland hat kommen lassen, genießen die Düfte des Kräutergartens und lassen uns bei den Feng Shui Steinen nieder. Von der Gastgeberin und ihrem paradiesischen Garten geht eine große Ruhe und Freundlichkeit aus. In einer vertrauten und entspannten Atmosphäre erzählen mir die Frauen von ihrem Leben in Griechenland. Dabei spielt keiner der Kritikpunkte eine Rolle, über die ich mit Ilías diskutiert habe. Die Frauen leben allerdings auch gut geschützt vor den Widrigkeiten des Großstadtlebens außerhalb der Stadt. Ihre Kinder sind erwachsen und nicht mehr auf das hiesige Bildungssystem angewiesen, ihre Männer verdienen gut, die Frauen selbst haben jede ihre Nische gefunden: ökologische Landwirtschaft, Naturkosmetik, Töpfern, Gartengestaltung...
So kann man hier wahrscheinlich tatsächlich glücklich leben.

23.4.2005

Ich lasse mich durch die Fußgängerzone von Kalamariá treiben und freue mich an dem Strom gut gelaunter Menschen, für die heute die Osterferien beginnen, genau wie für mich. Dabei packt mich die Begeisterung: Wie viel von diesem bunten, fremden Gewoge habe ich allein in der letzten Woche kennengelernt! Ich habe nicht nur bei einer Baumwollfabrikantin zu Mittag gespeist und mit einem melancholischen Soziologen Tee getrunken; ich habe außerdem mit Fabrikarbeiterinnen bei Siemens gesprochen und in der Handelskammer Leute kennengelernt, die ihr Berufsleben mit Kaffeetrinken und Internet-Surfen verbringen. Den Anlass gaben einige Schüler im Betriebspraktikum, die ich an ihren Arbeitsplätzen besucht habe.

Bei Siemens beschäftigen mich besonders die Geschichten deutscher Frauen, die ihre Kinder nicht auf die Deutsche Schule schicken können, weil das Schulgeld zu hoch ist: Eine der Arbeiterinnen, die ungefähr in meinem Alter ist, führt mich durch eine Produktionsabteilung und erzählt dabei, wie sie vor sechzehn Jahren einem griechischen Gastarbeiter nach Thessaloníki gefolgt ist. Kurz nachdem ihre Tochter geboren wurde, starb ihr Mann. Zum Glück hatte sie von Anfang an Arbeit bei Siemens, zuerst am Fließband, inzwischen als Vorarbeiterin. Es sieht aus, als ob sie ihre Arbeit gern machte, jedenfalls beklagt sie sich nicht.

Ihre Tochter sieht sie allerdings fast nie. Morgens um sechs geht die Mutter aus dem Haus und wenn sie gegen fünf Uhr zurückkommt, macht sich die Tochter gerade für die private Nachmittagsschule fertig. – Offensichtlich sind von der Plage der Frontistírien auch die ärmeren Leute nicht ausgenommen. Ich kann mir gar nicht vorstellen, wie sie das Geld dafür aufbringen.

Auch die Sonne sehen die Arbeiterinnen fast nie. Die Fabrikhalle hat keine Fenster, alle Gesichter wirken im Neonlicht ziemlich grau. Ich habe mir bisher nie klar gemacht, wie dankbar ich sein kann, dass ich meine Arbeit bei Tageslicht verrichten darf.

Bei der Handelskammer sitzen die Praktikanten in einem verglasten Erker eines modernen Bürohauses. Sie blättern in Hochglanzbroschüren, essen Ostereier und surfen im Internet. Ab und zu kommt ein Fax…

Ihr Chef hat allerdings hohe Ideale: Er will umweltfreundliche Technologien, vor allem Wind- und Sonnenenergie, in Griechenland einführen und organisiert zu dem Zweck Messen und Kongresse. Das hält ihn aber nicht davon ab, zwei Stunden mit mir Kaffee zu trinken. Zum ersten Mal erlebe ich einen Arbeitsplatz, an dem tatsächlich so gearbeitet wird, wie man das immer von Südeuropa sagt: Mit viel Zeit, Kaffee und Charme.

Beim Samstagvormittagskaffee in der Fußgängerzone von Kalamariá, während die lebhafte Menschenmenge und die Eindrücke der letzten Woche an mir vorbeiströmen, frage ich mich, an welcher Stelle in der Gesellschaft eigentlich über die Schicksale der Menschen entschieden wird:

In der grauen Halle bei Siemens oder in der Chefetage der Baumwollfabrik meiner netten Gastgeberin? Auf den Messen des charmanten Handelskammer-Vertreters? Oder auf der Ebene der Europa- und Weltpolitik?

Die stand im Mittelpunkt einer Podiumsdiskussion, die ich ebenfalls in der letzten Woche besucht habe.

Bei dieser Veranstaltung ging es um die Neuaufteilung der Machtverhältnisse weltweit: um die Hegemonieansprüche der USA; um den Versuch, in einem Vereinigten Europa ein Gegengewicht bzw. einen Ausgleich zu schaffen; um die aufsteigenden Wirtschaftsmächte China und Südostasien. Diskutiert wurde über wirtschaftliche Potentiale und militärische Macht – da konnte einem ganz schwindlig werden! Denn obwohl die einzelnen Menschen in diesen Rechnungen überhaupt nicht vorkommen, sind *sie* doch die unmittelbar Betroffenen. Millionen, Milliarden von Einzelschicksalen werden bei diesen globalen Überlegungen bewegt und verschoben, als wären sie eine Ladung Kies oder Baumwolle!

Unsere Arbeit an der Deutschen Schule mit dem Ziel der geduldigen Annäherung und Verständigung zwischen zwei europäischen Kulturen, fällt auf der globalen Ebene überhaupt nicht ins Gewicht. „Europa" wird als handlicher Begriff mit einer glatt polierten Oberfläche herumgereicht. Zu „Griechenland" fällt dem deutschen Teilnehmer, (dem Chefredakteur einer großen Wochenzeitung), nur Sonne, Strand und eine nostalgische Ferienerinnerung aus den 50er-Jahren ein.

Wir ducken uns mittlerweile unter der Weltpolitik wie unter einem dieser rotierenden, ratternden Ventilatoren und hoffen, dass sie uns nicht trifft.

39. Samiotische Ostern

2.5.2007

Von der Welt der Großstadt, der Arbeit und der internationalen Politik ins Fischerdorf auf Samos – einen größeren Gegensatz kann ich mir kaum vorstellen!
Ein Paradies ist diese Insel im Frühling, voller Blüten und Düfte, lauer Winde und Meeresglitzern - und voller freundlicher Menschen, die uns mit offenen Armen empfangen!

In der Karwoche füllt sich die ganze Insel mit freudiger Erwartung. Samioten aus ganz Griechenland und sogar aus dem Ausland kommen nach Hause, die Kafeníons füllen sich, die Großmütter - oft die einzigen, die das ganze Jahr auf der Insel bleiben - schwelgen in Gastfreundschaft, man kommt aus dem Begrüßen und Erzählen gar nicht heraus und ein Gang zum Dorfladen am anderen Ende der Hafenbucht kann leicht eine gute Stunde dauern und dazu führen, dass man gar nichts mehr einzukaufen braucht. Denn inzwischen ist man beladen mit einer Tüte Zitronen aus dem Garten, einem Topf gebratener Fische vom Vortag, einer großen Schüssel süßer Fastenspeise und zwanzig gefüllten Weinblättern zum Probieren…!

Am Gründonnerstag schließt Pandelís sein Büro in Thessaloníki und kommt mit dem Schiff in sein Heimatdorf auf Samos. Nachdem er sich im Kafeníon entspannt und alle Freunde und Verwandten begrüßt hat, bindet er sich eine Schürze um und geht zusammen mit seiner Schwester ans Werk, die Majirítsa-Suppe für das Fastenbrechen in der Osternacht und die gefüllte Ziege für das Festessen am Ostersonntag zuzubereiten. Damit sind sie eineinhalb Tage von morgens bis abends beschäftigt. Gut gelaunt arbeiten sie in der Küche der Großmutter. Viki und ich schauen ab und zu vorbei, aber helfen dürfen wir nicht, das würde den eingespielten Rhythmus der Geschwister nur stören. Lediglich zum Einkaufen oder zum Salatschnippeln werden wir geschickt.

Die Großmutter sitzt mit der besorgten Miene, die ihr eigen ist, am Küchentisch, überwacht das Kochritual und begrüßt alle vorbeikommenden Besucher.

Mir erzählt sie stolz, das Rezept für die gefüllte Ziege habe sie schon von ihrer Mutter und Großmutter gelernt und später an Pandelís und seine Schwester Amalía weitergegeben.

Ob die Geschwister das Rezept irgendwann an ihre eigenen Kinder weitergeben? Die sind längst groß genug um mitzuhelfen, aber bisher interessieren sie sich offensichtlich nicht für Osterbräuche. Pandelís meint, daran werde sich auch nichts ändern. Die Beschleunigung aller Entwicklungen und der harte Überlebenskampf würden dazu führen, dass für alte Traditionen in der nächsten Generation keine Zeit mehr bliebe.

Noch ist es nicht so weit. Während Pandelís und seine Schwester die Innereien für die Füllung zubereiten, schlafen die Jugendlichen bis nachmittags und treffen sich dann mit ihren Handys und ihren Freunden an der Mole. Pandelís lässt seinen Kindern so viel Freiheit und Freizeit wie möglich und verwöhnt sie, wo immer er kann. Das harte Leben kommt seiner Meinung nach noch früh genug...

Noch sind auch die kirchlichen Osterbräuche sehr lebendig. Für mich ist es schön, sie zum zweiten Mal zu erleben, denn Traditionen beziehen ihren Reiz ja aus der Wiederholung.

Allerdings sind viele Bräuche auf Samos anders als in Thessaloníki: Das Epitáfio wird mit echten Rosenblättern statt mit Plastikblumen und Lichterketten geschmückt. Beim Wechselgesang in der Kirche singen auch Frauen mit, allen voran Amalía mit ihrer hohen, lauten Opernstimme und dem kräftigen Vibrato.

Der Karfreitagsgottesdienst besteht wie überall aus endlosen Gesängen. Trotzdem langweilen wir uns nicht, denn es gibt eine Menge zu sehen. Die größte Show zieht einer der Vorsänger ab, ein junger Typ mit viel Gel im Haar, der die ganze Zeit Kaugummi kaut und immer, wenn er nicht singen muss, lässig durch die ganze Kirche stolziert. Außer ihm haben auch alle Familien ihren eigenen Auftritt: Sie kommen zu unterschiedlichen Zeitpunkten der Liturgie, bekreuzigen sich und wenden sich als erstes dem Epitáfio zu, um die Ikonen darauf zu küssen. Väter heben ihre Kinder hoch, die dann beim Küssen mit den Beinen baumelnd an dem Holzgestell hängen. Man zündet Kerzen an und wendet sich für einen Schwatz den Nachbarn zu. Da die meisten Familien den Winter über in der Stadt wohnen und sich lange nicht gesehen haben, gibt es viel zu bereden. Auch ich erfahre eine Menge Dorfklatsch von Viki. Niemand stört sich an dem vielstimmigen Getuschel. Als Viki aber die Beine übereinander schlägt, geht sofort ein aufgeregtes Raunen durch die Frauenabteilung: *Das* gehört sich in der Kirche wirklich nicht!

Draußen zünden inzwischen Jugendliche die ersten Böller und freuen sich, wenn die Leute, die gerade eine Rauchpause machen, kräftig erschrecken. Schließlich versuchen die stärksten Männer, das Epitáfio zu schultern, wobei es beinah umkippt und die Blumenkrone herunterfällt. Also tragen sie das Gestell ohne Krone durchs Dorf. Angeführt wird die Prozession von jungen Männern mit Seenot-Fackeln in verschiedenen Farben, die viel Qualm und Gestank verbreiten und so hell sind, dass man nicht direkt hinsehen kann. Gut gelaunt zieht die Gemeinde zum Hafen. Dort gibt es ein richtiges Feuerwerk, gegen das der Pope mit seinen Gesängen keine Chance hat. Als die Prozession an Vikis Haus vorbeikommt, setzen wir uns ab und zünden stattdessen ein gemütliches Kaminfeuer an. Amalía ist längst ins Auto gesprungen, um ins Nachbardorf zu fahren und in einer anderen Kirche die Liturgie mit ihrer Stimme zu beleben. Es scheint weder wichtig zu sein, die Zeremonie von Anfang bis Ende zu erleben noch, in der eigenen Gemeinde dabei zu sein.

- Was ist in dieser Kirche überhaupt wichtig außer der Tradition? Und was wird bleiben, wenn die sich in der nächsten Generation tatsächlich auflöst? Nur das Feuerwerk?

Zum Osteressen am Sonntagmittag sind außer den Verwandten und Freunden auch einige Witwen aus dem Dorf eingeladen. Mir fällt die Rolle zu, die Tafel mit Wiesenblumen zu dekorieren und nach dem Essen Musik zu machen. Mein Repertoire an griechischen Liedern ist noch sehr begrenzt und meine Geige klingt immer irgendwie nach Klassik, auch wenn ich mir Mühe gebe, griechische Musiker nachzuahmen. Trotzdem singen alle mit und die

Großmutter tanzt sogar zu „Samiótissa".

„Και του χρόνου!" („Nächstes Jahr wieder!") sagt der Großvater, als er sich in den Mittagsschlaf verabschiedet. Aber das nächste Ostern wird anders werden. Der Großvater wird es nicht mehr erleben; der Rest der Familie wird in der Stadt bleiben und neue Kräfte sammeln für die Fortsetzung der Tradition...

40. Schwarzwerden auf Paros

Kalamariá, 29.5. 2005

Liebe Freunde!

Eine halbe Ewigkeit ist es her, dass ich Euch zuletzt geschrieben habe, so kommt es mir jedenfalls vor. Während viele meiner Kollegen beteuern, für sie verginge die Zeit im Ausland wie im Fluge, erlebe ich immer noch genau das Gegenteil.

Anscheinend gibt es dafür sogar eine physikalische Begründung. Freund Frank, Physiker und Philosoph, schreibt mir, „dass im Einstein´schen Sinne wirklich dessen Zeit sich dehnt, also langsamer vergeht, der sich schnell bewegt und entsprechend viele Eindrücke sammelt. Wer am Fleck bleibt, für den vergeht die Zeit dagegen schnell. In bewegte Zeit passen mehr Eindrücke rein als in stehende."

Ich bin eigentlich gerne in Bewegung. Nur ab und zu brauche ich mal einen Moment zum Innehalten, einen Tag, an dem „gar nichts passiert". Solche Tage sind sehr selten.

Eine 17-stündige Seereise von Paros nach Thessaloníki auf dem Rückweg von einer Klassenreise bietet Gelegenheit zum Innehalten und ich lasse meine Gedanken schweifen: zu Euch nach Deutschland, wo die Zeit auch nicht stehen bleibt und wo ich irgendwann wieder Fuß fassen will.

Vor kurzem gastierte hier ein deutsches Kabarett mit Themen wie Pisastudie, Hartz IV, Sabine Christiansen und mit viel bösem Spott über deutsche Lehrer. Da war ich froh, weit weg zu sein!

Ein paar Tage später lief der deutsche Film „Die fetten Jahre sind vorbei" im Goethe-Institut. Um die Erkenntnis, die der Titel formuliert, kommen wir weder in Griechenland noch in Deutschland herum. Und hier wie dort rechnet man wohl mit einer Reaktion darauf, mit einer neuen Protestbewegung, einer Form des Aussteigens aus einer Gesellschaft, die die Zuspitzung aller ihrer Konflikte im Wesentlichen einfach hinnimmt. In Griechenland wird dieses Aussteigen wohl andere Schwerpunkte haben als in Mitteleuropa. Freunde von mir sind der Meinung, dass der Protest sich hier zu allererst gegen die Kirche richten müsste. Davon ist aber bis jetzt nichts zu spüren. Ob der Protest in Deutschland so ähnlich aussehen könnte wie in dem Film? Sicher ist, dass er nicht von meiner Generation ausgehen, sondern sich gegen sie richten wird. Trotzdem komme ich dann vielleicht doch gerne zurück…

Im Moment herrscht allerdings, was das Verhältnis der Generationen zueinander angeht, noch eine verkehrte Welt. Ein Beispiel von der jüngsten Klassenreise mit der 12. Klasse der deutschen Abteilung, zusammengesetzt überwiegend aus Kindern aus bikulturellen Familien und Kindern griechischer Tavernenbesitzer in Deutschland, die vor kurzem zurückgekehrt sind:
Wir verbringen eine Woche auf der Insel Paros im Hotel. Wenn es nur nach den Schülern ginge, würden wir eine ganze Woche Standardtourismus absolvieren und zwischen Strand und Bar, Party und Shoppingmeile pendeln. Als Projektthema wird „Schwarzwerden auf Paros" vorgeschlagen, (wörtlich abgeleitet vom griechischen μαυρίζω - bräunen).
Da wir Lehrer tagsüber Ausflüge durchsetzen, verschieben die Schüler ihr eigenes Programm auf die Nacht und auf die Balkons. Laute Musik, Bier und Távlispiele, Kraftausdrücke und Rangeleien lassen mich kein Auge zutun. Der häufigste Ausdruck „Έλα ρε μαλάκα!" („Ey du Weichei!") fällt laut meinen Hochrechnungen auf jedem Balkon pro Nacht 600 Mal! Irgendwann wird es mir zu bunt und ich ziehe mitten in der Nacht mit meinem Schlafsack an den Strand um.
Am nächsten Morgen reagieren die Schüler voller Anteilnahme: Ob ich denn gar keine Angst hätte, am Strand zu schlafen? Ob es dort nicht zu hart, zu dunkel, zu unbequem sei? Sie jedenfalls würden sich das nie trauen! -
So haben sich die Verhältnisse also umgekehrt: Nicht mehr die Jungen schlafen am Strand, um sich von der Enge der Verhältnisse zu befreien, die die Alten geschaffen haben, sondern die Alten ergreifen die Flucht vor dem Lebensstil der Jungen - und landen wiederum am Strand.

Es gibt bestimmt Schlimmeres als unter einem überwältigenden Sternenhimmel bei sanfter Wellenmusik im weichen Sand von Paros zu übernachten, und so habe ich die Reise eigentlich sehr genossen. Sogar die Aufsicht in der Strandbar habe ich gerne übernommen, denn wider alle Vernunft mag ich meine Schüler - und die fünf unscheinbaren Mädchen der Klasse - sehr gern. Die meisten sind unwahrscheinliche Machos, die viermal pro Woche im Bodybuildingstudio trainieren, dicke Mopeds fahren und doch beim kleinsten Mückenstich oder Kater zu bedürftigen kleinen Jungen werden, die mich in die Mamarolle drängen wollen. Tagsüber verbringen sie ihre Zeit am liebsten wie die Alten im Café, wo sie Frappé trinken und Távli spielen. Nur zwei der Jungen haben in den letzten Jahren freiwillig ein Buch gelesen: der eine „Harry Potter", der andere den „Da Vinci Code" von Dan Brown. Eigentlich alle Jungs sind gute Fußballspieler, aber sie finden es undenkbar, ein Mädchen mitspielen zu lassen, selbst wenn dieses - wie eine Schülerin der Klasse - in Deutschland in einem renommierten Frauenverein gespielt hat. Nur zwei Jungen haben ein richtiges Hobby, (Surfen bzw. Breakdance), alle anderen geben als Hobby „Schlafen" an. Und keiner der Achtzehn- bis Zwanzigjährigen weiß, was er nach der Schule machen will.

Die Mädchen halten sich eher abseits. Sie sind allen Ernstes der Meinung, dass Jungen nicht putzen können, und jedes Mal, wenn die Jungs wieder Dreck und Unordnung hinterlassen, putzen und räumen sie unaufgefordert alles weg. Von ihrem Beruf erwarten sie nicht viel: Vier von fünf Schülerinnen wollen Deutschlehrerinnen an einer Nachhilfeschule werden - nicht, weil sie irgendetwas daran interessiert, sondern weil sie nun mal schon Deutsch können. Viel wichtiger ist ihnen sowieso eine gute Heirat...

Wenn ich an dieser Situation etwas ändern wollte, hätte ich eine riesige Aufgabe. Aber ich bin gar nicht sicher, ob es überhaupt meine Aufgabe ist, dieses System zu erschüttern, das ja, so wie es ist, irgendwie funktioniert.

So habe ich die Woche eher mit Beobachten, Zuhören, Nachfragen (z. B. nach einem beruflichen Traum) und kleineren Eingriffen (z. B. beim Putzen) verbracht.

Und bin zu der Einsicht gekommen, dass von *dieser* Gruppe bestimmt kein Veränderungsimpuls ausgehen wird. Aber ist nicht vielleicht sogar der Anspruch, dass von der jungen Generation Impulse zur Veränderung der Gesellschaft ausgehen sollten, etwas ganz Mitteleuropäisches?

Ich wünsche Euch eine bewegte Zeit, in die viele gute Eindrücke und Erlebnisse hineinpassen und grüße Euch sehr herzlich!

Gesine.

41. Nachbarn in Hochhaus und Kleingarten

21.5.2005

Als ich vor zwei Jahren in meine Wohnung im 7. Stock eines modernen Hochhauses einzog, konnte ich von meinem Schreibtisch aus das Fernsehprogramm meiner Nachbarn in der übernächsten Straße verfolgen. Vom Schlafzimmerfenster sah ich durch eine Häuserlücke die bunten Stoffe auf den Wochenmarktständen im Wind wehen. Und der Küchenbalkon blickte von oben auf eine winzige Ouzerie mit zwei gelben Blechtischchen und vier blauen Plastikstühlen unter einem großen Feigenbaum zwischen den Hochhäusern.

Innerhalb von weniger als zwei Jahren haben sich alle diese Durchblicke verschlossen. Von der ursprünglichen Bebauung ist fast nichts geblieben.

Im feuchten, malariaverseuchten Küstenstreifen von Kalamariá wurden nach der „Kleinasiatischen Katastrophe" von 1923 große Flüchtlingssiedlungen angelegt, in denen Griechen, die im Zuge des „Bevölkerungsaustausches" ihre Heimat auf dem Staatsgebiet der Türkei verlassen mussten, Aufnahme fanden. Oft zogen ganze Dorfgemeinschaften zusammen in eine der neuen Straßen und nannten sie nach ihrem Herkunftsort: Trapezúntos, ´Amisou, Póntou. Die Großeltern meiner Nachbarn kommen fast alle vom Schwarzen Meer, sie nennen sich Pontier.

Einen Vormittag dauert es, eines der kleinen alten Flüchtlingshäuser abzureißen und die Spuren eines pontischen Neuanfangs von 1923 auszulöschen. Wenn ich dann nachmittags von der Schule komme, finde ich in der Nachbarschaft ein Loch statt einem Haus. In den darauf folgenden Wochen kommen die albanischen Bauarbeiter und bauen die Verschalungen, anschließend versperren wuchtige Betonlastwagen mit ihren ausfahrbaren Rüsseln die Straße und gießen das Betongerippe für ein neues Hochhaus: genau so groß wie das Grundstück, sieben Stockwerke hoch und erdbebensicher. Die Luft dröhnt, die Fenster klirren, der Mittagsschlaf fällt aus – bis der Rohbau endlich steht. Danach ist meistens eine Weile Ruhe, bis es ans Zuschneiden der Marmorstufen geht. Das macht wiederum einen höllischen Lärm. Eines Tages ziehen die ehemaligen Bewohner des winzigen Häuschens in den obersten Stock des neuen Betongebäudes, das zweitoberste Stockwerk wird als Mitgift für die Tochter hergerichtet, die restlichen fünf Stockwerke schluckt die Baufirma.

In meiner Nachbarschaft hat nur ein einziges Flüchtlingshäuschen bis jetzt überlebt. Im Frühling sitzen seine Bewohner den ganzen Abend auf der Veranda. Die grenzt direkt an die Straße und ist zum Kontakteknüpfen viel geeigneter als die Balkons der Hochhäuser. Lange Zeit habe ich den Häuschenbewohnern einfach freundlich zugenickt, wenn ich vorbeiging. Nach einiger Zeit nickten sie zurück, irgendwann sprachen sie mich an und luden mich spontan zum Kaffeetrinken ein. Ein paar Tage später kamen sie zu mir, um vom Balkon des siebten Stockes den Blick aufs Meer zu bewundern, den sie früher, bevor die Hochhäuser gebaut wurden, von ihrer Veranda selbst hatten. Wenn nun nachmittags das Telefon klingelt, sind es meistens meine Nachbarinnen Déspina und Véta, die aufs Meer blicken wollen…

Vétas Familie kommt ursprünglich aus dem Dorf am schwarzen Meer, nach dem die Straße benannt ist. Das Haus, in dem sie jetzt wohnt, bekamen ihre Großeltern 1929 vom Staat. Auf alten Fotos, die Véta mir zeigt, grenzt es an einen Obst- und Gemüsegarten und an ein ähnliches kleines Haus, an dessen Stelle jetzt mein Hochhaus steht. Als die Stadt beschloss eine „Parkanlage" anzulegen, wurden alle Gärten enteignet. Die Bäume wurden gefällt, ein Weg betoniert, eine Schaukel und zwei Bänke aufgestellt. Die sind inzwischen zum Treffpunkt einer Gruppe von Jugendlichen geworden, die dort abends Bier trinken und das schlüpfrige Lied vom Kater namens „Türke" singen, das von den Hochhauswänden laut widerhallt…

Trotzdem sind meine Nachbarn fest entschlossen, in ihrem kleinen Haus wohnen zu bleiben. Véta will dort sterben, wo sie geboren wurde, auch ohne Meerblick. Doch ihr Leben ist genauso eng und aussichtslos wie ihre Wohnsituation: Dick und von verschiedenen Krankheiten geplagt sitzt sie den ganzen Tag in ihrem Korbstuhl und wirkt wie eine uralte Frau, die von der „Kleinasiatischen Katastrophe" übriggeblieben ist. Dabei ist sie erst einundfünfzig! Ihre Tochter Déspina ist Kassiererin im Supermarkt. Wenn sie nicht arbeitet, leistet sie ihrer Mutter auf der Veranda Gesellschaft. Vétas Mann ist fast nie zu Hause. Er bekommt eine kleine Rente von der Telefongesellschaft und verbringt seine Tage im Kafeníon an der Hauptstraße oder in seinem Schrebergarten außerhalb der Stadt. Nur die jüngere Tochter Sroúla scheint entschlossen zu sein, ihren Weg aus dem engen, eingemauerten Flüchtlingsdasein zu finden: Sie hat ihren Schulabschluss gemacht und angefangen, das zu studieren, was ihr aufgrund ihres Notendurchschnitts angeboten wurde: Geologie. Steine interessieren sie nicht, aber sie hat einen Computer angeschafft, der auf der Anrichte des ärmlichen Wohnzimmers wirkt wie ein eben gelandetes UFO…

Déspina und Véta sind nicht die einzigen Nachbarinnen, die mich – und den Blick von meinem Balkon – in ihr Herz geschlossen haben. Im Fahrstuhl habe ich mit der Zeit die gesamte Hochhausgemeinschaft kennengelernt. Anscheinend sieht man mir an, dass ich nachmittags hungrig und zu müde zum Kochen nach Hause komme. So beginnt ein lebhafter Plastikdosen-Austausch und ich bekomme die Bohnensuppe und Spinatpita der ganzen Nachbarschaft zum Probieren, fast wie im Dorf auf Samos. – Natürlich biete ich den Köchinnen zum Dank einen Kaffee auf meinem Aussichtsbalkon an!

Allerdings habe ich keine Zeit, ganze Nachmittage mit Kaffeetrinken zu verbringen, und so lade ich die Nachbarinnen einfach mal alle gleichzeitig ein: Die pensionierte Richterin aus dem 6. Stock, die Mutter des griechischen Tennismeisters aus dem 5. Stock und die Doktorandin der Archäologie aus dem 4. Stock, die Mutter des kleinen Chrístos aus dem 3. Stock, deren lautes Rufen nach ihrem Sohn jeden Nachmittag durchs Treppenhaus hallt - und natürlich Déspina, die Supermarktkassiererin und ihrer Mutter von nebenan. Obwohl sie seit Jahren Nachbarinnen sind, kennen die Hochhausfrauen die Flüchtlingsfamilie nicht. Eine Fremde muss her, damit sie sich kennen lernen, eine „ξένη" wie ich, die so völlig außerhalb aller Bezüge und Hierarchien steht, dass die Vorbehalte und Berührungsängste, die es zwischen Menschen unterschiedlicher sozialer Schichten meistens gibt, keine Rolle spielen. Da sitzen sie und tauschen Kochrezepte aus, reden über alte Zeiten und finden sich ganz sympathisch. Ich koche „deutschen" Kaffee und höre zu, in der Rolle der Fremden, die sich nirgends einordnen lässt und darum überall ein bisschen dazugehören darf.

4.6.2005

Heute ist einer der ersten Sommertage hinter heruntergelassenen Jalousien. Bei eiskaltem Frappé-Kaffee fangen meine griechischen Nachbarinnen an, vom Strand zu sprechen, vorläufig nur von der „Iliotherapía", dem Sonnenbad, denn das Meer ist ihnen mit 20 Grad noch zu kalt zum Schwimmen. Aber der große Umzug aufs Land steht bevor: 1,5 Millionen Thessaloniker und 4,5 Millionen Athener sind sich einig, dass man den Sommer nicht in der Großstadt verbringen kann. Nur wenige der Großstadtbewohner haben wirklich keine Möglichkeit, keine Zeit oder kein Geld, um die Flucht zu ergreifen. Für alle anderen stehen am Meer oder in ihren Heimatdörfern Zweithäuser bereit.
Noch vor vierzig Jahren zog man vom Zentrum Thessaloníkis hierher nach Kalamariá an den Strand um zu baden und zu picknicken. Das ist heute zwischen Kloake und Müll völlig unmöglich.
Die Familie des Tennismeisters aus dem 5. Stock zieht in ihr Ferienhaus nach Néa Kallikrátia, vierzig Kilometer von hier. Dort sieht es ganz ähnlich aus wie in Kalamariá vor vierzig Jahren: Schachbrettartig reihen sich einfache Häuser mit kleinen Gärten aneinander, alle Längsstraßen führen direkt an einen sauberen Badestrand.

Hätte man damals eine menschen- und umweltfreundlichere Städteplanung betrieben, dann könnten wir jetzt im Sommer alle zu Hause bleiben und vor der Haustür baden. Stattdessen werden in zwanzig Jahren auch die Bewohner von Néa Kallikrátia im Sommer woanders hin ziehen müssen. Man spricht dort schon von fünfstöckigen Hochhäusern auf den Gartengrundstücken.

Meine Freunde Hanne und Jorgos, die in Néa Kallikrátia ein Kleingartenhaus haben, ziehen im Juli, wenn ihnen Kallikrátia zu voll und eng wird, in ihr Dritthaus auf Kéa. Auf diese Weise verdreifacht sich der Bedarf an Wohnraum…

5.6.2005

Trotzdem ist es in Kallikrátia Anfang Juni noch schön. Es ist jedes Mal ein erhebendes Gefühl, auf der schnurgeraden Straße direkt auf das türkisblaue Meer zuzufahren, das dann plötzlich ausgebreitet vor mir liegt. Und auch in den Gärten gibt es im Frühsommer

herrliche Farbkombinationen: dunkelrote Kirschen zwischen grünen Blättern vor blauem Himmel und orange blühende Granatapfelbäume!

Salat und Paprika, kurz vor Ostern gesät, reichen schon im Juni für ein Festessen mit fünf Personen, wie wir es am Wochenende spontan erleben. Pandelis hat von einem neuen Sardellenrezept geträumt und will es unbedingt ausprobieren. Er fährt zum Hafen um Fische zu kaufen, während Jorgos den Grill anwirft und wir Frauen schwimmen gehen.

Auf das „Traumessen" folgt selbstverständlich der Mittagsschlaf, ein Spaziergang mit dem Hund und abends gehen wir alle noch zu Hektors Töpferfest... So rundet sich eine kleinbürgerliche Idylle, der es an nichts fehlt.

- Oder doch? Ich träume nachts von irgendwelchen alltäglichen Dingen in Deutschland - Schneeregen oder Lehrerkonferenz! - und wache morgens mit einem unbestimmten Heimweh nach „Zuhause" auf, ich weiß gar nicht konkret, wonach.

Die greifbaren Objekte der Sehnsucht sind verblasst. Es geht nicht mehr – wie im ersten Jahr - darum, unbedingt mit Doris am Großensee zu frühstücken oder meinem Patenkind Gutenachtgeschichten vorzulesen - obwohl ich beides gern täte. Nicht einmal die Sehnsucht nach dem Musikmachen ist besonders stark. An ihre Stelle tritt eher die Sehnsucht nach der Sehnsucht - und ich verstehe mich selbst nicht mehr!

Ganz deutlich ist das Gefühl der Einseitigkeit: Etwas fehlt, das eigentlich unbedingt zu meinem Leben gehört; ein Gegenpol zu der Mischung aus viel Arbeit, viel Geselligkeit und vielen Eindrücken. Vielleicht: innehalten, auf erfüllte Weise allein sein, nach innen blicken oder Erlebtes reflektieren - statt immer Neues erleben...

Oder: anders erleben. Das Erlebte anders deuten, seine Symbolik wahrnehmen, nach größeren Zusammenhängen und nach Sinnhaftigkeit suchen...

Den Körper anders wahrnehmen; nicht nur als möglichst reibungslos funktionierendes Arbeitswerkzeug und zum Ausgleich badend im Meer...

Musik anders hören als nur als Kulisse gegen die Geräusche der Straße oder als Hintergrund bei Geselligkeit. Mir gelingt das hier

nur ganz selten: das Einfühlen und Einswerden mit dem Unsagba-
ren, das manche Musik zu sagen hat...

Was fehlt, sind die Lebensaspekte, die für mich überwiegend mit
schlechtem Wetter zu tun haben. Es hört sich wirklich verrückt an,
aber vielleicht gibt es für meine Gemütslage hier zu wenig schlechtes Wetter? In Hamburg ist das Gegenteil der Fall und das ist eindeutig schlimmer!
Vielleicht fehlt mir aber doch eine sanfte Art der Melancholie, die
ja auch etwas mit Zartheit und Empfindsamkeit zu tun hat. Beides
gehört zu mir und kommt hier bei aller Stärke und Bewährung in
der Fremde und bei allem aktiven Lebensgenuss völlig zu kurz.

42. Erzählte griechische Geschichte(n) –
von Makedonien bis Kappadokien

Eléni und Konstantínos waren ein byzantinisches Kaiserpaar, Mutter und Sohn, außerdem sind sie die wichtigsten griechischen Heiligen. An ihrem gemeinsamen Namenstag feiert ganz Griechenland, denn in fast jeder Familie gibt es mehrere Elénis und Kóstas.

Meine Freunde Eléni und Kóstas sind das Gegenteil von „typisch griechisch", nämlich auf besondere Weise international. Damit sind sie vielleicht doch wieder prototypische Europäer der Zukunft. - Könnte es sein, dass die Griechen - ohne bewusstes Zutun, einfach durch ihre zahlreichen Gastarbeiterbiografien - doch wieder Vorreiter einer europäischen Entwicklung werden?

Kóstas, griechischer Gastarbeitersohn aus München lernte Helen, in Deutschland lebende Holländerin, auf einem internationalen Jugendcamp kennen. Nach dem Studium zogen sie gemeinsam nach Thessaloníki, wo Kóstas - und später auch Helen - Arbeit fand. Mit ihren beiden Töchtern, die die englischsprachige Schule besuchen, sprechen sie vier Sprachen durcheinander: Deutsch, Englisch, Holländisch und Griechisch. Schwer zu sagen, wer welche Sprache am besten kann, die fliegenden Wechsel klingen immer akzentfrei und mühelos.

Als Kóstas´ Eltern Rente bekamen, zogen sie nach über vierzig Jahren in ihr Dorf im äußersten Nordgriechenland zurück. Ich bin einmal da gewesen: Es gibt dort einen See, einen Blick auf den Berg Kaimakzalán, der zur Hälfte in der früheren jugoslawischen Republik Makedonien liegt, und ein paar Pensionen für den Wintersport, sonst aber nicht viel.

Jedenfalls keine Arbeit. Das war wohl auch vor 100 Jahren nicht anders, und so ging schon Kóstas´ Urgroßvater zum Arbeiten ins Ausland: nach Amerika. Das war noch zur Zeit des Osmanischen Reiches. Der Urgroßvater war slawischer Makedonier und osmanischer Untertan. Mit Griechenland hatte er nichts zu tun, konnte auch kein Wort Griechisch.

Viele Jahre später kehrte er in sein Dorf zurück. Schon am Bahnhof – die Osmanische Herrschaft hatten tatsächlich eine Bahnlinie in die Berge bauen lassen – traf er einen alten Freund, den er freudig begrüßte – auf Slawo-Makedonisch natürlich. Der bekam einen riesigen Schreck und sagte ihm, er solle den Mund halten. Der Heimkehrer verstand gar nichts – bis er im Gefängnis landete. Auch dort verstand er kein Wort: Das Osmanische Reich war inzwischen zusammengebrochen, die Gegend griechisch geworden; Slawo-Makedonisch oder Türkisch zu sprechen war streng verboten. Man fand schließlich einen Dolmetscher, mit dem der Urgroßvater sich auf Englisch verständigen konnte, und ließ ihn laufen…

Das ist eine der Geschichten, die Kóstas´ Mutter gern erzählt. Ihre Muttersprache ist trotz des Verbots Slawo-Makedonisch. Als bei einem Fest der internationalen Schule eine Frau aus Skopje auftaucht, geht Kóstas´ Mutter freudestrahlend auf sie zu, um sich mit ihr in ihrer gemeinsamen Muttersprache zu unterhalten. Es ist das erste Mal, dass ich Menschen erlebe, die mit dem ideologisch hart umkämpften Begriff „Makedonía" eine persönliche Erfahrung verbinden. Diesen beiden Frauen geht es mit Sicherheit nicht darum die zweitausendjährige Geschichte für sich in Anspruch zu nehmen und daraus Alleinvertretungsansprüche abzuleiten, wie das die Hardliner auf beiden Seiten tun. Sie freuen sich eher, dass die gemeinsame Sprache sie über alle politischen Grenzen hinweg verbindet.

In Kóstas´ Dorf sprechen nur noch die Alten Slawo-Makedonisch. Die meisten von ihnen sind auf der Suche nach Arbeit ins Ausland gegangen und erst als Rentner zurückgekommen. Ihre Kinder, also Kóstas und die mittlere Generation, sprechen die Sprache ihres Geburtslandes - meist Deutsch oder Amerikanisch - und natürlich Griechisch, denn im Ausland fühlten sie sich dann doch mit anderen Griechen zusammengehörig.
Kóstas spricht mit seinen Kindern vier Sprachen. Aber die Sprache seiner Mutter beherrscht er kaum. Seine Tochter lernt jetzt bei ihrer Großmutter kochen - auf Griechisch und in einem gerade-

brechten Gastarbeiterdeutsch. Nur die Namen der Gerichte und mancher Zutaten sind Slawo-Makedonisch...

Weit voneinander entfernt wie die Grenzen des Weltreichs des Großen Alexander sind auch die Orte, aus denen die Vorfahren meiner Freunde nach Thessaloníki gezogen sind.
So reicht das Spektrum ihrer Familiengeschichten vom Balkan bis weit nach Kleinasien hinein:

Odysséas ist ein schöner Mann. Darüber sind sich alle meine Freundinnen einig. Er hat pechschwarzes Haar, hellgraue Augen, einen schwungvollen Schnurrbart, eine stattliche Figur und sieht ein bisschen so aus, wie ich mir Tschingis Khan vorstelle: ein mongolischer Fürst, mit Würde und Witz.
Als ich ihn bei Freunden treffe, kommt die Rede auf Großmütter. Die Geschichten unserer deutschen Großmütter sind fast alle tragisch und grausam, geprägt durch Weltkriege, Flucht, Tod und Neuanfang.
Und Odysséas´ Großmutter? Deren Geschichte ging leider auch nicht ohne Grausamkeit ab. Sie kam aus Kappadokien und ihrem Mann wurde 1922 von türkischen Banditen der Kopf abgeschlagen. So floh die arme Frau mit zwei kleinen Söhnen nach Thessaloníki...
Ich schlage meinen Geschichtsatlas auf um festzustellen, wo Kappadokien eigentlich liegt. Blättere von der Neuzeit rückwärts: Osmanisches Reich, Mongolenreiche unter Tschingis Khan, Kreuzzüge, Völkerwanderung – nirgends finde ich ein Land dieses Namens. Ich muss bis ins Altertum zurückblättern, bevor ich unter der Überschrift „Das Römische Weltreich unter Cäsar und Augustus" fündig werde. Dort gibt es den Namen „Cappadocia" neben „Galatea". Richtig, das hat Odysséas auch erwähnt: Seine Urgroßmutter stammt von dem Volk ab, an das die Galaterbriefe in der Bibel gerichtet sind.
Da kommt also so ein moderner Dschingis Khan an und behauptet, er käme aus einem Land, das es seit 2000 Jahren als staatliche Einheit nicht mehr gibt! Und behauptet noch Unglaublicheres,

nämlich, dass viele Kappadokier blond seien, weil sie von den Kelten abstammten! Diesmal schlage ich unter „Völkerwanderung" nach, aber ich kann beim besten Willen keinen Pfeil entdecken, der bis nach Anatolien hineinreicht. Kreuzfahrer vielleicht? Da gibt es eine Linie von Köln bis nach Jerusalem, die durch Kleinasien führt, auch Barbarossa kam dort vorbei.

Den Großvater, der von den Türken erschlagen wurde, stelle ich mir also als einen rotbärtigen Kreuzfahrer vor. Und die Großmutter? Die stammte tatsächlich von den Mongolen ab, die es ebenfalls nach Anatolien verschlagen hatte.

So viel Geschichte muss also passieren, damit die Natur die Möglichkeit bekommt, im Genpott einen „schönen Mann" wie den Odysséas zu mixen!

43. Das Flaschenpostphänomen

Kalamariá, den 30.6.2005

Liebe Freunde!

Früh am Morgen, bei Anbruch des Tages und der Sommerferien bekommt Ihr noch einmal Post. Die Sonne ist gerade über den Berg gestiegen und knallt schon jetzt mit einer solchen Wucht auf den vielen Beton, dass man die Stadt fast aufschreien hören kann. Da es tagsüber noch heißer werden wird, nutze ich die kurze Spanne, in der es möglich ist, ein paar klare Gedanken zu fassen…
Klare Gedanken – ich weiß gar nicht genau, worüber. Vielleicht erzähle ich Euch einfach ein paar Geschichten, Lebensgeschichten von Menschen, denen ich hier begegne und in denen ich mein Gastland aus den unterschiedlichsten Blickwinkeln erlebe. Das Erleben, Sammeln und Aufschreiben von Geschichten ist im Moment meine Lieblingsbeschäftigung. Dabei geht es mir nicht darum, irgendetwas anzuhäufen oder zu konservieren. Sondern ich bin fasziniert von der Lebendigkeit, die entsteht, wenn ganz unterschiedliche Lebenskonzepte sich begegnen und durchdringen: Griechischer Lebensalltag kann so anders sein als mein eigener - und plötzlich ist mir nichts mehr selbstverständlich…
Zwischendurch kommen mir auch Zweifel. Wozu tue ich das eigentlich?

Vielleicht finden alle diese Erfahrungen ihren Sinn unmittelbar in dem Augenblick, in dem ich sie mache: *Jetzt* stehe ich mit meiner Nachbarin in der Küche und sie bringt mir bei, wie man gefüllte Weinblätter macht und den Blätterteig für die tägliche Pita hauchdünn ausrollt. *Jetzt* sitze ich mit Pavlos die halbe Nacht auf dem Balkon und er erzählt mir seine Entwicklung vom sechsten Sohn eines armen Popen zum Philosophieprofessor. *Jetzt* nehme ich einen albanischen Arbeiter im Auto mit und er breitet seine Träume vor mir aus für den Tag, an dem er genug Geld verdient haben wird, um zu seiner Familie nach Albanien zurückzukehren…
Offensichtlich regt die Begegnung mit Fremden, die aus einer un-

bekannten Welt auftauchen und irgendwann wieder verschwinden, die Bereitschaft zu erzählen besonders an. Als ich durch Kanada getrampt bin, war das schon genauso. Wildfremde Menschen erzählten mir in aller Ausführlichkeit ihre Lebensgeschichten und dann verabschiedeten wir uns an irgendeiner Kreuzung, wo sich die Wege für immer trennten. Wir nannten es im Scherz das „phénomène bouteille à l'eau", das Flaschenpostphänomen: Die Menschen lieben es anscheinend, nicht zu wissen, an welchen Strand ihre Geschichten angespült werden. Sie wünschen sich Adressaten, aber solche, die nicht zu nah und möglichst nicht in ihre Geschichte verwickelt sind.

Gleichzeitig erlauben sie mir durch das Erzählen ihrer Geschichte auch Beteiligung und Empathie. Also werde ich verwickelt – und Ihr, die die Geschichten lest, gleich mit. Mein Leben als Flaschenpost-Sammlerin – macht das Sinn?

Spaß macht es auf jeden Fall. Die Menschen erzählen gerne; Erzählen ist vielleicht auch eine Möglichkeit der Selbstvergewisserung. Sie erzählen mir, ich erzähle Euch – Wird die Welt womöglich durch Erzählen zusammengehalten?

Ich erzähle Euch jetzt die Geschichte von dem Abend, an dem ich mir zum ersten Mal gewünscht habe, Griechin zu sein!
Es ist – wie so viele Geschichten aus Thessaloníki – eine „Sandwich-Geschichte", denn der wahre Genusshappen ist zwischen zwei Scheiben zähen, pappigen Großstadtalltags eingeklemmt, durch den man sich erst durchbeißen muss.

Sie beginnt nämlich auf der Vassilíssas Olgas, jenem Alptraum von einer Straße, auf dem ich schon einmal herumgeirrt bin, als ich den Schlüsseldienst suchte. Diesmal versuchen Hanne, Stella und ich, ein Taxi anzuhalten, das uns zum Konzert von Alkínoos Ioannídis fahren soll. Dabei wissen wir nicht einmal, wo es stattfindet: Auf den Plakaten steht „Théatro Dássous", in der Zeitung „Théatro Jis". Die Taxifahrer lassen sich für keines dieser Fahrziele begeistern. Sie halten kurz, ziehen verächtlich die Augenbrauen hoch und treten aufs Gaspedal. Wir bleiben in einer

Auspuffwolke von billigem, schwarzem Schiffsdiesel am Straßenrand stehen.

Inzwischen ist es dunkel. Die Digitalanzeige an der Straße zeigt 21 Uhr und 31 Grad. Smog wabert durch die Straßen, man bekommt kaum Luft. Schließlich nehmen wir wider alle Vernunft Stellas Auto und reihen uns an der nächsten Ampel in den Stau ein. Theoretisch fängt jetzt das Konzert an. Stella legt eine Alkínoos-Kassette ein, Hanne tippt auf ihrem Handy, ich überlege, ob es eine Möglichkeit gibt, aus dem Stau auszubrechen und ohne allzu viel Stress nach Hause zu fahren um den Abend auf dem Balkon zu beschließen.

Kurz bevor wir aufgeben, erfahren wir über Handy, dass das Konzert im „Théatro Dássous" stattfindet, dass es noch nicht begonnen hat - und dass es in den Stadtteilen rund um das Theater absolut keine Parkplätze mehr gibt.

Die nächste halbe Stunde erspare ich Euch. Stella findet schließlich ein abschüssiges Waldstück, wo wir die Disteln platt treten und das Auto abstellen, in der Hoffnung, dass das trockene Gestrüpp kein Feuer fängt. Den Rest des Weges schlängeln wir uns zu Fuß durchs Chaos.

Bis hierhin habe ich mir keinen Augenblick lang gewünscht Griechin zu sein!

Doch dann folgt die Füllung des Sandwichs:

Ein sommerliches Amphitheater hoch über der Stadt mit Blick über das Häusermeer auf das Mittelmeer gegen die Silhouette eines malerischen Zypressen- und Pinienhains. Der weiße Turm angestrahlt, ein paar große Schiffe wie schwebend auf dem nächtlichen Blau von Himmel und Meer. Die Sitze noch warm, fast heiß von einem der längsten Sommertage des Jahres, die Menschen leichtbekleidet und gutgelaunt, viele verliebte Paare.

Auf tritt der Sänger Alkínoos Ioannídis, dessen Stimme, Gitarrenspiel und Repertoire ganz wunderbar mit dieser Stimmung harmonieren: leise, doch voller Energie, bescheiden doch voller Leidenschaft. Noch nie habe ich ein griechisches Publikum so zuhören erlebt.

Und jetzt kommt das, worum ich die Griechen beneide: Die Menschen fangen an zu singen! Sie kennen alle diese schönen, stimmungsvollen, melancholischen oder temperamentvollen Lieder auswendig und singen mit! Das ganze Theater, gefüllt mit vielen tausenden von Menschen, gerät in Bewegung und wird erhoben von den Schwingungen der Stimmen, die sich zu einer einzigen großen Stimme vereinen. Was da entsteht, hat mit den Gesängen in deutschen Fußballstadien nichts zu tun; hier entsteht eher eine zarte, romantische Gemeinsamkeit.

Aber „romantisch" ist eben auch nicht richtig ausgedrückt, weil ich dabei an Caspar David Friedrich denke, und mit deutscher Romantik hat die Stimmung nun gar nichts zu tun! Sie ist eben ganz und gar griechisch – und das im positiven Sinn, getragen von *den* Eigenheiten der griechischen Mentalität, die ich am liebsten mag.

Das ist schwer zu erklären. – Doch noch schwerer ist es in die Stimmung einzutauchen und ganz dazuzugehören! Ich kann natürlich die Liedertexte lernen, (die Melodien habe ich ja längst im Ohr) und mitsingen, aber bei den paar Refrains, die ich kenne und mitsinge, merke ich, dass meine Stimme ganz anders klingt; mir fehlt eben der griechische Lebenshintergrund der letzten 500 Jahre…

So bin ich zugleich glücklich, diesen besonderen Abend zu erleben und ein bisschen traurig nicht dazuzugehören - und auch in meinem eigenen Land nichts Vergleichbares zu finden. Was gibt es in Deutschland, das tausende von Menschen in einer zarten Leidenschaft vereinigt? Deutsche Lieder bestimmt nicht! Filme? Theaterfestivals? Vielleicht bestimmte Veranstaltungen beim Kirchentag oder in der Friedensbewegung? Letztere sind dann gleich wieder so moralisch angestrengt und eher polarisierend. Nein, in dieser Hinsicht haben die Griechen uns wirklich etwas voraus, worum ich sie beneide.

Auch wenn der Heimweg wieder ein einziges Chaos ist…

Hier wird es jetzt zu heiß zum Schreiben. Ich gebe Euch gern ein paar Grad von der Wärme ab, nehme im Austausch ein paar norddeutsche Wolken und grüße Euch sehr herzlich!

Gesine.

44. Kirchweihfest und Totenklage

27.6.2005

Was das Mitsingen griechischer Lieder angeht, so komme ich an einem Wochenende im Juni doch noch auf meine Kosten: Mit einem Auto voller Freunde kurven wir laut singend durch ein grünes Gebirge:

Θέλω να πιώ όλο το Βόσπορο	Ich will den ganzen Bosporos austrinken
N' αλάξουν έντος μου	damit sich in mir
τα συνορά του κόσμου....	die Grenzen der Welt ändern...

Das Lied fällt uns auch am nächsten Tag wieder ein, als wir uns auf einer Wanderung in der sommerlichen Hitze verlaufen, natürlich in einer Gegend, in der es kein Wasser – nicht den kleinsten Zipfel eines Bosporos - gibt!

Unsere Reise hat aber eigentlich einen ganz anderen Hintergrund: Wir sind unterwegs, um die Gebeine von Jorgos´ Eltern in ihr Dorf zurück zu bringen. Diese letzte Reise gehört hier zum Abschiedsritual unbedingt dazu. Die Toten werden in der Erde bestattet wie in Mitteleuropa. Aber nach drei Jahren wird das Grab wieder freigegeben. Also gräbt man die Überreste aus, eine makabre Zeremonie, bei der die Angehörigen und ein Pope anwesend sind. Die Knochen werden gereinigt und in manchen Gegenden über dem Feuer gebleicht. Der alte Brauch verlangt außerdem, dass alle, die den Toten gekannt haben, aus dem Schädel Wein trinken. Das soll versöhnend wirken und ist ein spätes Abschiedsritual. Heutzutage macht das aber kaum noch jemand.
Danach kommen die Knochen ins Beinhaus. Bei Menschen, die nicht in ihrem Dorf gestorben sind, ist das eine letzte Möglichkeit, sie „nach Hause zu bringen".
Auf der Chalkidikí kenne ich eine Kirche mit einem sehr alten Beinhaus, in dem die Knochen in Regalen liegen: im obersten Fach

die Schädel, darunter der Rest, nach Extremitäten geordnet. Für Jorgos´ Eltern gibt es zwei schöne Holzkisten.

Während wir singend durch das Ipiros-Gebirge fahren, sind sie immer dabei; manchmal fallen Bemerkungen wie: „Das hätte der γιαγιά (Großmutter) auch gefallen!" oder: „Der παπούς (Großvater) hätte jetzt einen Tsípouro verlangt." Also halten wir an seiner Lieblingstaverne und stoßen auf die guten Erinnerungen an die Großeltern an. Besonders Jorgos ist sehr vergnügt auf dieser letzten Reise seiner Eltern.

Als wir abends in dem winzigen Bergdorf in der Nähe der Víkos-Schlucht ankommen, werden wir von den letzten Dorfbewohnern schon freudig erwartet: von einem ganz lieben, verschmitzten Onkel Jiannis, der fast taub ist, und von einer Cousine, die – nachdem ihr Vater ihr die Heirat mit einem Zigeuner verboten hatte - verrückt wurde und seitdem ganz allein im Dorf lebt…

Während Jorgos und Jiannis sich um die Holzkisten kümmern, treffe ich noch zwei alte Frauen, die sich an den „Jorgáki" als kleines Kind erinnern und mir in zwanzig Minuten ihre Verwandtschaftsbeziehungen und ihre Lebensgeschichten erzählen. Zum Schluss schenken sie mir ein Karamellbonbon und sprechen einen Segen über mich.

Die einzigen jüngeren Leute im Dorf sind die Wirtsleute der Herberge, Eléni und Alkis, die unwahrscheinlich gut kochen und eine Atmosphäre verbreiten, in der wir uns sofort zu Hause fühlen. So erfahren wir im Verlauf der üppigen Mahlzeiten auf der Terrasse mit Blick über die weiten Täler eine Menge Einzelheiten aus dem Leben in einem kleinen Ipiros-Dorf.

Die meisten Dorfbewohner, von denen erzählt wird, tragen klangvolle altgriechische Namen: Sie heißen Alkibiades, Nausikaa oder Euripides – nicht etwa, weil sie in direkter Linie von den antiken Helden abstammen, sondern, weil die Eltern so arm waren, dass sie keine Namenstag-Feste ausrichten konnten, zu denen traditionell das ganze Dorf bewirtet werden musste. So gaben sie ihren Kindern Namen, die keinem christlichen Heiligen oder dessen Feiertag zugeordnet werden konnten...
Dass es nicht einfach war, auf den Höhen des Ipiros zu überleben, wo bis zu vier Monate im Jahr Schnee liegt, ist offensichtlich. Die Menschen lebten von dem, was ihre Schafe und Ziegen brachten und hatten in den Senken zwischen den schroffen Felsen auch kleine Felder. Viele Männer zogen schon in früheren Jahrhunderten zum Arbeiten ins Ausland: nach Rumänien, Österreich-Ungarn und bis nach Kleinasien. Einen besonderen Ruf hatten die ipirotischen Baumeister, die mit ihrem gesamten Bautrupp herumzogen und auf Bestellung Häuser bauten. Dass es in der Gegend geniale Baumeister gab, sieht man auch an den vielen alten Steinbrücken über Flüsse und Schluchten, die seit Jahrhunderten unverändert stabil sind, und an den Häusern selbst, deren Wände und Dächer aus dem gleichen grauen Stein bestehen wie die Berghänge, an die sie sich klammern.
Für die Häuser gibt es übrigens ein besonders umweltschonendes „Recyclingverfahren": Jorgos´ Großelternhaus ist, als es nicht mehr bewohnt wurde, irgendwann unter der Last des vielen Schnees zusammengebrochen. Daraufhin sind die Nachbarn gekommen und haben sich die Steine geholt, um neue Häuser zu bauen. Alle anderen Materialien sind mit der Zeit von allein in den Kreislauf der Natur zurückgekehrt. Auf dem Grundstück wächst heute eine bunte, steinige Blumenwiese! So einfach wird das mit

unseren modernen Häusern nicht gehen. Stahlbeton hat eine maximale Lebensdauer von 200 Jahren. Was wird danach aus den Resten?

Am Anfang des 20. Jahrhunderts öffnete sich die Schere zwischen Armen und Reichen auch im Ipiros besonders weit. Einige Dorfbewohner wurden so reich, dass sie große Hotels in Budapest und Wien besitzen konnten, andere, wie Jorgos´ Mutter, liefen auf der Suche nach Brennholz bis ins Nachbardorf, also die Strecke, für die wir bei unserer Wanderung vier Stunden gebraucht haben! Die meisten Armen zogen deshalb in die Städte, nach Athen oder Thessaloníki. Jorgos´ Eltern und Großeltern zogen mit dem Muli an die Küste und fuhren mit dem Schiff von Igoumenitsa über Piräus nach Thessaloníki. Für den direkten Weg durchs Landesinnere gab es noch keine richtige Straße. Die Bewohner von Jorgos´ Dorf wurden in der Stadt entweder Bäcker oder Lehrer, je nachdem, ob sie geschäftstüchtig oder klug waren.

Jorgos´ Eltern wurden Bäcker, zuerst in Serres und, als sie genügend Geld gespart hatten, im Zentrum von Thessaloníki. Dort bauten sie auch ein eigenes Haus, hatten aber Pech: Ihr Haus stand genau über dem römischen Palast. Als man ihn entdeckte und ausgraben wollte, wurden sie und die gesamte Nachbarschaft enteignet und in eines der ersten gesichtslosen Hochhäuser umgesiedelt…

So spannt sich der Lebensbogen der beiden Menschen, deren Knochen wir singend durch das Ipiros-Gebirge kutschiert haben, von einem steinigen Bergdorf über eine ländliche Kleinstadt zu einer eigenen Bäckerei in der Großstadt und endet in einer modernen Etagenwohnung.

Die Söhne Jorgos und Kostas, die beide schon christliche Namen haben und ihre Namenstage feiern, wurden Computerfachmann und Arzt. Der Enkel, Jason, ist mein Schüler. – Ist es eigentlich ein Wunder, dass er mit der „Gelehrtentragödie" aus dem „Faust" nichts anfangen kann? – Dafür kann er ipirotisch tanzen!

Den Höhepunkt des Dorflebens und den Anlass für alle Nachfahren der Dorfbewohner, sich mit ihrem Dorf zu verbinden, bildet das πανηγύρι, das Kirchweihfest im August. Jorgos kann stundenlang davon erzählen: von der Zigeunerband mit Klarino und Trommel, die die ganze Nacht zum Tanz aufspielt; von den Männern, die den Musikern Geldbündel zuwerfen und sich dazu einen Tanz wünschen, den sie dann anführen; von dem vlachischen Hirten Guliános, der eines Nachts über die Dächer und Mauern tanzte, gefolgt von den Musikern mit ihren Instrumenten; von „Hahnenkämpfen" und wilden Schlägereien zwischen den rivalisierenden Männern. Und natürlich von den μοιρολόια, den Totenklagen der letzten Nacht: Da enden plötzlich die wildesten Tänze und die Menschen stimmen eine herzzerreißende Totenklage an. Sie weinen und singen und alle, die das einmal erlebt haben, sagen, das sei wunderschön! Eigentlich endet damit das Fest, aber in neuerer Zeit veranstalten die Jugendlichen danach noch ihre eigene Disko. Das letzte Kirchweihfest dauerte drei volle Tage und Nächte und die Jugendlichen feierten bis am vierten Tag mittags um eins!

In einem πανηγύρι haben übrigens alle ihren Platz: Die alten und die jungen Frauen haben ihre Tänze, ebenso wie die Männer und die Jugendlichen. Jorgos´ Sohn wurde, als er zehn Jahre alt war, von ein paar Mädchen mit in den Kreis der Tanzenden gezogen. Seitdem fährt er jedes Jahr mit seinem Vater in „sein" Dorf und tanzt die Nächte durch.

Auch diese Bindung an ihr Dorf ist etwas, worum ich die Griechen beneiden könnte.

Allerdings bringt sie wohl auch eine große Zerrissenheit hervor: Als wir am Sonntagabend nach Thessaloníki zurückkommen und an der Promenade im Stau stehen, beobachte ich die im Smog flanierenden Familien und bauchfrei gestylten Mädchen mit dem Gedanken: ...Und in jedem dieser Menschen lebt gleichzeitig ein Dorf mit seinen Traditionen, seiner Einfachheit, Enge und Stille...

Doch ich kann Bild und Gedanken beim besten Willen nicht zusammenbringen!

45. Griechische Trauerrituale, interkulturelle Entwürfe

6.7.2005

Stellas Haus in Nikíti wurde von einem der wandernden ipirotischen Baumeister erbaut, es ist trutzig und massiv, ein guter Schutz- und Rückzugsraum mit einer heilsamen Atmosphäre. Dort habe ich das Buch „Ich sehe deine Tränen" von Jorgos Canacakis gefunden und in einem Zug gelesen. Jorgos Canacakis, Opernsänger und Psychotherapeut, lebt in Deutschland und schreibt über die Trauerrituale in seiner Heimat auf der Halbinsel Mani, ganz im Süden der Peloponnes. Auf der Basis der uralten Traditionen hat er neue Trauerrituale entwickelt, die den Bedürfnissen seiner mitteleuropäischen Klienten, Menschen in „Trauerkrisen", entgegenkommen. Mit seinen „Trauerseminaren" versucht er ein Vakuum zu füllen, das sich in der modernen Gesellschaft mit ihrer „trainierten Unfähigkeit zu trauern" auftut.

Ich werde hellhörig: Hier öffnet sich wohl tatsächlich ein Erfahrungsbereich, in dem die griechische Kultur anderen Kulturen so etwas wie ein Modell sein kann. Danach suche ich schon lange!

Auf der Mani gibt es – ähnlich wie in Jorgos´ Dorf im Ipiros - ritualisierte Klagegesänge, in denen Trauer kreativ, lautstark und mit dem ganzen Körper ausgedrückt werden darf. Dabei erleben die Menschen ihren Schmerz gemeinsam, anstatt - wie in Mitteleuropa - zurückgezogen und jeder für sich allein zu leiden. Sie werden auch nicht unter Druck gesetzt, möglichst schnell mit der Trauer fertig zu werden und im Alltag zu funktionieren, als wäre nichts geschehen.

Stattdessen gibt es eine ritualisierte Folge von Gedenktagen nach drei, neun und vierzig Tagen, nach sechs, zwölf und vierundzwanzig Monaten, und eine letzte Möglichkeit des ritualisierten Abschiednehmens bildet die Exhumierung nach drei Jahren. Was wir mit Jorgos auf unserer Ípiros-Fahrt erlebt haben, war wohl der gelungene Abschluss einer dreijährigen Trauer. Auch danach werden die Toten nicht vergessen: Es gibt immer die Möglichkeit, sie beim nächsten Kirchweihfest in den Moirolóia gemeinsam zu besingen.

Allerdings ist diese Tradition auch in Griechenland im Aussterben begriffen. Es ist kein Zufall, dass Canacakis seine Forschungen ausgerechnet auf der Mani, in einer der abgelegensten Gegenden Griechenlands, angestellt hat und ich sonst nur aus Jorgos´ isoliertem Gebirgsdorf davon weiß.

Das Einzige, was im Straßenbild der modernen Großstädte auf diese Tradition hinweist, sind die über und über mit Ankündigungen von Gedächtnisfeiern beklebten Strommasten und Straßenbäume. Der Abschluss der ersten vierzig Tage des Trauerns wird von allen Griechen gefeiert, allerdings mit einem erstarrten Kirchenritual, das allein vom Popen zelebriert wird und vermutlich genauso sinnentleert ist wie die orthodoxen Beerdigungen, die ich erlebt habe.

Lebendig ist auch in der Großstadt der Brauch, sich in der Trauerzeit schwarz zu kleiden. Ich finde ihn sinnvoll, weil er nach *außen* zeigt, wie es *in* einem Menschen aussieht und ihm vielleicht einen gewissen Schutz bietet. In meiner Schule, wo die Kommunikation so wenig funktioniert, werde ich aufmerksam, wenn ein Kind über mehrere Tage nur schwarze Kleidung trägt, und frage nach. Allerdings gilt die Kleiderordnung nur Frauen und Mädchen. Von Kléon aus meiner Klasse habe ich erst am Schuljahrsende erfahren, dass sein Vater im Januar gestorben war, weil ich es an der Kleidung nicht erkennen konnte und niemand darüber sprach.

Natürlich können die Trauerbräuche auch einengen. Stella hat das erfahren, als sie sich auf einem Wochenendausflug, bei dem sie zum ersten Mal nach dem Tod ihres Mannes wieder gute Laune hatte, eine bunte Bluse gekauft und angezogen hat. Als sie damit nach Hause kam, war ihre Schwiegermutter tief verletzt!

In Kóstas´ Dorf hält man sich noch an den Brauch, dass die Trauernden neben denen ihrer eigenen Toten auch die Gedenktage aller anderen Familien besuchen müssen. Für Kóstas´ Mutter bedeutet das nach dem Tod ihres Mannes ein volles Trauerprogramm, das sie daran hindert ihre Söhne in Thessaloníki und München zu besuchen und damit ihre Einsamkeit zu durchbrechen. Sie wagt nicht, Gedenktage zu verpassen, weil die anderen alten Frauen im Dorf ihr das sehr übel nehmen würden. Vermutlich hat das Verbot, im Jahr nach dem Tod eines nahen Verwandten das Dorf zu verlassen, früher auch eine Art Schutzfunktion gehabt. Es bewahrte die Trauernden vor Überforderung in der fremden Umgebung. Aber damals wohnten die Söhne ja noch mit im selben Dorf.

Die Herausforderung besteht wohl – für moderne Griechen wie für Mitteleuropäer gleichermaßen – darin, den solidaritätsstiftenden und gemeinschaftsbildenden Kern der alten Rituale lebendig zu halten und sie gleichzeitig den veränderten Lebensbedingungen anzupassen.

Dieses Ziel verfolgt Canacakis mit der Entwicklung von Trauerseminaren für Menschen, die allein keinen Weg finden, ihre Trauer zu durchleben.

Unabhängig vom Thema beeindruckt mich diese Arbeit auch als Modell einer gelungenen interkulturellen Lebensgestaltung: Canacakis integriert seinen gesamten persönlichen Lebenshintergrund - von der Bindung an seine Familie in einem griechischen Dorf über die Entwurzelung und Anpassung an ein Großstadtleben in Deutschland bis zu seiner Trauer um seinen schwerbehinderten Sohn – um daraus ein Modell zu entwickeln, das Menschen in beiden Kulturkreisen zugute kommt. Er stützt sich dabei auf seine besondere Begabung - das Singen - und sogar auf die besonderen Ressourcen seines Sohnes - das Hören und das Lachen – und nutzt sie in einem Bereich, in dem sein Gastland eine schmerzliche Lücke oder Wunde aufweist.

Wenn mir so etwas nur in ganz kleinem Maßstab gelingen könnte, wie glücklich wäre ich!

Dazu müsste ich herausfinden, wo eigentlich die besonderen Stärken meines eigenen Landes liegen und wie ich sie mit meinen eigenen Ressourcen verbinden kann. Was habe ich - was hat meine Kultur - anzubieten in Bereichen, in denen hier Veränderungsbedarf besteht?

Und wo gibt es in meinem Gastland Lücken und Freiräume, bei deren Gestaltung Ideen von außerhalb willkommen sind? Ich kenne Beispiele von gelungenen interkulturellen Beiträgen, die eine echte Lücke füllen, und solche, die nur Unglück und Leid bringen, weil sie erzwungen sind.

Nach einer Gelegenheit für meinen eigenen Beitrag suche ich noch. In der Schule sind die Spielräume dafür viel zu gering.

Möglicherweise funktioniert der Transfer auch in die andere Richtung und ich kann aus meinem Gastland einen „Schatz" mit zurückbringen, wenn ich nach Deutschland zurückkehre?

Das Leben zwischen zwei Kulturen als Chance statt als Unglück zu erleben – das wünsche ich mir und vor allem meinen Schülern aus bikulturellen Familien.

46. Kulturaustausch als Chance und als Unglück

Beim Abendspaziergang am Strand hören Stella und ich hinter einer Mülltonne ein jämmerliches, dünnes Weinen: Vier neugeborene Hundewelpen drängen sich in einem Pappkarton zitternd aneinander, die Zungen hängen ihnen aus den Mäulchen, sie sind kurz vor dem Verdursten. Vorsichtig tragen wir sie zum Auto und bringen sie direkt zu Samira, einer Deutschen, die in der Nähe von Nikíti eine Hunde-Rettungs-Farm aufgebaut hat.

Vielstimmiges Gebell in allen Tonhöhen schallt uns entgegen, als wir die Auffahrt hinauffahren. Samira begrüßt uns über das geschlossene Tor hinweg, nimmt die kleinen Hunde in Empfang und redet ihnen beruhigend zu, bevor sie sie vorsichtig ins Haus bringt, wo sie in einem eigens dafür eingerichteten Hundebabyzimmer Aufnahme finden.

Dann lädt Samira uns ein, den Hof zu betreten und öffnet das Tor. Sofort werden wir von einem Rudel Hunden umringt, die bellend an uns hoch springen, manche alt und humpelnd, manche jung und wild. Doch ich habe keine Angst. Samira und ihre Mitarbeiter kennen alle Hunde mit Namen und bemühen sich mit großem Einsatz, ihnen Vertrauen einzuflößen, sodass sie ihre schlimmen Erfahrungen mit den Menschen überwinden können: Manche wurden als Neugeborene in Plastiktüten in Mülltonnen gestopft, andere von Autos angefahren, von Nachbarn vergiftet oder von Hobbyjägern „aus Spaß" angeschossen. Die meisten wurden halb verhungert und verdurstet von Tierfreunden gefunden und zu Samira gebracht. Die päppelt sie auf, lässt sie impfen und organisiert, wenn möglich, eine Vermittlung nach Deutschland. Die Alten, Kranken und Verkrüppelten dürfen dableiben. Jedes Jahr finden rund siebenhundert Hunde Aufnahme in Samiras Tierschutzstation.

Trotzdem kämpfen Samira und ihr Team im Grunde gegen Windmühlenflügel, denn gerade die streunenden Hunde, die überall in Griechenland in großer Zahl leben, bekommen alle paar Monate einen Wurf Junge. Eine einzige Hündin kann innerhalb von zwei Jahren eine Nachkommenschaft von 200 Hunden hervorbringen. Ein zweites Arbeitsfeld der Hunde-Rettungsstation ist daher das

Kastrieren und Sterilisieren von streunenden Hunden. Und wenn ein Bauer aus der Umgebung anruft und verlangt: „Nimm meine jungen Hunde. Αλλιός θα τα πετάξω! (Sonst schmeiß ich sie weg!)“, macht sie zur Bedingung, dass er die Hundemutter zur Sterilisation mitbringt. Es gäbe sonst Leute, die sich nie um ihre Hunde kümmern und nur alle paar Monate einen Wurf Junge abliefern würden.

Während Samira erzählt, zeigt sie uns den Hof: eine Gruppe von niedrigen, bunt gestrichenen Gebäuden mit vielen Zimmern, in denen die Hundebabys nach Familien getrennt untergebracht sind, dazu Krankenzimmer, eine Quarantänestation, mehrere durch Zäune voneinander getrennte Wiesen, auf denen die Rudel herumtoben, die sich gut verstehen. Samira beobachtet jeden Hund genau, bevor sie entscheidet, zu welcher Gruppe er passen könnte. Offensichtlich helfen die Hunde sich gegenseitig, ihre Traumata zu überwinden und nach überstandenem Leid wieder einen Platz in der Gemeinschaft zu finden - einer Hundegemeinschaft, die oft wohl menschlicher ist als die der Menschen.

Im Eingangsbereich stehen drei große Waschmaschinen, die ununterbrochen laufen, darüber ein Schrank, gefüllt mit Medikamenten. Vor jedem Zimmer gibt es einen Putzeimer mit Wischlappen, alles ist blitzsauber. Die gekachelten Räume einfach mit einem Schlauch auszuspritzen ist unmöglich, weil dazu das Wasser nicht reicht. Hier auf den Hügeln außerhalb des Dorfes gibt es keine Wasserleitung und kein erreichbares Grundwasser. Mit Tankwagen wird daher das Wasser angeliefert und zu den Häusern hochgepumpt.

Auf einer Art Galerie mit vielen Balkons spielen mehrere Familien kleiner Jagdhunde, sehr süß und zutraulich. Sie kommen von Züchtern, sind reinrassig und edel. – Was machen sie dann hier? – Viele Züchter suchen sich aus jedem Wurf nur die „Besten" heraus, der „Rest" wird weggeworfen. Darüber, dass Samira sie aufnimmt und rettet, schütteln die Züchter nur den Kopf...

Dabei gibt es auch in Griechenland ein Tierschutzgesetz, das die Misshandlung und Tötung von Tieren unter Strafe stellt. Die Mitarbeiter der Station setzen sich auch auf lokalpolitischer Ebene für ihre Ziele ein: dafür, dass die Gesetze angewendet und Tierquäler bestraft werden; besser noch, dass sie abgeschreckt und rechtzeitig von ihren Taten abgehalten werden. Doch dem Gesetz und dem natürlichen Mitgefühl steht eine absurde, weit verbreitete Überzeugung entgegen: „Tiere haben keine Seele und können keinen Schmerz empfinden; das haben der Pope und der Lehrer gesagt", behaupten die Kinder von Nikíti, als Stella sie davon abhalten will, ein jämmerlich schreiendes Kätzchen als Fußball zu benutzen.

Es ist Samstagabend und längst dunkel. Samira muss wieder an die Arbeit. Einen Moment lang habe ich den Impuls, einfach da zu bleiben und mich ab sofort um leidende Hunde statt um aufsässige Schüler zu kümmern. Hier gibt es auf jeden Fall ein Arbeitsfeld, in dem kulturelle oder ethische Errungenschaften eines Landes einem anderen zugute kommen können - wie im Lebenswerk von Canacakis, nur in umgekehrter Richtung.

In Stellas Hof glimmt im Dunkeln das Licht einer Zigarette. Vangélis sitzt auf der Treppe und wartet auf uns. Der freundliche, bedächtige Nachbar mit dem grauen Pferdeschwanz braucht jemanden, der ihm zuhört. Der Hof ist - nicht nur durch seine Geborgenheit spendende Bauweise, sondern auch durch Stellas wunderbare Fähigkeit zuzuhören - für viele Menschen zu einem Ort des vertrauten Erzählens geworden.

Vangélis´ Lebensgeschichte ist ein Beispiel dafür, dass der Versuch, einem anderen Land die eigenen Errungenschaften aufzudrängen, auch großes Unglück heraufbeschwören kann.

Geboren wurde Vangélis in einem Dorf im Evros-Delta. Zur Zeit des griechischen Bürgerkriegs war er ein kleiner Junge. Eines Tages musste er sich von seiner Mutter verabschieden und mit einem Onkel gehen, der ihn zu Fuß in die Berge brachte, an einem Sammelplatz abgab und verschwand. Mit einer großen Gruppe griechischer Kinder wurde Vangélis nachts über die Grenze nach Bulgarien gebracht, kam in ein Lager, wurde schließlich zusammen mit einigen anderen Jungen in die DDR geschickt. In Radebeul wurden die griechischen Jungen in einem Internat untergebracht, einer Kaderschmiede, in der sie zu perfekten Kommunisten erzogen werden sollten.

Die Idee der Kommunistischen Internationalen, die dahinter steckte, war ebenso einfach wie unmenschlich: In kapitalistischen Ländern - besonders in Griechenland, wo die Entscheidung zwischen Kapitalismus und Kommunismus sehr knapp ausgegangen war - wurden Kinder ihren Familien „weggenommen" und zur Erziehung auf verschiedene sozialistische Länder verteilt. Eine perfekte kommunistische Erziehung sollte sie zu „neuen Menschen" machen, die als Erwachsene in ihre Heimatländer zurück gesandt werden und dort den Kommunismus aufbauen sollten. 28000 Kinder wurden bei dieser Aktion ihren Familien weggenommen, häufig mit dem Versprechen, dass sie in einem sozialistischen Land mehr zu essen und Chancen auf eine gute Ausbildung bekommen sollten. „Παιδομάζωμα, Kindereinsammeln" nennt man dieses Kapitel der griechischen Geschichte heute und knüpft damit an den Begriff und die Praxis im osmanischen Reich an, wo europäischen Jungen zwangsrekrutiert und islamisiert wurden, um in der Janitscharenarmee oder für andere Aufgaben am Hof des Sultans eingesetzt zu werden.

Vangélis verbrachte eine schrecklich unglückliche Kindheit in der DDR, verfolgt ständig von der Frage, warum seine Mutter ihn – freiwillig oder gezwungenermaßen? – weggegeben hatte, während sie den Bruder behalten hatte...

Er wurde ein linientreuer Kommunist, studierte, heiratete eine deutsche Kommilitonin und bekam zwei Kinder. Sein Weltbild bekam Risse, irgendwann stellte er einen Ausreiseantrag. Dem wurde sofort stattgegeben, zu gefährlich wäre es für den DDR-Staat gewesen, einen ehemaligen „Vorzeigekommunisten" in ihren Reihen zu haben, der sich derart kritisch äußerte. Seine Frau und seine Kinder wurden allerdings zwei Jahre lang auf das Schlimmste schikaniert, bevor sie ausreisen durften. Schließlich traf sich die Familie in Athen.

Vangélis und seine Frau fanden Arbeit, kauften eine Wohnung in der Stadt und ein Haus auf dem Land, schlossen neue Freundschaften...

Doch die alte Geschichte verfolgte Vangélis weiter. Er nahm Kontakt zu seiner Mutter auf und besuchte sie in ihrem Dorf, bekam aber nie eine Antwort auf die Frage, was sie eigentlich dazu veranlasst hatte, ihn als kleines Kind wegzugeben…

Nachdenklich, mal bedrückt, mal lebhaft erzählt Vangélis seine Geschichte, zitiert zwischendurch Parolen aus kommunistischen Propaganda-Liedern, die ihm, je älter er wird desto häufiger durch den Kopf gehen, ohne dass er sich davor schützen und sie ins Vergessen verbannen könnte.
Ich frage ihn, ob er sich vorstellen könnte, seine Geschichte aufzuschreiben. Nein, sagt er, nie wieder wolle er all das Schlimme, das er erlebt hat, heraufbeschwören. Dabei stehen ihm Tränen in den Augen.

47. Vom Aufbrechen der Schale, die das Verstehen umschließt

Kalamariá, den 17.8. 2005

Liebe Freunde!

Bevor ich anfange Euch von Hamburg zu erzählen, wo es in diesem Sommer überhaupt nicht warm und hell wurde, bevor ich womöglich noch andere wolkenreiche Geschichten hinzufüge, nehme ich Euch in Gedanken erst einmal mit zum Schwimmen an die sommerwarme Ägäis.

Es ist früher Morgen, der Sandstrand noch unberührt, die Luft frisch. Die Gläser sind gefüllt mit Frappé-Kaffee und ein paar Eiswürfeln, Viki, in deren Ferienhaus wir diesmal übernachten, holt beim Bäcker ein paar Sesamstangen fürs Strandfrühstück. Ich freue mich, dass Ihr - zumindest in meiner Fantasie - dabei seid; manchmal fehlen mir hier immer noch Freunde, die vom Leben etwas mehr wahrnehmen als die Oberfläche. Viki kommt mir vor wie ein Mensch, der zwar ahnt, dass sich unter der Oberfläche noch eine Welt befindet, sich aber nicht traut unterzutauchen.

Ihr Schwimmstil entspricht ziemlich genau dieser Lebenseinstellung: Sie behält im Wasser die Sonnenbrille auf und achtet peinlich genau darauf, dass ihre Haare nicht nass werden. Auf diese Weise bleibt ihr nur ein etwas unbeholfener Brustschwimmstil, bei dem sich der Körper gegen das Wasser stemmt statt sich von ihm tragen zu lassen und mit dem sie deshalb auch kaum vorankommt.

Ich stürze mich immer mit Haut und Haaren in die Fluten. Wenn ich nicht ganz und gar untertauche, habe ich nicht das Gefühl, wirklich im Wasser zu sein. Mit einer Mischung aller Schwimmstile und unter Verausgabung aller Kräfte schwimme ich in hohem Tempo weit hinaus und lasse mich vom Wasser und allen seinen Launen schaukeln, wiegen, hin- und herschleudern, abkühlen, einsalzen...

Ob ich von dem, was sich unter der Oberfläche abspielt, auf diese Weise mehr mitbekomme? Da bin ich nicht sicher, denn mit

Kontaktlinsen kann ich die Augen nicht öffnen und ohne Kontaktlinsen bin ich so blind. – Wenn das mal nicht auch im übertragenen Sinn zutrifft!
Bevor die Metaphern überhand nehmen, lasst uns lieber schnell eintauchen – das Wasser lockt, das Frühstück wartet.

Vorgestern Nachmittag bin ich durch Hamburg gebummelt, habe meine neuen Kontaktlinsen abgeholt, mit denen die Stadt, vom vielen Regen frisch gewaschen und in ein goldenes Sonnenlicht getaucht, noch glänzender aussah als sowieso schon. Bin an den Buchhandlungen des Univiertels entlang geschlendert und hätte sie am liebsten gleich leergekauft, so erfreut war ich, dass ich alle Titel verstehen konnte. Habe am Esoladen und am Teekontor geschnuppert, die es beide in Griechenland nicht gibt, und an den Bäckereien, die in Thessaloníki ganz anders riechen als in Hamburg…
Gestern Nachmittag um die gleiche Zeit bin ich durch Kalamariá gebummelt, habe im Lottoladen meine Strom- und Wasserrechnung bezahlt und bei „Masoútis" eingekauft.
Die Temperatur war genau doppelt so hoch wie in Hamburg, 34 statt 17 Grad, die Stadt friedlich, staubig und leer. Die Kioskbesitzer saßen Zeitung lesend vor ihren Häuschen, viele Geschäfte waren geschlossen. Der mürrische Gemüsehändler, der einen immer übers Ohr haut, sprach mich direkt freundlich an, ihm fehlen wohl die Kunden. Nur bei „Goody´s", der griechischen Entsprechung zu „MacDonald´s", saßen wie immer ein paar Leute…
Das ist alles so völlig anders als in Hamburg und trotzdem ist es mir überhaupt nicht mehr fremd. Kalamariá ist nicht schön, aber es ist *mein* Viertel, an dem mich eigentlich nichts begeistert außer der Tatsache, dass es so gleichzeitig und gleichberechtigt neben all dem existieren kann, was ich sonst „Zuhause" nenne. Immerhin regt mich Kalamariá täglich an, genau hinzusehen und über die Welt zu staunen – hier wie dort.

Darüber, dass mein staunender Blick wiederkehrt, bin ich unendlich froh. Ich hatte schon gefürchtet, er sei mir ganz abhanden gekommen. Mein rechter Ringfinger hatte in den letzten Wochen fast meine gesamte Aufmerksamkeit beansprucht. Merkwürdig, wie so ein kleiner Finger einem die Aussicht auf den Rest der Welt verstellen kann!

Ich hatte mir Ende Juli den Finger gebrochen. Beim Röntgen wurde festgestellt, dass im Knochen ein Tumor ist, der den Knochen fast ganz zersetzt hat. Der Tumor ist gutartig, muss aber operiert werden und das fehlende Stück muss mit Knochenspänen aus dem Becken aufgefüllt werden.

So habe ich also eine zweite Aufgabe: Neben dem Leben im Ausland muss ich mich mit der Welt der Krankenhäuser und Operationsverfahren auseinandersetzten, die mir fast ebenso fremd ist wie ein fernes Land.

Wenn ich für immer nach Griechenland ausgewandert wäre, bliebe mir nichts übrig als die beiden Erfahrungsbereiche, Ausland und Gesundheitssystem, zu kombinieren. Ich bin sicher, dass eine Odyssee durch griechische Krankenhäuser (in dem Stil wie ich sie in den letzten Wochen durch deutsche Krankenhäuser erlebt habe) mir einen tiefen Einblick in wichtige Bereiche meines Gastlandes bescheren würde. Aber ich bin froh, dass ich das Privileg habe, darauf zu verzichten. Man kann sich auch mit „Landeskunde" überfordern!

Also werde ich ab September eine „Inlandserfahrung" dazwischen schieben. Bis dahin muss der Bruch heilen, damit das Ganze bei der OP ein bisschen stabiler ist.

Zeitweise tut der Finger sehr weh, aber ich denke, da konzentriert sich dann auch die ganze Angst und Ungewissheit im Schmerz an einem Punkt. Und natürlich die Frage, was das jetzt soll? Mir? Nachdem ich endlich halbwegs in Griechenland angekommen bin?

Bei Khalil Gibran habe ich den Satz gefunden: „Der Schmerz ist das Aufbrechen der Schale, die das Verstehen umschließt." – Und schon werde ich wieder neugierig, was für ein Verstehen da frei werden kann…

Vielleicht finden wir das gemeinsam heraus, wenn wir uns im Herbst in Hamburg sehen.

Bis dahin wünsche ich Euch eine gute Zeit und schicke Euch liebe Grüße!

Gesine

48. Was wir leben und was wir in uns tragen

21.8.2005

„Und ich möchte Sie, so gut ich es kann, bitten, Geduld zu haben gegen alles Ungelöste in ihrem Herzen und zu versuchen, die Fragen selbst lieb zu haben wie verschlossene Stuben und wie Bücher, die in einer fremden Sprache geschrieben sind. Forschen Sie jetzt nicht nach den Antworten, die Ihnen nicht gegeben werden können, weil Sie sie nicht leben könnten. Und es handelt sich darum, alles zu leben. Leben Sie jetzt die Fragen. Vielleicht leben Sie dann allmählich, ohne es zu merken, eines fernen Tages in die Antworten hinein."

Diesen Text von Rilke habe ich von einer CD-Hülle abgeschrieben, als ich in Deutschland war. Hier am Strand von Naxos, wo ich ihn noch einmal lese, kommt er mir in seiner Dringlichkeit sehr „deutsch" vor. Deutsche Gedanken und Gespräche kreisen – seit Walther von der Vogelweide - ständig darum, „wie man zer Welte sollte leben".
„Geduld zu haben gegen alles Ungelöste" scheint nicht gerade die Stärke meiner Landsleute zu sein. Sie forschen unermüdlich nach den Antworten, zerbrechen sich den Kopf über Kindererziehung und Pisastudie, Vergangenheitsbewältigung und Schuldfragen, Europa und Ausländerintegration, Klimakatastrophe und Umweltschutz… - Und sogar darüber, ob sie von anderen Völkern genauso viel Kopfzerbrechen verlangen sollen wie von sich selbst!
In dieser Hinsicht bin ich unverbesserlich deutsch! – Und darum habe ich manchmal die Sehnsucht, die Schwere und das Problembewusstsein meiner eigenen Kultur hinter mir zu lassen: in ein Land zu ziehen, in dem man nicht so sehr unter der Last der historischen und gesellschaftlichen Fragen leidet, weil man sie gar nicht erst mit solcher Dringlichkeit stellt…

In diesem Sommer würde ich außerdem gerne vor all dem fliehen, was in den nächsten Monaten auf mich zukommt. Darum bin ich besonders froh, zum Abschluss des Sommers noch ein bisschen

Feriengefühl tanken zu können, weitab von Arbeit, Krankenhaus und Politik...

Mit meiner Freundin Lisa, ihrem Sohn und dessen Freund genießen wir stundenlang das Frühstücken am Strand, baden, spielen, lesen Kinderbücher vor und dicke Romane selbst. Für ein aktives Leben ist es viel zu heiß und uns ist das gerade recht.

Doch selbst am Strand von Naxos holt uns unsere deutsche Nachdenklichkeit wieder ein: Mit unseren Frappé-Bechern sitzen wir im seichten Wasser und philosophieren darüber, was aus Lebensentwürfen und -träumen wird, wenn sie gelebt und vom Alltag über eine lange Zeit hinweg abgeschliffen und poliert werden – wie die Kiesel, zwischen denen wir in der Brandung sitzen.

Anlass ist unsere gemeinsame Freundin Martina, die seit vielen Jahren auf Naxos lebt, als eines der letzten Exemplare der Aussteigergeneration, die in den 70er und 80er-Jahren auf die griechischen Inseln zog, um ihren Traum von einem einfachen Leben zu verwirklichen.

Ich habe in den letzten Jahren viele deutsche ehemalige Aussteiger getroffen - sie sind aus der griechischen Gesellschaft nicht mehr wegzudenken. Aber sie campieren nicht mehr am Strand. Viele von ihnen haben irgendwo ein verfallenes Haus gekauft, an dem sie in allen Ferien herumbauen, während sie das Jahr über in Deutschland einem bürgerlichen Beruf nachgehen. Andere leben das ganze Jahr über hier, haben eine Surfschule oder eine Pension eröffnet oder in eine griechische Großfamilie eingeheiratet. Sie haben es meistens nicht leicht, ihren alten Traum der Realität anzupassen.

Martinas Geschichte ist nicht nur schwierig, sondern auch traurig: Sie ist während einer Folge von Lebenskrisen von Berlin nach Naxos ausgewandert, überzeugt, dass sich auf der sonnigen Insel alle Probleme von selbst lösen würden. Seit Jahren hält sie sich und ihr Kind mit Putzjobs über Wasser, ohne die Sprache richtig zu lernen und ohne Kontakte zu ihren griechischen Nachbarn zu pflegen, den Blick vernebelt vom Alkohol und einem klischeehaften Traum von einem Aussteigerprinzen. Der soll sie eines Tages mit in seine Inselhöhle nehmen, wo sie von selbstgezogenem Gemüse und handgemachtem Schmuck leben wird, als

„Künstlerin" und voller Verachtung für die bürgerliche Gesellschaft...

Ich weiß nicht genau, was mich daran so traurig macht. Der Traum an sich ist doch schön; vor dreißig Jahren hat ihn eine ganze Generation geträumt und sich damit von der deutschen Schwere entlastet. Aber in Martinas Fall hat er mit einer großen Lebenslüge zu tun, die offensichtlich ihre einzige Alternative zur totalen Verzweiflung ist.

Dass diese Art der Lebenslüge sich gerade hier auf den griechischen Inseln lange hält, bevor sie aufbricht, liegt wohl an dem zauberhaften Licht der Ägäis und dem milden Klima. Allein das reicht aber noch nicht aus eine verletzte Seele zu heilen. Unsere wirklich großen Lebensaufgaben nehmen wir eben doch überall mit hin. - Denn „es handelt sich darum, *alles* zu leben..."

23.8.2005

Um Lebensentwürfe vom Aussteigen geht es auch in dem Roman, den ich gerade lese. Die Motivation ist dort allerdings eine andere als bei den Aussteigern auf den griechischen Inseln.

„Wenn es so ist, dass wir nur einen kleinen Teil von dem leben können, was in uns ist – was geschieht mit dem Rest?" fragt sich der Protagonist in Pascal Merciers „Nachtzug nach Lissabon". Und er steigt aus, um diesem Rest auf die Spur zu kommen.

Welchen Teil lebe ich eigentlich gerade? Was ist mein „Rest"?
Heute Morgen beim Baden in der blauen Ägäis hatte ich plötzlich das Bild vor Augen, wie ich eingegipst in einem Krankenhausbett über einen langen Flur geschoben werde. Die Vorstellung, dass das in ein paar Wochen tatsächlich mein Erleben sein wird, während mein griechisches Leben für mehrere Monate zum ungelebten „Rest" wird, hat mich erschreckt, aber auch erstaunt: So gegensätzlich können die Erfahrungen an der Oberfläche innerhalb eines kurzen Zeitraums sein! *Unter* der Oberfläche ist die ganze Zeit beides in mir: das Wohlgefühl des Schwimmens im warmen Meer und das Ausgeliefertsein an die Krankheit.

Ich werde versuchen, die blaue Ägäis mit ins Krankenhausbett zu nehmen…
In diesem Fall finde ich es tröstlich, dass ich die wertvollen Schätze meiner Erinnerung überallhin mitnehmen kann.

27.8.2005

In diesen Tagen bin ich besonders bewusst auf Schatzsuche. An einem Morgen stehe ich sehr früh auf und fahre im Dunkeln ins Landesinnere. Mehrmals halte ich in der Nähe eines Dorfes und lausche den Geräuschen des erwachenden Lebens. Kurz vor Sonnenaufgang kreuzen zwei alte Männer mit Eimern und Säcken die Straße. Ich halte an und frage, wohin ich sie mitnehmen soll. Sie sind auf dem Weg zur Feigenernte bei der Kapelle der Agia Marina. Dort beginnt auch der Pfad zum Zas, dem höchsten Berg der Insel. Ich habe nicht unbedingt vorgehabt, ihn zu besteigen, aber das Morgenlicht lockt mich zum Gipfel, und so blicke ich zwei Stunden später vom höchsten Punkt der Kykladen über den inselgesprenkelten Horizont bis nach Santorini, Paros und Mykonos. Die Stimmung ist trotz der schroffen Kargheit der Landschaft ganz sanft, ein weicher Wind kühlt die Haut, die Sonne steht noch schräg und lässt statt echter Farben nur unterschiedliche Licht- und Schatteneffekte spielen…In diesem Augenblick fängt Naxos an, mir etwas Besonderes zu sein. Die Austauschbarkeit mit anderen Kykladeninseln und mit den Klischeebildern der üblichen Postkarten weicht dem prallen Erleben mit allen Sinnen.
Kurze Zeit später bekommen auch die Naxioten ein erstes individuelles Gesicht. Einer der beiden alten Männer, die zum Feigenpflücken in die Berge gegangen sind, lädt mich zu einem Kaffee in sein Haus ein. Es liegt in einem großen Weinberg am Hang des Zas, umgeben von Pfirsich- und Feigenbäumen. Der alte Mann ist hier geboren und aufgewachsen, bevor er vor über vierzig Jahren nach Athen gezogen ist. Den Winter verbringt er auch als Rentner noch in Athen bei seinen Kindern, im Sommer wohnt er im Dorf auf Naxos und geht nur zum Ernten zu seinem Elternhaus in die Berge.

Während er auf dem Gaskocher griechischen Kaffee kocht, erzählt er mir, wie er jedes Jahr tausend Liter Wein macht: Die Trauben werden nach der Ernte für zehn Tage auf das Flachdach gelegt, damit sie noch süßer werden. Danach fegt er sie direkt in eine ans Dach angrenzende Wanne, groß wie eine Zisterne, in der er die Trauben mit den Füßen zerstampft. Durch ein Abflussrohr fließt der Saft dann direkt in die darunterstehenden Fässer. Der fertige Wein wird in leere Colaflaschen abgefüllt und reicht für alle Hochzeiten, Taufen und Kirchweihfeste des kommenden Jahres.

Mir schenkt er auch eine Colaflasche mit Wein, den ich abends mit Lisa probiere: Er hat einen ganz eigenen Geschmack, herb wie die Landschaft. Den werde ich von nun an immer mit Naxos verbinden.

28.8.2005

Auf der Fähre stehe ich an der Reling und sehe Naxos und den Gipfel des Zas im Dunst versinken. Bei Mercier lese ich:
„Auch im Raum erstrecken wir uns weit über das hinaus, was sichtbar ist. Wir lassen etwas von uns zurück, wenn wir einen Ort verlassen, wir bleiben dort, obwohl wir wegfahren."

Jetzt lasse ich also auch auf Naxos etwas zurück: auf dem Gipfel des Zas und im Weinberg des alten Mannes, in den kühlen Schmetterlingstälern und an den glühenden Stränden, in den Gassen der Altstadt und auf der Dachterrasse der Pension, wo ich an den sternklaren Abenden mit Lisa gesessen und Naxoswein getrunken habe…

Wenn Merciers Satz stimmt, habe ich mich inzwischen über ganz Griechenland verstreut, habe etwas von mir auf Samos zurückgelassen, auf Paros, Kea und der Chalkidikí, in Athen, Jánnina und im Ípiros, auf dem Pilion und natürlich überall in und um Thessaloníki.

Was ist es, das wir zurücklassen, wenn wir gehen? Doch hoffentlich kein Müll wie die Plastikflaschen, die überall liegengelassen werden? Ist das Zurückgelassene für andere wahrnehmbar, sogar störend? Verschmutzen wir die Inseln mit unserer zurückgelassenen Anwesenheit? Oder ist die nur für uns selbst wahrnehmbar, wenn wir irgendwann zurückkommen und uns neu damit verbinden?

Wenn ich überall etwas von mir zurücklasse – fehlt mir dann etwas? Oder ist es vielmehr so, dass ich von überall auch etwas mitnehme, das mich reicher macht; reicher an Begeisterung über die Schönheit vieler Orte, an Empathie für die Menschen, denen ich dort begegnet bin, reicher an Dankbarkeit – aber auch an Bedauern darüber, dass ich nicht alles auf einmal leben kann?

„Worauf es ankäme, wäre, sich sicher und mit dem angemessenen Humor und der angemessenen Melancholie in der zeitlich und räumlich ausgebreiteten inneren Landschaft zu bewegen, die wir sind", schreibt Mercier. Das klingt auf „angemessene" Weise abgeklärt.

Ich bin aber noch so voller Lebenshunger!

.

49. Kleine und große Abschiede

18.9. 2005

Eigentlich bin ich im Abschiednehmen ziemlich geübt. Ich habe in meinem Leben schon mehr Abschiede herbeigeführt als unbedingt nötig waren: Abschiede von Menschen, Orten, Wohnungen, Jobs, Lebensgewohnheiten... Nicht, dass ich Abschiede liebe oder dass sie mir besonders leicht fallen – aber ich liebe Neuanfänge, und die sind unweigerlich mit dem Verabschieden von alten Lebensweisen verbunden. Natürlich könnte ich mich möglichst unauffällig aus der alten Lebenssituation hinausstehlen, aber wenn ich mich bewusst verabschiede, gelingt mir der Neuanfang danach leichter. Außerdem entsteht beim Übergang vom alten zum neuen Lebensabschnitt neben dem Schmerz ganz viel Dankbarkeit und - wenn nötig - die Chance zur Versöhnung mit dem Vergangenen.
Als ich vor zwei Jahren aus Deutschland wegging, kam mir der Gedanke, dass es gut ist, im Laufe meines Lebens immer wieder kleine Abschiede zu üben – als Vorbereitung auf den „großen Abschied", von dem ich mir ja auch wünsche, dass er versöhnt und in Dankbarkeit gelingt. Im Gegensatz zu den „kleinen Abschieden" weiß ich beim „großen Abschied" überhaupt nicht, was danach kommt. Aber weiß ich es denn bei den „kleinen Abschieden"? Das Neue mag ich mir in meiner Fantasie noch so bunt und detailliert ausgemalt haben, meistens kommt es dann doch ganz anders! So sind Abschiede jeder Größe für mich eine Übung in Vertrauen...

Den Abschied von Thessaloníki vor der langen Krankheitszeit in Deutschland habe ich mir nicht ausgesucht. Im Gegenteil: Noch nie habe ich so gern in Thessaloníki gelebt wie jetzt! Plötzlich stören mich nicht einmal mehr der Verkehrslärm und der Dreck. Ich genieße jede Abendstimmung auf dem Balkon und jeden Fetzen Musik, der vermischt mit Fischgeruch und Abgasen von der Taverne gegenüber herüberweht. Völlig in Einklang mit mir und meiner Stadt, den Menschen und ihren Rhythmen entstehen in den letzten Tagen noch viele schöne Begegnungen: mit einer Gruppe von Kollegen auf Patricks Balkon und mit meinen Freunden, die ich am letzten Abend zu einem Bratschenkonzert in meine Wohnung einlade.

Zum ersten Mal, seit ich hier lebe, lasse ich meine Freunde an meiner Begeisterung für Musik teilnehmen. Das ist wunderschön, viel besser, als in bedrückter Stimmung einen Abschiedsabend zu organisieren oder kleinlaut um Unterstützung zu bitten. Auf diese Weise habe ich meinen Freunden etwas Wertvolles anzubieten und etwas mit ihnen zu teilen, wofür es sich lohnt, wieder gesund zu werden. Ich weiß nicht, wie viel meine Freunde tatsächlich mit meiner Musik anfangen können, auf jeden Fall schafft sie Nähe zwischen uns und eine Basis für den Kontakt von weitem. Gemeinsam freuen wir uns auf meine Rückkehr – nach Hause: Wo man solche Freunde hat und solche Konzerte gibt, ist man wirklich ein bisschen – nein: dort ist man tatsächlich! – zu Hause.

Trotzdem tun die vielen kleinen Schritte des Aufbruchs weh. Dass mir beim Abschließen meiner Wohnung die Tränen kommen würden, hätte ich mir noch vor einem Jahr nicht träumen lassen! Zum Glück habe ich kurz zuvor Odysséas kennengelernt, der mich im Auto nach Deutschland mitnimmt. In der goldenen Nachmittagssonne fahren wir über das Ípiros-Gebirge, essen in Métsowo Kokorétsi, bummeln in Joánnina am See entlang und Odysséas erzählt mir die Geschichte von Alí Paschá, dem „Löwen von Joánnina" und Gastgeber Lord Byrons.

Als es dunkel wird, mache ich es mir auf der Rückbank bequem, blinzle in die Sterne, beobachte Odysséas beim konzentrierten Autofahren und fühle mich geborgen wie ein kleines Kind. Es ist schön, mich jemandem anzuvertrauen, der mich sicher durch die Nacht kutschiert.

Im Fährhafen von Igoumenítsa erlebe ich Odysséas von einer ganz anderen Seite: Laut und mit großen Gesten streitet er mit den Angestellten des Fährbüros um die Ticketpreise; die sind nämlich seit der letzten Woche plötzlich um ein Drittel gestiegen. Auch so ist Griechenland: aufbrausend, schlitzohrig, unverschämt - und in der verklärenden Stimmung, in der ich bin, finde ich das eigentlich amüsant.

Die Ausfahrt aus dem Hafen ist wieder so ein kritischer Punkt. Ich will hier nicht weg! Wer weiß, wohin diese Reise mich bringt?! Immer wieder kommt mir der Gedanke, es könnte etwas schief gehen und ich könnte dabei sein, mich vom Leben zu verabschieden. In Momenten wie diesem fände ich das sehr schade. Der Mond scheint, der Wind ist lau, ich krieche in meinen Schlafsack und bin müde genug, um sofort einzuschlafen.

Als ich aufwache, bricht gerade die Morgendämmerung an. Am Himmel ballen sich mehrere Schichten abenteuerlich geformter Wolken, die sich grau und lila vor das gelbe Morgenlicht schieben, ein dramatisches Schauspiel, zu dem mir einige italienische Arien einfallen. Ich schmettere sie auf dem obersten Deck gegen den Wind, auf einmal voller Überschwang und guter Laune: Diese Reise ist das Beste, was mir in dieser Übergangszeit passieren kann!

In Süditalien begegnen wir erst einmal Griechenland. Odysséas kennt alle griechischen Tempel am Weg und fährt sogar einen Umweg über Paestum. – Nie zuvor habe ich eine so heitere, rhythmische, harmonische Tempellandschaft gesehen wie hier! Ich nehme mir vor, mein Gedächtnis für diese Tage ganz scharf zu stellen, so dass ich all die besonderen Eindrücke speichern und noch einmal erleben kann, wenn ich später krank im Bett liege. Wie die Maus Frederik aus der Kindergeschichte bin ich dabei, Schätze für den Winter zu sammeln…

Bei der Einreise in Deutschland gießt es in Strömen, es ist dunkel und kalt, die Autobahn ist voller Staus, die Raststätte überfüllt. Odysséas ist von dieser geballten Ladung finsterer deutscher Lebensbedingungen wie vor den Kopf geschlagen. Aus einem lebenslustigen, vor Energie sprühenden Südländer wird plötzlich ein unbeholfener kleiner Junge, der an den Straßenrand fährt und nicht weiter weiß. Ich dagegen kenne mich mit Kälte, Nässe und Überfüllung aus. Ich besorge uns ein Zimmer bei einer Gartenzwergfrau in Oberammergau, wo wir uns erst einmal ausschlafen können. Die Wirtin mustert Odysséas mit einem abschätzigen Blick auf den „Ausländer" und einem anklagenden Seitenblick auf mich, als hätte ich sie betrogen. Und plötzlich fällt mir auf, wie klein er tatsächlich ist, wie viel Ähnlichkeit er äußerlich mit einem der anatolischen Bauern hat, die als Gastarbeiter in Deutschland leben, ganz fremd und ohne gute Strategien, sich gegenüber Vermieterinnen und Gartenzwergen durchzusetzen. Also übernehme ich das Steuer und fahre ihn am nächsten Tag bis kurz vor sein deutsches Zuhause.

Odysséas´ Frau begrüßt mich mit großer Herzlichkeit. Ich fühle mich umgeben von liebevoller Gastfreundschaft, Büchern und CDs sofort sehr wohl. Wir verbringen einen Abend mit tiefen Gesprächen und Musik von Chatsidákis und Schubert. Zum ersten Mal erlebe ich in Deutschland Menschen, die seit vielen Jahren zwischen Griechenland und Deutschland pendeln und durch ihr Leben beide Kulturen miteinander verbinden.
Im Moment erscheint es mir eher beneidenswert, sich nicht auf eine Kultur und Lebensweise beschränken zu müssen, sondern sich in beiden Ländern an ihren besten Seiten zu freuen: dort an Sonne und Gelassenheit, hier an kultureller Lebendigkeit und gedanklicher Ernsthaftigkeit – und an einem zuverlässigen Gesundheitssystem!

50. Lila Leuchtengel und ehrbarer Egoismus

Zurück in Kalamariá, den 18.12.2005

Liebe Freunde!

Bei meinem letzten Brief aus Kalamariá saß ich im T-Shirt und barfuß am Computer, es war mindestens dreißig Grad wärmer als heute, wo der Vardáris-Sturm den Schneeregen gegen die Fensterscheiben peitscht und die Feuchtigkeit in grauen Streifen die fensterlose Wand gegenüber hinunterkriecht.
Das ganze vergangene Jahr war ein Wechselbad aus gegensätzlichen Erfahrungen und so erstaunt es mich nicht, dass auch meine Rückkehr in den griechischen Alltag von Extremen geprägt ist. Zur Begrüßung überreichten mir meine Freundinnen mitten im Dezember einen großen Strauß Tulpen und nahmen mich vom Flughafen direkt mit in eine Taverne, wo wir draußen in der Sonne Ouzo mit Mezédes bestellten. In einer Gegend mit verrotteten Baracken neben verglasten Bürohäusern, mit Schrottplätzen neben den Resten ehemaliger Olivenhaine, mit Roma-Siedlungen, Reklametafeln und streunenden Hunden, bei 20 Grad und Blick auf Müll und Meer wich meine besinnliche hamburger Adventsstimmung schnell thessaloniker Frühlingsgefühlen.
Als ich in meiner Wohnung die Rollläden hochzog, um den glitzernden Meerblick und die Nachmittagssonne hereinzulassen, war ich froh, wieder zu Hause zu sein. Aber kurz nach Sonnenuntergang wünschte ich mich zurück an den Hamburger Küchentisch zu Euch, meinen Freunden und Gastgebern der letzten drei Monate…

Mein Start in der Schule war über alle Erwartungen positiv: Fast alle Schüler freuen sich überschwänglich und lautstark, dass ich wieder da bin. Sie begrüßen mich mit Sprechchören und Gebrüll und schenken mir Plastikblumen, griechische Süßigkeiten und selbstgemalte Bilder. Im Unterricht sind sie voller freudiger Erwartung – aber leider äußert die sich nicht in irgendeiner Art von Disziplin. Genauso laut wie ihr Jubel sind auch ihre sonstigen Lebensäußerungen. Ich kann das eine nicht ohne das andere haben – und über den Jubel habe ich mich gefreut: Auch das ist Griechenland!

Griechenland eine Woche vor Weihnachten – das ist auch ein Blick durchs Fenster auf die bunt gesprenkelte Stadt: Am gegenüberliegenden Balkon baumelt ein Weihnachtsmann an einem rot-grünen Fallschirm. Tag und Nacht senden die roten und grünen Streifen Lichtsignale in mein Wohnzimmer.
Im Stockwerk darunter schaukelt sein Zwillingsbruder in einer Mondsichel, die von einem Rentier-ähnlichen Gewirr aus blinkenden Röhren gezogen wird. Um ihn herum klicken rote und lila Schneeflocken abwechselnd an und aus. Das Arrangement auf dem Balkon der nächsttieferen Wohnung ist vom Sturm so zerzaust, dass man es nicht mehr erkennen kann, aber dafür dudelt irgendein Apparat den ganzen Tag ein elektronisches „Jingle Bells" vor sich hin. Im Nachbarhaus hat man weniger Aufwand getrieben: Dort sind lediglich alle Balkongeländer mit blauen Lichterketten umwickelt, deren leuchtende Spur in einem hektischen Tempo hin und herhuscht.
Gerade geht eine Auto-Alarmanlage los, eine Kombination aus vier verschiedenen schauerlichen Signalen, um die sich niemand kümmert, so sehr sind wir alle daran gewöhnt. Von den „Jingle Bells" ist vorübergehend nichts mehr zu hören.
Wer noch nicht genug hat, findet auf der Verkehrsinsel beim Weißen Turm eine Versammlung von lila Leuchtröhren-Engeln mit flackernden Heiligenscheinen, die jeweils durch ein Schild gekennzeichnet sind: Agápi, Eiríni, Chará…(Liebe, Frieden, Freude…). Auch das ist Griechenland - und erinnert mich doch irgendwie an Bölls „Nicht nur zur Weihnachtszeit": „Friede, Friede, Friede…".

Und während Ihr wahrscheinlich in der warmen Stube beim Adventskaffeeklatsch sitzt, ziehe ich meine Thermo-Skihose und zwei paar Socken an, koche heißen Tee, gönne mir einen Lidl-Lebkuchen - die Heizung ist wieder einmal ausgefallen - und überlege, wie lange ich mich noch auf dieses Land einlassen will. Mein Vertrag mit der Schule läuft im Sommer aus, aber ich habe das Gefühl, von Griechenland noch nicht viel verstanden zu haben und wünsche mir mehr Zeit als ich neben der Arbeit habe, um aus all den Anfängen, Sprachkenntnissen, Bekanntschaften und flüchtigen Einblicken etwas zu machen.

Soll ich ein Urlaubsjahr beantragen? Wenn ich meine noble Panoramawohnung gegen eine bescheidene Bleibe tausche, kann ich mir das sogar leisten.

An manchen Tagen male ich mir ganz begeistert mein griechisches Leben fernab der Deutschen Schule aus, und bin voller Zuversicht, eine neue Intensität der Begegnung herbeiführen zu können.

An anderen Tagen weicht die Zuversicht angesichts der Oberflächlichkeit vieler Beziehungen oder mir völlig unverständlicher Alltagserlebnisse dem Zweifel, ob vorurteilsfreies Verstehen (mir) überhaupt möglich ist.

Ratlos macht mich zum Beispiel eine Deutschstunde in der 9. Klasse. Es geht um Personenbeschreibung und die Aufgabe lautet, jedem Klassenkameraden eine besondere Stärke zuzuordnen, die ihn auszeichnet. Während den Jugendlichen der deutschen Abteilung viele Eigenschaften einfallen: „...kann gut malen, gut Streit schlichten, ist geduldig, sieht süß aus", bereitet es den Schülern der griechischen Parallelklasse sichtlich Mühe, Stärken ihrer Klassenkameraden zu benennen. Zu sehr sind sie dazu erzogen, ihre Mitschüler als Konkurrenten zu betrachten.

Schließlich formulieren sie: „... ist klug, ist fleißig, kann gut auswendig lernen und - ist egoistisch!" Egoismus als positive Eigenschaft? Ich frage nach, aber die Schüler sind sich einig: „Charálambos ist sehr egoistisch und das ist gut."

Handelt es sich vielleicht um ein sprachliches Missverständnis? Doch Egoismós ist ein griechisches Wort und bedeutet dasselbe wie im Deutschen.

Allerdings habe ich schon oft erlebt, dass die Erfahrungen, die hinter den Wörtern stecken, bei Griechen und Deutschen völlig unterschiedlich sind. Im Extremfall gibt es griechische Wörter, für die wir im Deutschen keine Entsprechung haben, weil die Erfahrungen fehlen und umgekehrt.

„Filótimo" ist so ein Wort. Es bezeichnet die Qualität, die griechische Großfamilien oder Freundeskreise zusammenhält. Wer Filótimo hat, ordnet seine eigenen Bedürfnisse denen der Familie oder Gruppe unter, fügt sich ihren Regeln, verteidigt mit allen Mitteln die Ehre seiner Familie oder Gruppe gegen Angriffe von außen und leitet daraus seine eigene Ehre ab.

Innerhalb der Gruppe ist Filótimo mit Egoismus unvereinbar, nach außen entsteht häufig ein ausgeprägter „Gruppenegoismus", mit dem man versucht, der eigenen Sippe Vorteile gegenüber den anderen zu verschaffen. Viele meiner Schüler, die so hart darum kämpfen, bessere Noten zu bekommen als ihre Klassenkameraden, kämpfen auf diese Weise für die Ehre ihrer Familie, aus Filótimo sozusagen. Vor diesem Hintergrund ist Egoismus tatsächlich eine erstrebenswerte Eigenschaft – und vor allem eine, die sich auszahlt:

Man bekommt dafür – außer der Ehre – die Geborgenheit in der Familie, ein Gefühl unerschütterlicher Zugehörigkeit und Anerkennung. - Auch das ist Griechenland.

Solche Zusammenhänge beginne ich erst mühsam mit Hilfe von Freunden zu verstehen, die in beiden Ländern zu Hause sind. Die tägliche Arbeit mit den Jugendlichen der griechischen Oberschicht ermöglicht mir zwar einen interessanten aber doch recht einseitigen Einblick in die Gesellschaft. Ich möchte noch andere Aspekte kennenlernen.

Sobald ich den Brief an Euch abgeschickt habe, werde ich den Urlaubsantrag ausfüllen!

Euch überlasse ich jetzt der Plätzchenbäckerei oder dem vorweihnachtlichen Endspurt, wünsche Euch, dass Ihr an Weihnachten zur Ruhe kommt und es warm habt (!) , dass Ihr das alte Jahr versöhnt abschließen und das neue mit Zuversicht beginnen könnt und grüße Euch von Herzen!

Gesine.

51. Griechische Tradition – griechische Zukunft

13.1. 2006

Das neue Jahr beginnt wie überall in Griechenland mit dem Anschneiden der Vassilópita, einem großen Kuchen, der nach dem Ai Vassíli, dem Weihnachtsmann, benannt ist und eine Glücksmünze enthält. Wer sie bekommt, dem bringt sie Glück im neuen Jahr. Zu dem Anlass lade ich meinen Chor zu mir nach Hause ein, besorge einen großen Sack Feuerholz für den Kamin und betrete die nächste Konditorei, um eine Píta zu kaufen. Doch die gibt's nur auf Bestellung. Was bleibt mir anderes übrig, als selbst eine zu backen? So klingele ich an der Tür meiner Nachbarin, um sie um ein Rezept, ein großes Blech und einen Platz in ihrem Backofen zu bitten. Koúla ist sehr erfreut, mich in die Geheimnisse einer lebendigen griechischen Tradition einzuweihen. Sie diktiert mir das Rezept, heizt ihren Ofen an und kommt extra noch einmal vorbei, um mich zu erinnern, dass ich das „φλουρί", die Glücksmünze, nicht vergessen soll.

Die Gäste kommen ungefähr eine Stunde nach der vereinbarten Zeit und auch sonst wird das Fest besonders „griechisch". Die Männer stimmen griechische Lieder an, erzählen griechische Geschichten, klickern mit ihren Kombolóis. Irgendwann wenden sie sich der Politik zu und jemand stellt die pathetische Frage, ob Griechenland eigentlich eine Zukunft habe. „Ach", ruft Thanássis, „Griechenland hat eine Vergangenheit. Man kann nicht alles haben!"
„Aber was für ein Umgang mit der Vergangenheit!" Aléxandros zieht dramatisch die Schultern hoch. „Die Luftwaffenakademie heißt ´Schule des Ikaros´ - ausgerechnet nach *dem* Helden, der gar nicht fliegen konnte und in den Tod stürzte! Griechenland hat tatsächlich keine Zukunft!"
„Immerhin" wirft Póppi ein, „haben wir den Aristotélous-Platz im Zentrum, das Posidónio-Schwimmbad und den Fußballclub ´Aris´. Auch mein Name hat eine schöne antike Bedeutung." Und sie erzählt, wie sie als junge Frau in England studiert und dort et-

was über ihren Namen gelernt hat: Ihr Professor habe gesagt, wenn man so einen poetischen Namen trüge wie Kalliópi und noch dazu aus der „Wiege der abendländischen Kultur" käme, sei es unwürdig, eine Verniedlichung wie Póppi hinzunehmen. Also habe sie im englischen Lexikon nachgeschlagen um herauszufinden, wer Kaliópi war. Von den sieben Musen hatte sie noch nie gehört…

Daraufhin sprechen alle über die Namen ihrer eigenen Kinder. Niemand hat sich bei der Namensgebung Gedanken um die Vorbilder der großen antiken Vergangenheit gemacht. Wie wäre es sonst möglich, dass eine Mutter ihren Sohn Oréstis nennt, nach dem „Helden", der seine Mutter umbrachte? Oder dass ein Mädchen Médea heißt - wie die unglückliche Prinzessin aus Kolchis, die ihre beiden Kinder tötete? Immerhin ist mir noch kein Ödipus begegnet, aber seit kurzem habe ich eine Persifóni in der Klasse, eine kleine Schönheit mit großen braunen Kulleraugen, die mir schon darum sympathisch ist, weil ich mich mit dem Göttinenarchetypus der Persephone intensiv beschäftigt habe. Wie groß ist meine Ernüchterung, als ich feststellten muss, dass „meine" Persifóni keine Göttin der Unterwelt, sondern ein ziemlich dummes Gänschen voller Teenie-Allüren ist!

Jáson – nicht der Anführer der Argonauten, sondern der 2. Tenor aus meinem Chor – lässt sein Komboloi durch die Finger gleiten. Diese Perlenkette aus Plastik, Glas, Edelsteinen oder Silber ist eine Errungenschaft aus einer anderen Epoche der griechischen Vergangenheit, auf die man sich nicht so gerne bezieht wie auf die Antike: die fünfhundertjährige Herrschaft des osmanischen Reiches. Von den Muslimen wird das Komboloi als Gebetskette verwendet, die Griechen sind stolz darauf, die einzigen zu sein, die es als säkulares Spielzeug verwenden. In Návplio gibt es sogar ein Komboloi-Museum. Jáson erzählt, dass sein Vater eine ganze Komboloi-Sammlung besitzt. Jeden Morgen, bevor er ins Kafeníon geht, wählt er eines davon aus. Wer ihn kennt, kann daran seine Tagesstimmung ablesen.

Schließlich bekommt Thanássis die Glücksmünze und wir stoßen auf die Zukunft Griechenlands an.

Als ich um Mitternacht das Geschirr wasche, wird mir mal wieder klar, wie gut ich es habe, dass ich durch meinen Berufsalltag so viele Facetten meines Gastlandes kennenlerne. Fast bin ich sogar meiner schwierigen und anstrengenden 9. Klasse dankbar, weil ich durch sie so viel über diejenigen erfahre, die die Zukunft Griechenlands prägen werden.

Im Deutschheft von Jorgos S. lese ich folgende Hausaufgabe:
„Besondere Männer in meiner Familie sind mein Großvater, mein Vater und natürlich ich! Obwohl wir viele Ähnlichkeiten haben, sind wir nicht gleich.
Mein Großvater ist sehr geizig und auch sehr hart. Wegen seines Alters ist er auch sehr klein. Távli spielt er sehr gut und er hat mir vieles beigebracht.
Mein Vater ist ganz anders. Im Gegensatz zu meinem Großvater ist er unheimlich großzügig. Ein Nachteil sind seine Nerven: Er schimpft und schreit mit allen den ganzen Tag.
Und ich? Mein Bruder und meine Mutter sagen, dass ich wie mein Vater bin. Leider habe ich Geiz von meinem Großvater geerbt.
Aber alle drei lieben wir Távli und schöne Mädchen."

Nikos Ts. schreibt über die Lektüre, die wir gelesen haben:
„Ich würde dieses Buch nicht anderen Jugendlichen zum Lesen empfehlen, weil es ein dummes Roman ist: es ist sehr psychologisch.
Es ist eine komplizierte Geschichte, wo alle am Ende befreundet werden. Sehr irrelevant!
Ein Charakter in dem Buch ist schwul. Das ist gefährlich.
Noch mehr erfährt man die Historia einer Familie, wo es viele Konflikte gibt. Konflikte sind nicht gut.
Dieses Buch ist ganz schlimm und schlecht. Romane mag die Jugend nicht!"

Vor Weihnachten habe ich versucht für den Musikunterricht ein passendes Thema zu finden, damit ich nicht mit allen Klassen nur „Jingle Bells" und „Last Christmas" singen muss.
Die Soul-Version von Händels „Messias", besonders den Satz

„Every valley", finde ich selbst sehr gelungen und das Stück scheint mir für Mittelstufenklassen weit attraktiver als das klassische Original. Außerdem thematisiert der Text einen Aspekt von Weihnachten, hinter dem man stehen kann, auch wenn man sonst nicht besonders fromm ist: Dass „alle Täler erhöht werden", also alle, die in der Misere leben, daraus auftauchen sollen, ist eine gute Verheißung.

Dazu gehört aber auch die Kehrseite: „Die Berge sollen eingeebnet werden", die Reichen sollen abgeben von dem, was sie haben. Das löst in der 7., der 8. und später in besagter 9. Klasse große Empörung aus:

- Nein, die Reichen sollen nichts abgeben!
- Wer arm ist, ist selber schuld!
- Sollen wir etwa den Albanern helfen?
- Wer reich ist, hat schließlich dafür gearbeitet. Sollen die Albaner sich doch ihren Reichtum selbst erarbeiten!

Katerina lenkt ein: „Sie müssen verstehen, wir kommen alle aus Familien, die sich diese Privatschule leisten können, also eher aus reichen Familien. Da können Sie nicht erwarten, dass wir dafür sind, dass die Reichen abgeben."

Rosalía fragt vorsichtig: „Bekomme ich für das, was ich jetzt sage, eine Note? Nein? Also: Ich bin gegen den Kommunismus! Und das mit dem Abgeben ist Kommunismus!"

Ich versuche es auf einer anderen Ebene: „Die schwarzen Soul-Sänger in den USA, Nachfahren der Sklaven, hatten es sehr schwer eine Arbeit zu finden, mit der sie genug Geld verdienten, um der Armut zu entkommen. Könnt Ihr Euch vorstellen, dass *sie* den Text gut finden?"

- Nein, auch die sind selbst schuld! Sollen sie doch nach Afrika zurückgehen, wenn sie nicht auffallen wollen.

Ich unternehme einen letzten Versuch, eine andere Ebene anzusteuern indem ich die Weihnachtsgeschichte ins Spiel bringe, in der die Hauptperson immerhin so arm ist, dass sie in einer Krippe geboren wird!

- Na ja, aber der Buddha vom Islam, *der* war ein richtiger Prinz!

Was soll ich da noch sagen? Ich bemühe mich redlich Beispiele von Menschen zu finden, die nicht selbst an ihrer Armut schuld sind und die sich zur Identifikation anbieten. In Erinnerung bleibt vermutlich nur: Die Kyría Mielitz ist für den Kommunismus und die Albaner!

Der „Spruch der Woche" zum Thema Konditionalsätze kommt mal wieder aus der 9. Klasse. Lákis formuliert mühsam: „Wenn ich schwarz wäre in Thessaloníki, würde ich mich umbringen." Und sein Banknachbar als Reaktion auf meinen schockierten Blick: „Wenn ich schwarz wäre in Thessaloníki, würde ich in den Cafés CDs verkaufen."

Als ich ins Klassenzimmer der 9. Klasse komme, rutsche ich beinahe auf einem Brei aus zertretener Kreide, Wasser und aufgeweichten Papierkügelchen aus. Ich bitte die Putzfrau, mir Putzsachen zur Verfügung zu stellen, damit die Schüler selbst den Dreck beseitigen können. Sofort fühlt sie sich kritisiert und läuft los, um selbst zu putzen. Es gelingt mir nur schwer, sie davon abzubringen, denn sie kann sich unmöglich vorstellen, dass die „Frau Professor" vorhat, den „Kinderchen" einen Besen in die Hand zu drücken.
Doch kaum betreten wir gemeinsam das Klassenzimmer, da lässt sie mit schriller Stimme eine Tirade vom Stapel, wie ich sie beim schlimmsten Vergehen nie ersinnen würde und die in dem Satz gipfelt: „Την άλλη φορά θα σας σκωτώσω!" („Beim nächsten Mal bringe ich Euch um!") Den Vorschlag, die Jugendlichen putzen zu lassen, hat sie in ihrem Eifer längst vergessen und als ich ihn endlich durchsetze, schütteln die Putzfrau und die Schüler einträchtig die Köpfe ob solch verrückter Methoden. Anschließend gibt es ein fröhliches Gerangel um die Putzutensilien, aus dem hervorgeht, dass weder Iakoumís noch Charálambos oder Thémis je einen Besen in der Hand gehabt haben! Bei ihrem Anblick gelingt es mir schließlich doch mitzulachen…

Wenn ich mir allerdings vorstelle, dass diese Einstellungen zu Konflikten und Armut, zu Albanern, Schwulen und Afrikanern die Zukunft Griechenlands bestimmen könnten, vergeht mir das Lachen.

246

52. Schicksal, Moiren, Leistungsethos

20.1.2006

Ilías ist inzwischen neben Odysséas mein wichtigster Gesprächspartner, wenn es darum geht, die Grenzen meines Verstehens zu erweitern.

Angeregt durch die mir fremden ethischen Konzepte meiner Schüler kommen wir mal wieder auf die Religion zu sprechen und ich frage ihn, wie sich der orthodoxe Glaube eigentlich auf die Menschen auswirkt – abgesehen davon, dass er den Alltag durch zahlreiche Rituale prägt. Ilías meint, die orthodoxe Religion sei eher mystisch als moralisch oder handlungsorientiert. Wie der Pantokrator in der Kirche schwebe das Göttliche immer in einer schwer fassbaren Allgegenwart über den Menschen und bestimme ihr Schicksal, ähnlich wie das anatolische Kismet. Und weil die Weichen für das eigene Leben von einer unerforschlichen höheren Instanz gestellt würden, ergebe man sich darein und käme nicht auf die Idee, selbst Einfluss nehmen zu wollen.

Ganz praktisch sehe das zum Beispiel so aus:
Wenn irgendwo eine Stelle zu besetzen ist, geht man hin und hofft, dass irgendeine schicksalhafte Fügung einem den Job zuschustert. Das „Schicksal" kann z. B. in Gestalt eines Menschen aus demselben Dorf auftauchen, der im Vorzimmer des Personalchefs sitzt und selbstverständlich mit dem Bewerber aus seiner „Patrída" gemeinsame Sache macht. Jedenfalls komme keiner auf die Idee, dass das „Schicksal" sich durch besondere Leistungen oder Qualifikationen beeinflussen ließe. Man braucht sich deshalb auch nicht übermäßig anzustrengen. Wichtiger ist es, sich in sein Schicksal zu ergeben – und die richtigen Leute zu kennen!

Die Auswirkungen dieses Glaubens können zweischneidig sein. Ich verstehe erst jetzt, was da abläuft, wenn Eltern eines Schülers zum Gespräch kommen und mir zu verstehen geben, dass ihre ganze Familie – einschließlich des faulen Sprosses in meiner Klasse – zu den vom Schicksal Begünstigten gehört. Von mir fordern sie lediglich, dass ich das einsehe, dem Schicksal zuarbeite und dem Sohn gute Noten gebe, unabhängig davon, was der in der Schule so treibt und leistet.

Die Familie meiner armen Nachbarin Véta dagegen hat sich längst damit abgefunden, dass das Schicksal sie immer auf die Verliererseite wirft. Sie versucht gar nicht erst, sich dagegen aufzulehnen und aus dem Elend auszubrechen.

Der Schicksalsglaube ist so ziemlich genau das Gegenteil des protestantischen Leistungsethos, mit dem ich aufgewachsen bin – und vielleicht insgesamt der mitteleuropäischen Moral. „Wer immer strebend sich bemüht, den können wir erlösen" heißt ein Schlüsselsatz aus dem „Faust", dem berühmtesten deutschen Drama; in der Matthäuspassion lautet ein besonders drastischer Text: „Buß und Reu´ knirscht das Sünderherz entzwei" und im Calvinismus scheint es möglich, durch Fleiß und Erfolg im diesseitigen Leben zu beweisen, dass man zu den Auserwählten im jenseitigen Leben gehört..

Für Mitteleuropäer, die das Streben, Büßen und Verdienen so verinnerlicht haben, ist die orthodoxe Schicksalsgläubigkeit vielleicht ganz heilsam: Wenn ich mir vorstelle, dass es nicht nur von mir abhängt, was aus mir und meinem Leben wird, dass es mysteriöse höhere Mächte gibt, deren Entscheidungen ich weder durchschauen noch beeinflussen kann, dann kann ich mich entspannter auf das einlassen, was kommt.

In dem Moment, in dem ich die moralischen Forderungen der mitteleuropäischen Erziehung hinter mir lasse, entsteht neuer Spielraum für meine Lebensgestaltung.

Ein Urlaubsjahr, wie ich es plane, ist eine willkommene Spielwiese für Projekte und Träume, die ich mir jenseits von Schicksalsergebenheit oder Leistungsethos ausmale.

Was tatsächlich daraus wird, hängt allerdings nicht nur von mir ab, sondern in großem Maße von den Bedingungen, die ich vorfinde: von den Menschen, denen ich – durch Zufall oder schicksalhafte Fügung? – begegne, von den Entwicklungen in der Politik und Wirtschaft meines Gastlandes, von Natureinflüssen wie Erdbeben,

Waldbränden, Krankheiten - oder dem Verschontwerden davon. So entsteht ein Wechselspiel aus dem, was ich *er*-finde und dem, was ich *vor*-finde: Die „μοῖρες", die antiken Schicksalsgöttinnen, weben und ich versuche, ein bisschen Einfluss auf das Muster zu nehmen. Darüber schwebt in seiner Kuppel der Pantokrator.

53. Griechenland versinkt in zehn Zentimetern Schnee

Kalamariá, den 25.1.2004

Liebe Freunde!

Endlich ist es da, das seit Tagen herbeigesehnte Winterchaos! Die Schule fällt aus, ich habe Zeit einen Brief zu schreiben und Euch zu einem Bummel durch das verschneite Kalamariá einzuladen.

Wir sind nicht die einzigen, die heute den Winter feiern: Während alle öffentlichen Einrichtungen bei knapp zehn Zentimetern Schnee geschlossen bleiben, entwickelt sich in der Fußgängerzone eine ausgelassene Volksfestatmosphäre. Große Schülerinnen flanieren untergehakt und kichernd durch den Schneematsch vor den Schaufenstern, während die halbwüchsigen Jungen breitbeinig und entschlossen, die Hände in den Taschen und die Mützen tief ins Gesicht gezogen gegen den Wind ankämpfen. Kleine Jungen kratzen den Schnee für ihre Schneeballschlachten von den Tavernentischen oder schütteln die Sonnenschirme und freuen sich, wenn die Passanten die Ladung abkriegen. Auf der Straße liegt das Streusalz in dicken Haufen, ein Ladenbesitzer schlängelt sich mit einer Kehrschaufel durch den Verkehr, um eine Schippe davon in seinen Eingang zu befördern. Eine Frau bekreuzigt sich mit dicken Fäustlingen vor der Nische der Heiligen Paraskeví.

Gegenüber von „MacDonald´s" steht ein Salépi-Verkäufer. Er trägt einen deutschen Armeeparka und ein asiatisches Lächeln. Ich spendiere Euch gern einen Becher des orientalischen Wintergetränks, dessen Geschmack mit nichts vergleichbar ist, was ich sonst kenne. Während wir uns die Finger am Becher wärmen und pusten, um trinken zu können, erklärt uns der Mann, was alles im Salépi enthalten ist: Orchideenwurzeln – die machen schön! – dazu Ingwer, Zimt und natürlich orientalische Mengen von Zucker - die machen die Brühe für mich fast ungenießbar!

Vor dem Gebäude des pontischen Kulturvereins steht ein alter Mann, der Lose der staatlichen Lotterie feilbietet, heute mit dem Argument, bei Schnee stiegen die Gewinnchancen! Im Geschäft dahinter gibt es „Esóroucha"; das hat nichts mit Esoterik zu tun, wie ich am Anfang dachte, sondern ist – im Gegensatz zu Exóroucha – einfach Unterwäsche. Im Schaufenster steht eine Puppe im Kunststoffschnee, bekleidet mit lila Tanga und weißer Federboa - Auge in Auge mit den silbergefassten Ikonen im Geschäft gegenüber. Daneben zeigt der Fotoladen mit dem klangvollen Namen „Στην ποιά ωραία στιγμή" („Zum schönsten Augenblick") eine Kollektion schwarzgelockter Babys und blondgefärbter Bräute. Auf der Wellblechwand vor dem seit Jahren im Umbau befindlichen Rathaus kleben Plakate der kommunistischen Partei KKE. Ein entschlossen blickender schnauzbärtiger Mann fordert zu einer Demonstration „gegen den Imperialismus und die Paläste" auf, darunter steht „Δεν υπογράφει!" („Er unterschreibt nicht!") Wer ist der Mann und was unterschreibt er nicht? In solchen Momenten merke ich, dass ich immer noch keine Ahnung habe...

Wie wär's mit einem Kaffee im besten Sacharoplasteío (Konditoreigeschäft, wörtlich: ein Ort, an dem der Zucker plastisch geformt wird) von Kalamariá? Auch hier sind die Menschen heute gut gelaunt. Zwei Hausfrauen diskutieren angeregt darüber, ob Schnee gesund sei oder nicht. Die Kellnerin fragt mich, ob ich nicht froh sei, dass das Wetter endlich mal so ist wie in Deutschland. Zwei alte Männer spielen mit ihren Kombolóis, einer summt dazu eine orientalische Melodie und am Tisch gegenüber liest einer seinem Kumpel einen selbstgeschriebenen Zettel vor, irgendetwas mit Blumen und Schnee. Hat er etwa zur Feier des Ereignisses ein Gedicht geschrieben?

Ich überlasse Euch Euren eigenen Winterbeobachtungen und mache mich auf, um für meine Nachbarin in dem kleinen Flüchtlingshaus ein Namenstagsgeschenk zu kaufen. Worüber freut sich eine Frau, die nur sieben Jahre älter ist als ich, aber so alt wirkt, als hätte sie die „Kleinasiatische Katastrophe" von 1922 noch persönlich erlebt? Wenn ich sie besuche, liegt sie meistens auf dem Sofa und seufzt: „Ach, Sina-mou!" (Mit „Sina" meint sie mich, das ist die einzige Form meines Namens, die sich die Griechen merken können.)

Als ich heute an die Tür klopfe, sind Véta und ihre erwachsenen Töchter noch im Schlafanzug. Das ist nichts Besonderes an einem Tag, den sie sowieso zu kalt finden, um vor die Tür zu gehen.

Sroúla, die Einzige in der Familie, die dabei ist, den Sprung aus dem Elend zu schaffen, sitzt am Computer und schreibt ihre Hausarbeit in Geologie. Ganz stolz erzählt sie mir, wenn die Arbeit gut werde, bestehe Aussicht auf Veröffentlichung und dann werde das Projekt auch umgesetzt.

Es geht um die Ermittlung geeigneter Plätze für neue Müllkippen auf der Sithonía, der schönsten Halbinsel der Chalkidikí. Sroúla ermittelt mit Hilfe eines Computerprogramms, an welchen Stellen die Gesteinsschichten am wenigsten wasserdurchlässig sind und rechnet zusätzlich die Entfernungen zu den nächsten Häusern aus.

- Offene Müllkippen? Die belasten doch auf jeden Fall die Umwelt und stören den Tourismus!

- Eeeeh, was soll man machen? Irgendwo muss der Müll ja hin.

- Aber es gibt doch andere Methoden: Kompostierung, Trennung, Recycling, Verbrennen…

- Nie gehört.

- Und die Tiere? Arbeitet Ihr mit Biologen zusammen?

- Auf der Chalkidikí gibt's keine Tiere! – Nur kleine.

- Bist du mal an den Orten gewesen, die du aussuchst?

- Nein, nicht nötig, das Computerprogramm ist auf dem neuesten Stand!

Abends sehe ich mir das Schauspiel, das zu dem unverhofften freien Tag geführt hat, im Fernsehen an: Der Bildschirm ist in sechs Felder unterteilt, in denen Reporter im heftigen Schneetreiben stehen, Meteorologen vor Wetterkarten sitzen und Politiker ihre Kommentare abgeben. Darunter läuft ein Schriftband mit den wildesten Schlagzeilen:

- Stunden des Alptraums auf der Nationalstraße!

- Unser größter Feind: Das Eis!

- Waterloo im Témbi-Tal!
-Griechenland 16 Stunden lang zweigeteilt!
- Minusgrade bei der staatlichen Organisation!
- Flórina eingefroren!
- Wo bleibt die staatliche Bereitschaft?

Die erhitzte Debatte, die sich über den ganzen Abend hinzieht, dreht sich ausschließlich darum, wer schuld ist an der „Kakokairía" (dem schlechten Wetter) und den Folgen. Die Gesprächsteilnehmer fallen sich gegenseitig ins Wort und versuchen, sich an Lautstärke und Sprechtempo zu überbieten, sie zeigen eine bemerkenswerte Ausdauer darin, über mehrere Sätze hinweg gleichzeitig zu reden, manchmal sogar zu dritt! Das Ganze ist wie ein sportlicher Wettkampf, an dem auch die Moderatorin teilnimmt. Statt das Gespräch zu ordnen, stachelt sie die Teilnehmer durch neue Vorwürfe immer mehr an. Die Atmosphäre ist dermaßen aggressiv, dass ich irgendwann erschöpft abschalte.

In den meisten griechischen Haushalten läuft der Fernseher den ganzen Abend im Hintergrund. Wie wirken sich diese Aggressionen wohl auf das Familienklima aus?

Jedenfalls weiß ich jetzt, wo meine Schüler ihre Vorbilder finden für das Geschrei, das sie jedes Mal veranstalten, wenn man sie ermahnt, leise zu sein, keine Papierkügelchen zu werfen oder ihre merkwürdigen Handygeräusche auszustellen.

„Kyría, ich bin nicht Schuld!", schreien sie alle durcheinander, jeden Satz zehnmal wiederholend und meine Rolle als Moderatorin ist - mitzuschreien!

Doch so lange es schneit, habe ich frei und Zeit, den neuen Krimi von Petros Márkaris zu lesen, in dem übrigens auch die „Parathyrákia" (die „Fensterchen") der griechischen Nachrichtensendungen eine Rolle spielen. Wenn Ihr genauso viel Spaß an den Merkwürdigkeiten des griechischen Alltags habt wie ich, kann ich Euch die Krimis mit Kommissar Charítos nur wärmstens empfehlen.

Zum Leseabend wünsche ich Euch eine warme Stube und einen guten Glühwein - und sende Euch glitzernde Wintergrüße!

Gesine.

54. Auszeit vom Verstehen

4.2.2006

Gespräch mit Ilías über die griechische Geschichte und ihre trau-
matischen Ereignisse im vorigen Jahrhundert:
Das erste große Trauma des 20. Jahrhunderts betrifft die „Kleinasiatische Katastrophe", die Vertreibung der Griechen aus dem
Gebiet der Türkei im Zuge des Bevölkerungsaustausches nach
dem Krieg 1922/23. Über dieses Kapitel der Geschichte wird viel
gesprochen, geschrieben und nachgedacht, mittlerweile nicht mehr
nur einseitig anti-türkisch.
Das zweite große Trauma, der Bürgerkrieg von 1945-49, wird nach
wie vor tabuisiert. Er war wohl deswegen so schrecklich, weil in
ihm Freunde, Brüder, sogar Zwillinge gegeneinander gekämpft haben.

Viele meiner griechischen Bekannten sprechen über die „Kleinasiatische Katastrophe" so lebendig und anschaulich, als hätten sie sie
selbst erlebt. – Dabei können höchstens ihre neunzigjährigen Ur-
großeltern dabei gewesen sein.
Der griechische Bürgerkrieg dagegen ist, so lange ich hier lebe, in
meinem Bekanntenkreis noch nie Gesprächsthema gewesen. Der
einzige, der meiner vorsichtigen Nachfrage nicht ausgewichen ist,
war mein Griechischlehrer. Er hat mir daraufhin einen Dokumentarfilm über den griechischen Bürgerkrieg geliehen, den das deutsche Fernsehen produziert hat. Die Menschen, die in dem Film
nach ihren Erinnerungen gefragt werden, sind heute ungefähr
siebzig Jahre alt - wie die Eltern meiner Freunde oder die Großeltern meiner Schüler. – Was für Bilder tauchen wohl vor ihrem inneren Auge auf, wenn sie abends auf dem Balkon sitzen und an
ihre Jugend denken?

Ilías meint, um mir das vorstellen zu können, solle ich mir Filme
von Theo Angelópoulos ansehen, denn sie gehörten zu den ersten
künstlerischen Versuchen einer Aufarbeitung des Bürgerkriegs.
Also betrete ich zum ersten Mal die kleine Videothek von Aza, ei-

nem begeisterten Cineasten, der sich rühmt, jeden anspruchsvollen Film auftreiben zu können, und frage nach dem Film „O Θίασος" (Die Wanderschauspieler) von Theo Angelópoulos. Aza zieht ihn sofort aus dem Regal, allerdings auf Griechisch ohne Untertitel. Als ich sage, das sei mir Recht, ich wolle mit Hilfe des Films Griechisch und Griechenland verstehen lernen, bricht nicht nur er, sondern seine gesamte Kundschaft in Lachen aus. Warum sie das so amüsant finden, verstehe ich erst, nachdem ich mir die ersten zwei Stunden des vierstündigen Film angesehen habe:
So wenig wie in diesem Film habe ich schon lange nicht mehr verstanden!
Das liegt nicht so sehr an der Sprache als vielmehr daran, dass mir die historischen Kenntnisse fehlen: Ich habe keine Ahnung, welche Parolen, Farben oder Lieder zu welchen politischen Richtungen gehören. Wenn einer der Protagonisten bedeutungsvoll den Anfang einer Melodie pfeift und im Hintergrund Soldaten in charakteristischen Uniformen marschieren, kann ich das nicht zuordnen, und wenn die Kamera über eine Plakatwand mit dem hundertfachen Konterfei eines Politikers schwenkt, weiß ich nicht, um wen es sich handelt. Frustriert breche ich meinen Videoabend ab. Das Verstehen rückt mal wieder in unerreichbare Ferne.
Ganz gebe ich meinen Versuch aber doch nicht auf: Im Internet finde ich eine Filmkritik mit der ausdrücklichen Erlaubnis, diesen Film *nicht* zu verstehen: „O Thíassos" heißt es da „mutet dem Betrachter viele Anstrengungen zu, viel Nicht-auf-den-ersten-Blick-Verstehen, verlangt ihm viel Geduld ab, aber das ist gerechtfertigt ...".
Daraufhin sehe ich mir die ersten zwei Filmstunden noch einmal an, *ohne* nach einer bestimmten Logik, Chronologie oder nach einer geschlossenen Erzählung zu suchen. Nach und nach erschließen sich mir assoziativ bestimmte Stimmungsmuster, atmosphärische Schnipsel nordgriechischen Erlebens in den 40er und 50er Jahren. Ich entdecke, dass sich innerhalb eines Kameraschwenks Szenen aus der Zeit der deutschen Besatzung und aus dem griechischen Bürgerkrieg überlagern. Es ist nicht ausgeschlossen, dass das in der Erinnerung der Menschen, die beides erlebt haben, auch geschieht. Auf seine Weise erzählt der Film also sehr viel und sehr

anschaulich. - Vielleicht sollte ich meine Alltagswahrnehmung auch von der Suche nach logischen Zusammenhängen befreien und stärker nach atmosphärischen und assoziativen Hinweisen suchen?

Zufällig fällt mir beim Aufräumen der Roman „Ein Regenschirm für diesen Tag" von Wilhelm Genazino in die Hände und ich lese beim Blättern:

> „Ich brach diesen Versuch des Verstehens ab und suchte nach einem anderen Anfang, der besser zu dem bereits Verstandenen passte. Auf diese Weise entstand die Vorstellung, dass ich von fast allem, das geschieht, immer nur dessen Anfang begreife.
> Bald war ich in viele, sich übereinander schichtende Verstehensanfänge verstrickt, von denen ich nicht mehr sagen konnte, was sie mir eigentlich hatten erklären sollen.
> Bis heute breche ich das Verstehen ab, beziehungsweise ich gerate in eine Stimmung des kindlichen Wartens, wenn die Kompliziertheit überhand nimmt und ich auf einen neuen Anfang des Begreifens angewiesen bin. Das Problem ist die riesige Menge des nur anfänglich Verstandenen, das sich in meinem Geist anhäuft."

Ich beschließe also, mich in eine Stimmung „kindlichen Wartens" zu versetzen, damit ein „neuer Anfang des Begreifens" wachsen kann.

1.4.2006

Manchmal überfordert mich nicht nur „die riesige Menge des nur anfänglich Verstandenen", sondern auch die Brutalität der Geschichte, mit der der Kulturkreis, auf den ich mich hier eingelassen habe, belastet ist. – Als ob die Brutalität der mitteleuropäischen Geschichte nicht schon ausreichte!

In diesem Jahr findet der Wettbewerb „Jugend musiziert" in Istanbul statt. Über eine Kollegin aus der Jury lerne ich einen Türken kennen, der mir auf Englisch viel über sein Land und seine Einstellung zur Politik erzählt.

Ugur ist Webdesigner von Beruf, hat im Ausland studiert und nie in einer Stadt mit weniger als drei Millionen Einwohnern gelebt. Er empört sich darüber, dass die Stadtverwaltung die Fußgängerzone mit Granitplatten pflastern lässt statt das Geld für soziale Aufgaben auszugeben, und äußert insgesamt sehr moderne „westliche" Ansichten. Doch der Eifer, mit dem er seine Positionen vertritt, ist glühender und bedingungsloser als der eines Mitteleuropäers – für mich fast beängstigend. Und als er mir erzählt, er sei stolz darauf, Türke zu sein, also von einem alten Reitervolk abzustammen, das erst bis nach China vorgedrungen und dann, als die chinesische Mauer ihm Einhalt gebot, nach Westen gezogen sei um halb Europa zu erobern, ist er nicht mehr zu bremsen: Das Kämpfen und Erobern, meint er, hätten die Türken im Blut!

Auf meinen entsetzten Blick beteuert er, natürlich könnten sie sehr freundlich sein – wenn jemand ihnen freundlich begegnete, und ich gehörte natürlich zu den Freunden - aber wenn jemand ihnen Unrecht täte oder sie beleidigte, kennten die Türken keine Gnade.

Mit der selbstzufriedenen Geste des erfolgreichen Eroberers lehnt er sich zurück und fragt mich, ob die Griechen in meinem Bekanntenkreis noch Angst vor den Türken hätten. Als ich antworte, meine griechischen Freunde hätten keine Angst vor den türkischen Menschen, die Jahrhunderte lang ihre Nachbarn gewesen seien, fürchteten jedoch die türkischen Politiker, die ihnen in regelmäßigen Abständen mit Krieg drohten, triumphiert er: So solle es sein, die Nachbarn sollten wissen, dass man die türkische Politik zu fürchten habe!

Diesmal führt mich mein Versuch zu verstehen - und dadurch mein Entsetzen zu überwinden – in die Deutsche Buchhandlung von Istanbul. Dort finde ich einen türkischen Roman über die griechisch-türkischen Beziehungen, (Yasar Kemal: „Die Ameiseninsel"), der genau diese Haltung bestätigt: Freundschaft, Mitgefühl und Hilfsbereitschaft in den zwischenmenschlichen Beziehungen zwischen den Türken und ihren Nachbarn, ungebremste äußerste Brutalität im Krieg und beim Erobern. Da geht es um den Völkermord an den Jesiden, einem Volk in Ostanatolien, von dem ich vorher noch nie gehört habe, um Gemetzel und Massaker, die sich völlig außerhalb jedes Kriegsrechtes abspielen. Mit dem, was ich über den 1. Weltkrieg gelernt habe, der den Rahmen des Geschehens bildet, hat das nichts zu tun.

Kurz zuvor habe ich die Romane „Der Irrgarten" von Pános Karnézis und „Ματωμένα χώματα" von Didó Sotiríou gelesen. Die unvorstellbare Rohheit und Brutalität geht in diesen Erzählungen nicht nur von Türken, sondern auch von Griechen aus, die durch den Krieg (1922/23) jeden menschlichen Maßstab verloren haben...

Soll ich aufhören, mich mit Geschichte(n) von solcher Brutalität zu belasten? Oder „brauche" ich sie, um zu verstehen, was im modernen Griechenland und in der modernen Türkei in meinem unmittelbaren Lebensumfeld geschieht?

Dass Mitteleuropäer sich mit dem „Erbe" ihrer eigenen brutalen Geschichte auskennen sollten, um deren Einfluss auf die Gegenwart einschätzen zu können und sie nicht zu wiederholen, steht wohl außer Frage. Neu ist mir die Erfahrung, dass ich mich mit dem Wechsel des Kulturkreises auch in den Dunstkreis einer anderen brutalen Geschichte begebe, zu der ich Stellung nehmen muss - möglicherweise sogar, indem ich sie bewusst ausblende.

Nachdem ich noch ein albanisches und ein armenisches Buch zum gleichen Thema gelesen habe, lege ich mich ins Bett und werde mal wieder krank.

Jetzt habe ich mich mit dem Verstehen-Wollen tatsächlich überfordert. Ich brauche dringend eine Auszeit vom Verstehen!

55. Frühling in Saloniki

20.2.2006

„Primavera in Salonico" – Frühling in Saloniki – ist der Titel eines sephardischen (judenspanischen) Liedes, in dem es um Liebe, eine dunkeläugige Frau mit einer Laute, ein Kafeníon und das lodernde Feuer der Leidenschaft geht.

„Primavera in Salonico" – Ἄνοιξη στη Σαλονίκη – nennt sich auch die Gruppe der Sängerin Savína Yannátou, die seit den 90er Jahren die Musik der sephardischen Juden aus Thessaloníki wiederentdeckt und verbreitet.

La „Primavera in Salonico" - der Frühling in Saloniki beginnt in diesem Jahr schlagartig am 20. Februar. Die Sonne taucht rot aus dem Dunst und entwickelt sofort eine wärmende Kraft und belebende Energie. Ich habe Power und gute Laune, aber es ist gar nicht so einfach, sie hier in Salonico unterzubringen. Mein Auto ist zugeparkt von einer riesigen Betongießmaschine, die die Wände für ein neues Nachbarhaus hochzieht und einen Höllenlärm macht, so dass man den Balkon nicht betreten und die Sonne in der Wohnung nicht genießen kann.

Aber im Keller steht, seit langem unbenutzt, mein Fahrrad. Ein Gefühl von Freiheit und Sommer überkommt mich, als ich durch wenig befahrene Gassen zum Meer hinunter radle. Dort stinkt es heute eklig nach Kloake. Ein paar Optis dümpeln auf der Dreckbrühe, aber die Segler haben anscheinend beschlossen, sich nicht so schnell die Laune verderben zu lassen. Recht haben sie!

An der Strandpromenade entlang fahre ich direkt auf den Weißen Turm, das Wahrzeichen von Thessaloníki, zu. Ich war erst einmal oben, als ich hier noch Besucherin war. Auch das obligatorische Foto „Fremde vor Weißem Turm" habe ich noch nicht aufgenommen. Seit einem Jahr ist das Wahrzeichen von Baustellen umgeben, alles Grün abgeholzt, der Touristenstrom ohne Schutzmaßnahmen auf die Hauptverkehrssstraße umgeleitet. Ich bin gespannt, ob ich noch lange genug hier leben werde, um das Touristenfoto ohne Baustellenutensilien aufnehmen zu können.

Ich schließe mein Fahrrad an eine moderne, auf alt gestylte Stra-
ßenlaterne an und lasse mich zu Fuß durch die Straßen treiben.
Komme an der römischen Rotonda vorbei und werfe einen Blick
hinein. Auch dort ist seit Jahren alles eingerüstet. Von den Mosai-
ken, die früher einmal prächtig gewesen sein müssen, ist nicht
mehr viel zu sehen. Trotzdem habe ich eine innige Verbindung zu
den „Resten", ein paar blau-grün-goldenen Vögeln in einem
Rundbogen und dem Mosaik in der Kuppel: Auf der ersten Post-
karte, die ich aus Thessaloníki geschickt bekam, war diese Kuppel
zu sehen. Der Kreis aus blauen Sternen, grünen Ranken, bunten
Ornamenten, Engelsflügeln und Pfauenköpfen kam mir vor wie
ein geheimnisvolles Mandala, das mich einlud einzutauchen in seine leere Mitte. – Und das ist immer noch so.

Auch das winzige Kloster Óssios Davíd hat einen besonderen
Zauber. Liebevoll weist die alte Frau, die darüber wacht, jeden Besucher auf seine Besonderheit hin: Der junge Christus in der Kuppel ist „ohne Bart – χωρὶς μπάρμπα – sans barbe – no barba!" dar-

gestellt. In allen Sprachen und mit Händen und Füßen spricht sie über den Pantokrator, als sei er ihr eigener geliebter Sohn! Es gelingt ihr mich davon zu überzeugen, dass von der Bartlosigkeit der Ikone eine besondere Kraft ausgeht, allerdings glaube ich, dass es eher die Kraft ihrer Freundlichkeit und ihres eigenen Glaubens ist, die die Atmosphäre des Klosters prägt.

Kurze Zeit später klettere ich auf einen besonders exponierten Aussichtspunkt der mittelalterlichen Stadtmauer und freue mich, dass sie nicht abgesperrt oder mit Verbotsschildern gespickt ist, wie das in Deutschland der Fall wäre. Ich summe das Lied von der „Primavera in Salonico" vor mich hin und blicke von oben in die Höfe der Altstadthäuschen, die zwischen steilen Gassen am Berg kleben. Irgendwo in dem bunten Durcheinander unterhalb der Burg wohnt Dina, die mir vor einigen Tagen ihre Telefonnummer gegeben und mich zum Kaffee eingeladen hat. Ich traue mich einfach mal, sie anzurufen – und kaum habe ich aufgelegt, höre ich aus dem Häusergewirr unter mir meinen Namen rufen: Dort steht Dina auf ihrer Veranda und winkt mir zu. Der Kaffeetisch ist gedeckt, wir setzen uns in T-Shirts in die Sonne, blicken über die Stadt und genießen den Frühling in Salonico. Dina ist begeistert von ihrer Stadt und voller Enthusiasmus, mir deren schönsten Seiten zu zeigen. So fahren wir noch ein Stück weiter den Berg hinauf zum Filíppeio, einem Aussichtspunkt, noch großartiger als alle Blicke auf die Stadt, die ich bisher erlebt habe. Von hier sieht der Thermaische Golf kurz vor Sonnenuntergang aus wie eine flache silberne Scheibe, eingefasst von glühenden Schneebergen.
Und die Stadt selbst? Vor wenigen Tagen kam das Gespräch auf die Frage, welche Farbe wir mit Thessaloníki verbinden. Eine Frau meinte: silbergrau; eine andere: ein schmutziges Rosa. Heute Nachmittag herrschen tatsächlich diese beiden Farben vor. Silbergrau und schmutzig-rosa – so liegt sie vor uns, die „Νύφη του Θερμαικού Κόλπου" („Braut des Thermaischen Golfes") und schillert in einem Wechselspiel aus Dreck und Verheißung!

Ich muss an eine Fahrt mit Jorgos auf der Ring-Autobahn denken. Es war in meinem ersten Frühling in Saloniki und bei einer ähnlichen Stimmung wie heute. Während wir auf den smogverschleierten Beton hinunterblickten, rief er plötzlich aus: „Ist sie nicht schön, meine Stadt?!" Zunächst war ich ziemlich überrascht, dann dachte ich: „*Er* muss es ja wissen, es ist *seine* Stadt." – Und plötzlich fing die graue Stadt an rosa zu strahlen!

Liebe macht schön! Den Liebenden macht sie manchmal blind. Aber von solcher Blindheit lasse ich mich von Zeit zu Zeit gerne schlagen, auch heute auf der Aussichtsplattform, die umgeben ist von einem wahren Müllplatz aus weggeworfenen Flaschen, Plastiktüten und anderem Dreck. Manchmal muss ich einfach von meinem unmittelbaren Standpunkt absehen und den Blick in die Ferne schweifen lassen, um das Schöne genießen zu können!

Die Stadtbegeisterungstour ist nach Sonnenuntergang noch nicht beendet. Dina übergibt das Steuer an ihren Sohn Alexis, der in einer abenteuerlichen Hindernisfahrt durch die Oberstadt kurvt, die steilen Gassen hinunter, nur Millimeter entfernt von Treppenstufen, Blumentöpfen, Motorrädern und Katzen. In der Unterstadt herrscht ausgelassene Feierstimmung. Zum ersten Mal nach dem Winter sitzen die Leute wieder draußen unter freiem Himmel.

Für die schicken und sterilen Yuppie-Bars an der Strandpromenade hat Alexis nur ein verächtliches Achselzucken übrig. *Seine* Szene befindet sich rund um den Navarínou-Platz. Dort gibt es indische Klamottenläden, kommunistische Demonstrationen, einen Buchladen, der das Kamasutra im Schaufenster ausstellt, und sogar eine Geigenbauerwerkstatt. Hier fühle ich mich auf Anhieb viel weniger fremd als an der Promenade, wo ich mich von der Maskenhaftigkeit der Gesichter, dem hohlen Lärm der Musik und der kalten Glamour-Ausstattung der Bars abgestoßen fühle. *Wenn* ich überhaupt irgendwo dazugehören kann, dann hier, wo es offensichtlich doch ein Netz von Leuten gibt, die mehr vom Leben wollen als eine volle Promenaden-Dröhnung.

Aléxis lädt mich zu einem „ρακόμελι" ein, einem heißen Raki, der mit Honig und Nelken in einem Stieltöpfchen serviert wird. Er schmeckt sehr lecker und wärmt, steigt aber auch sofort zu Kopf, so dass ich bei dieser Gelegenheit den Ausdruck „είμαι κροκόδειλος" (wörtlich: „Ich bin ein Krokodil") lerne, der einen

Zustand bezeichnet, für den im Deutschen der Kater herhalten muss. Außerdem ergehen wir uns in „αμπελοφιλοσοφία" (wörtlich: Weinbergphilosophie). Das heißt, wir reden über Gott und die Welt und fühlen uns dabei gut, zugehörig zu einer Szene, die sich selbst im Zentrum der Zeitströmungen sieht. Es ist alles ein bisschen inszeniert, aber es tut gut.

So wird die Platía Navarínou für mich zu einem besonderen Ort in Thessaloníki. Nicht wegen der römischen Paläste, auf die man dort - über den Rand des Rakómeli-Töpfchens hinweg - blickt, sondern wegen ihrer Menschen, die mich zur Feier des Frühlings in Saloniki ein bisschen dazugehören lassen.

56. Weltsprache Musik?

Unter dem Motto „Unterwegs nach Thessaloníki" feiert die deutschsprachige evangelische Kirchengemeinde heute ihr 111-jähriges Bestehen. Viele unterschiedliche „Wege nach Thessaloníki" müssen zusammentreffen, damit dieses Jubiläum möglich wird:

In den letzten Jahren des Osmanischen Reiches wird die Orienteisenbahn von Wien nach Istanbul gebaut und durch „türkisch Saloniki" geführt; für die deutschsprachigen Eisenbahningenieure und -Arbeiter wird eine evangelische Kirchengemeinde gegründet, die tatsächlich alle Wirren des 20. Jahrhunderts übersteht und heute vor allem von deutschsprachigen Heiratsmigrantinnen und ihren Familien lebendig erhalten wird.

111 Jahre Geschichte in einem Satz? – Ein ganzes Buch ließe sich damit füllen! Aber an diesem Sonntag im Mai habe ich etwas anderes zu tun:

Ich muss ein griechisches Jugendorchester und meinen international zusammengesetzten Chor darauf einstimmen, eine lateinische Friedenskantate eines deutschen Komponisten aufzuführen.

Währenddessen füllt sich der Festsaal mit den unterschiedlichsten Menschen: Der Hamburger Tabakhändler, der auch die Orgel spielt, lebt seit 58 Jahren hier. Die ersten deutschen Aussteiger, die sich in den 60er Jahren auf dem Pilion niederließen, sind aus ihren Bergdörfern angereist. Ehemalige Lehrer der deutschen Schule, die ihre aufregendsten Berufsjahre in Thessaloníki verbracht und ihre Kinder hier getauft haben, sind zu Besuch gekommen und tauschen ihre Erinnerungen aus. Aus Israel sind ein jüdischer und ein katholischer Theologe der Einladung gefolgt. Einträchtig sitzen sie in der ersten Reihe neben den griechisch-orthodoxen Priestern mit ihren langen Bärten und Haarknoten, dem katholischen Bischof von Korfu und der Gastgeberin, der evangelischen Pastorin von Thessaloníki…

Die Lebensgeschichten der Menschen, die hier versammelt sind, die politischen Ereignisse, die religiösen und ideengeschichtlichen Entwicklungen, die Zufälle und Schicksalslinien, die sie verbinden oder trennen, könnten ein weiteres Buch füllen.

Aber heute geht es um Musik. Ich wünsche mir sehr, dass das Musikerlebnis all diese Menschen verbindet und nicht trennt! Wenn das gelingt, ist die Musik bei diesem Konzert die einzige gemeinsame „Sprache" der Anwesenden.

Meine Aufgabe ist es, die einigenden musikalischen Erfahrungen aus all den auseinanderstrebenden Lebenserfahrungen der Mitwirkenden herauszufiltern und zu einem gemeinsamen Produkt zusammenzuführen, das die Zuhörer berührt. Eine schönere Aufgabe hatte ich selten!

Wenige Stunden später besteigen wir alle zusammen einen Dampfer und schippern hinaus aufs Meer, um unsere Stadt von weitem zu erleben. Das Konzert ist gelungen, die einigende Kraft der Musik noch lange spürbar.

Eine Gelegenheit, die These von der einigenden Wirkung der Musik aus dem Abstand der Zuhörerin zu überprüfen, bietet sich mir, als ich mit meinen Schülern zum „Jugend musiziert" - Wettbewerb nach Istanbul fahre. Dort werden wir zu einer Aufführung von Händels „Messias" eingeladen. Der Chor, der Dirigent und der Countertenor kommen aus Deutschland, die anderen Solisten und das Orchester aus Istanbul.

Der Chor singt recht gut, der Dirigent ist etwas lahm - doch beim Einsatz der Solisten bekommt das Publikum einen Schreck! Sie schmettern mit voller Opernstimme und stolz geschwellter Brust unzusammenhängende Silben und ebenso unverstandene musikalische Versatzstücke in den Saal! Vieles ist nicht direkt falsch, aber das Wichtigste fehlt.

Ich versuche mir darüber klar zu werden, worin dieses Wichtigste eigentlich besteht, das einer Händel-Arie erst ihren charakteristischen Ausdruck verleiht.

Dabei fallen mir Gelegenheiten ein, bei denen ich versucht habe, orientalische Musik mitzuspielen. Meine griechischen Musizierpartner konnten mir zwar beibringen, die Tonhöhen und Rhythmen annähernd richtig darzustellen, aber die emotionale oder lebensgeschichtliche Bindung an das, was ihre Musik jenseits aller messbaren Parameter ausmacht, konnte ich nicht einfach übernehmen.

Genauso geht es den türkischen Musikern bei der Aufführung des „Messias".

Besonders grotesk wirkt sich das an allen Satzschlüssen aus: Sie sind fast nie zusammen. Es klingt jedes Mal, als seien das Orchester und die Solisten vom Schlusston total überrascht. Dabei hört jeder Mitteleuropäer bei Händels Musik mindestens drei Takte vorher, dass sich eine Schlusskadenz anbahnt und kann gar nicht anders als darauf reagieren!

Symbolisch wirkt auch der gemeinsame Auftritt des deutschen Countertenors und des türkischen Tenors bei einem Duett: Die beiden kommen von verschiedenen Seiten in die Mitte der Bühne, singen ihre Stimmen so unterschiedlich wie Tag und Nacht, nicken sich hilflos zu und gehen in entgegengesetzte Richtungen auseinander. So ist dieses ganze musikalische Ereignis eigentlich ein Treffpunkt, der vor allem die Verschiedenheit der Kulturen demonstriert.

Musik als universal verständliche Weltsprache? Das stimmt nach dieser Erfahrung also überhaupt nicht! Zwar sind die Grenzen einer Musiksprache nicht mit den Sprachgrenzen oder gar Landesgrenzen identisch. In Prag, Budapest oder London findet man sicher hervorragende Messias-Interpreten.

Auch außerhalb des mitteleuropäischen Kulturkreises gibt es viele Musiker, die die technischen Fähigkeiten haben, das zu spielen, was in der Partitur des „Messias" steht. Allerdings gibt die Notenschrift das Wesentliche, das sich auf der tieferen Bedeutungsebene abspielt, nicht wirklich wieder. Für diese Ausdrucksebene der Musiksprache gibt es weder eine schriftliche Notation noch Übersetzungshilfen oder Wörterbücher.

Ihre „Bedeutung" vermittelt sich vermutlich durch die ersten Schlaflieder unserer Mütter; durch die Tanz- und Bewegungsspiele der Kindheit, durch prägende Erlebnisse, die mit Musik verbunden sind und durch die Zugehörigkeit zu Gruppen, die durch Musik bewegt werden und uns bewegen.

Einige dieser Erfahrungen können wir sicher auch noch als Erwachsene in einer anderen Kultur nachholen oder ergänzen. Aber im Gegensatz zu Kindern, die ihre ersten musiksprachlichen Erfahrungen machen, haben Erwachsene schon eine musikalische Muttersprache. Diese beeinflusst das Erleben fremder Musik und führt dazu, dass selbst Menschen, die sich eine fremde Musiksprache gewissenhaft aneignen, immer einen fremden „Akzent" behalten.

Die Teilnehmer am „Jugend musiziert" - Wettbewerb des östlichen Mittelmeers haben es in dieser Hinsicht gut: Sie wachsen fast alle - nicht nur bezogen auf die gesprochene, sondern auch auf die Musiksprache – bilingual auf.
Besonders überzeugend bewegen sich die jungen ägyptischen Sängerinnen zwischen zwei Musikkulturen: Sie haben neben klassischen und romantischen Kunstliedern auch arabische Lieder im Programm und viele der Mädchen können beide sehr überzeugend darstellen.
Spannend wird es, wenn die musikalische Darstellung an eine bestimmte Frauenrolle geknüpft ist: Es ist auffällig, wie viele Ägypterinnen Mozarts „Veilchen" vortragen. In diesem Lied geht es um ein bescheidenes Blümchen, das sich willig in sein Schicksal ergibt, unter den Füßen einer Schäferin zertreten zu werden. - Kaum eine moderne deutsche Jugendliche bringt die musikalische Naivität auf, die nötig ist, um dieses Lied so überzeugend zu singen wie die ägyptischen Mädchen!
Groteske Missverständnisse gibt es allerdings, wenn sich ägyptische Oberschichtmädchen an Lieder aus der „Dreigroschenoper" wagen: „Einst glaubte ich, als ich noch unschuldig war, und das war ich einst grad so wie du…" singen sie mit klarer Stimme und untadeliger Aussprache– und wir fragen uns bei der Jury-Besprechung, ob irgendjemand gewagt hat, sie darüber aufzuklären, was die Frau erlebt hat, die sie da gerade darstellen…

Zurück zu den Grenzen der Musiksprachen: Während zwischen Mitteleuropa und der Türkei offensichtlich ein tiefer Graben und ein halber Kontinent mit anderen Musiksprachen liegt, gibt es zwischen Griechenland und der Türkei keine solche Grenze: Die Musiksprachen dieser beiden Nachbarländer unterscheiden sich kaum mehr als die verschiedenen Dialekte einer Sprache.

Beim Eröffnungsabend in Istanbul werden wir mit einem Lied empfangen, das ich in Griechenland häufig gehört habe. Den Text kenne ich weder auf Griechisch noch auf Türkisch, die Melodie gefällt mir so gut, dass ich sie mir nach dem Konzert aufschreibe.

Allerdings ist mein Versuch, eine türkische Melodie aus der Erinnerung in europäischer Notenschrift zu notieren, sicher genauso unbeholfen und weit vom tatsächlichen Klang entfernt wie etwa das Bemühen, deutsche Ortsnamen in griechische Lautvorstellungen zu übertragen. (Aus „Hamburg" beispielsweise wird dabei „Amvoúrgo" oder „Chámpourgk".)

Trotzdem ist diese Melodie meine einzige brauchbare „Vokabel", als ich mich von dem türkischen Chorleiter verabschieden will, der kein Wort einer Fremdsprache versteht: Ich singe den Anfang der Melodie und mache eine Geste des Dankes. Er versteht und strahlt über das ganze Gesicht.
So gesehen ist die Verständigung in verschiedenen „Fremdsprachen" der Musik auch ein spannendes Abenteuer. Ich bin froh, dass es diese Vielfalt gibt!
– Daneben existiert natürlich die „Weltsprache" der internationalen Popmusik, die wir alle mehr oder weniger gut beherrschen: Beim Auftritt des Schulchores, der mal wieder „California Dreaming" singt, oder beim Konzert der Rockband der Deutschen Schule Istanbul braucht niemand einen Übersetzer.

57. Kaffee und Chatzidákis – mit viel süßem Schaum

Kalamariá, den 24.6. 2006

Liebe Freunde!

Dies ist der letzte Rundbrief, den ich Euch aus Kalamariá schreibe, jenem klein- bis gutbürgerlichen Stadtteil im Osten Thessaloníkis mit der langen Uferstraße und dem ungesunden Klima, der übrigens nichts mit der biblischen Maria zu tun hat, sondern nach den Kalamáris benannt ist, die hier immer noch gefangen werden. - Von welchen Abfällen die sich ernähren möchte ich lieber nicht wissen. Sie schmecken auf jeden Fall besser als die „Gummiring-Tintenfische" von unserer Sportplatz-Taverne in Hamburg!

Mein zukünftiges Domizil ist statt von Hochhäusern von Bäumen umgeben: Ich ziehe für die Dauer meines Urlaubsjahrs in die Einliegerwohnung im Souterrain des Hauses von Freunden, das außerhalb eines Dorfes inmitten eines Olivenhains liegt. Nach Thessaloníki fährt man etwa eine halbe Stunde. Ich erprobe also eine griechische Version der Lebensweise, die mir in Deutschland am meisten entsprochen hat: Leben auf dem Land in Hausgemeinschaft mit Freunden. Ich nehme dafür in Kauf, dass die Entfernungen zum Stadtbummel, zum kulturellen Leben und zu meinen anderen Freunden etwas weiter sind.
Mein Zwischenspiel im Trubel der Großstadt bereue ich keineswegs, bin aber auch nicht traurig darüber, dass dieser Lebensabschnitt zu Ende geht.

Beim Abschied von der Schule empfinde ich nur Erleichterung, kein Bedauern! Die Deutsche Schule Thessaloníki war bestimmt meine wichtigste Lehrmeisterin in Sachen griechische Landeskunde. - Aber auf den zusätzlichen importierten „deutschen Ärger" hätte ich gern verzichtet. Ihm verdanke ich einschlägige Erfahrungen mit Schule als einem hierarchisch gegliederten, profitorientierten Wirtschaftsunternehmen, in dem die pädagogische Konzeption eine untergeordnete Rolle spielt. Was bleibt, sind einige Kontakte zu Kollegen und Freundschaften mit Leuten aus dem Chor – und die Dankbarkeit, dass ich die drei Jahre heil überstanden habe. Zeitgleich mit mir ziehen zwei Drittel des deutschen Kollegiums die Konsequenzen und kehren nach Deutschland zurück. So reiht sich eine offizielle Abschiedsfeier an die andere. Irgendwie hinterlassen sie alle ein ungutes Gefühl: Niemand sagt, was er wirklich denkt.

Am Mittsommerabend lasse ich mich nur kurz beim Sektempfang blicken, schleiche mich jedoch während der endlosen Folge langweiliger Reden aus dem Saal und gehe mit Eléni zu einem der zauberhaften Freiluftkonzerte im Amphitheater hoch über der Stadt. Das Staatsorchester von Thessaloníki spielt Musik von Chatzidákis, dem berühmtesten griechischen Komponisten neben Theodorákis. Seine Werke werden hier der klassischen Musik zugeordnet, aber es handelt sich eher um geschickt und aufwändig arrangierte Lieder, die sich längst auch als Volkslieder durchgesetzt haben. Während mir die einfachen Volksliedmelodien auf Anhieb gefallen haben, ist es mir am Anfang nicht leicht gefallen, mich der Begeisterung der Griechen für die Orchestermusik ihres großen Komponisten anzuschließen. Sie ist voller Plagiate aller möglichen Nationalstile des 19. Jahrhunderts und oft hart an der Grenze zum bombastischen Kitsch. Aber inzwischen geht es mir mit dieser Musik wie mit dem „Frappé", dem griechischen Sommergetränk, bei dem Pulverkaffee mit viel Zucker aufgeschäumt und mit kaltem Wasser und Eis aufgefüllt wird: In einer sommerlich entspannten griechischen Atmosphäre kann ich beides sehr genießen. Will ich mich aber im kalten, klaren Nordeuropa daran erfreuen, dann überwiegt ein fader Geschmack - nach „kaltem Kaffee" eben, im Glas wie im Konzert. So bleibt die Musik von Chatzidákis für mich für immer mit einer lauen griechischen Mittsommernacht verbunden und *dort* mag ich sie. Mit ihr beginnt der längste und freieste Sommer, den ich wohl je erleben werde!

Einen Vorgeschmack auf den Sommer habe ich am vorletzten Wochenende schon erlebt, als Jorgos uns wieder mit ins Ipiros-Gebirge genommen hat. Er behauptet, in der Nähe seines Dorfes, am Fluss Achaírontas, läge „der schönste Ort Europas" und es fällt schwer ihm zu widersprechen, auch wenn ich sicher bin, dass es in Europa viele „schönste Orte" gibt.

Kurios ist, dass die Mythologie ausgerechnet in diesem Paradies den Eingang zur griechischen Unterwelt ansiedelt: Man folgt einem kristallklaren, türkishellen Fluss in eine Schlucht aus weißen Felsen, bis sie so eng wird, dass man auch watend oder schwimmend nicht mehr vorankommt. An dieser Stelle muss man wohl den Charon rufen, aber das haben wir nicht probiert, weil es in Strömen regnete und wir nicht bis dorthin vorgedrungen sind.

- Vielleicht auch aus anderen Gründen: Gerade hier ist die Welt so schön, dass wohl niemand auf die Idee kommt, sie freiwillig zu verlassen!

Stattdessen haben wir Euripides getroffen und das war eine Begegnung, an der ich Euch gern teilnehmen lasse:

In Jorgos´ Dorf gibt es ein einziges Kafeníon, das gleichzeitig Lebensmittelladen ist und aus zwei winzigen Zimmerchen und einer großen Weinlaube mit Souvláki-Grill besteht. Es wird betrieben von Evripídes, genannt Pídas, einem 84-jährigen, sehr lebendigen kleinen Mann. Der hat sämtliche Wände in leuchtendem Ocker gestrichen und mit Fotos beklebt, auf denen er in jedem Lebensalter und mit den verschiedensten Menschen zu sehen ist.

Jorgos führt uns ins Kafeníon, um uns auch ein Foto von sich zu zeigen: Auf Pappe geklebt baumelt es an einem Nagel, und so kann man es umdrehen, wozu Jorgos uns stolz auffordert. Auf der Rückseite prangt: König Konstantínos II. von Griechenland mit seiner Frau Anne-Marie von Dänemark, umgeben von seinen Kindern!

Jorgos, politisch eher ein Linker als Monarchist, weist uns augenzwinkernd darauf hin, dass der König *seine* Rückseite ziert – und nicht etwa umgekehrt!

(Später lese ich bei Wikipedia nach: Konstantínos wurde 1940 geboren und 1964 zum König gekrönt. Bis zum Militärputsch regierte er nur drei Jahre, nach einem gescheiterten Gegenputsch ging er ins Exil. 1973 wurde er offiziell abgesetzt; 1974, nach dem Ende der Junta, wurde die Abschaffung der Monarchie durch eine Volksabstimmung bestätigt. Konstantínos bezeichnet sich immer noch als König, und da er sich weigert, einen Pass mit seinem bürgerlichen Namen Konstantin Glücksburg anzunehmen, darf er nicht nach Griechenland einreisen. Bis heute gibt es in Griechenland Anhänger der Monarchie in den Reihen der Partei „Néa Dimokratía".)

Pídas ist allerdings der erste königstreue Grieche, den ich treffe. Zeit seines Lebens hat er den Kontakt zu seinem König gepflegt: Jedes Jahr schreibt er ihm zu seinem Namenstag ins Londoner Exil und bekommt prompt eine fast persönliche Antwort. So hat er eine ganze Mappe voller Königsbriefe, die er uns stolz zeigt und die alle mit dem Satz enden:

„Die Königin und ich wünschen Ihnen Glück und Gesundheit! Ihr König Konstantínos II."

Auf einem Umschlag steht die königliche Adresse, ich schreibe sie mir ab. Vielleicht schicke ich dem König mal ein Foto von einem seiner letzten treuen Untertanen in seinem fotogeschmückten Kafeníonspalast im höchsten Ipiros-Dorf…

Welche Rolle die Königstreuen in der jüngsten Geschichte gespielt haben, weiß ich nicht genau. Je mehr ich lese und lerne, desto mehr frage ich mich, ob es überhaupt eine Gruppe gegeben hat, die in der verworrenen griechischen Geschichte des 20. Jahrhunderts eine eindeutig positive Rolle gespielt hat. Pídas mit seinen wachen Augen und dem flinken Humor hat sicher so einiges miterlebt, wurde er doch nur neun Jahre nach der Befreiung von der osmanischen Herrschaft geboren. Aber in erster Linie war er wohl sein Leben lang Kafeníonswirt und Souvlákigriller. Vermutlich hatte er es mal faustdick hinter den Ohren. Und natürlich will er mich gleich in seinem Dorf verheiraten. Vielleicht mache ich mir dieses Spiel mal zu Nutze, fahre für ein paar Tage ins Ipiros-Gebirge, trinke mit Pídas selbstgebrannten Tsípouro und lasse mir Geschichten aus einer Welt erzählen, die bald für immer verschwunden sein wird…

Früh am Samstagmorgen läutet im Ipiros-Dorf die Glocke und Jorgos steht – ganz entgegen seiner sonstigen Gewohnheit – früh auf, um in die Kirche zu gehen. Dort findet eine Gedenkfeier für einen Dorfbewohner statt, der vor drei Monaten gestorben ist. Bei der Gelegenheit werden auch alle anderen Toten erwähnt, deren Angehörige anwesend sind. Die Wirtin der Herberge, in der wir übernachten, hat die Namen von Jorgos´ Eltern auf die Liste schreiben lassen, damit auch für sie gebetet wird.

Am Ende der Messe gehe ich mit den anderen Freunden zur Kirche. Die Leute, die uns entgegenkommen, tragen Kuchenplatten, große Schüsseln mit Chalvás und Süßigkeiten und sie löffeln im Gehen aus Plastikschüsseln Kólliva, die Totenspeise. Eine ältere Frau bietet uns von ihrer Kólliva an. „Für Deine Toten", sagt sie, als sie mir eine Plastikschüssel füllt. Ich probiere einen Löffel: gekochtes Getreide mit Walnüssen, Rosinen, Zucker und Zimt, dazwischen große Brocken Zuckerguss, mit dem die Symbole auf die Speise gemalt waren. Es schmeckt sehr gut, wie stark gesüßtes Ökomüsli. Noch ein zweites Mal ruft mich die Frau zurück und füllt aus ihrer großen Schüssel einen Teil in eine ordinäre Plastiktüte, für die Toten meiner Freunde. Die wollen aber nichts damit zu tun haben, und so reise ich mit einer Plastiktüte voller Totenspeise im Rucksack weiter und esse sie in der folgenden Woche statt Müsli zum Frühstück.

Dabei denke ich daran, dass vor genau drei Monaten auch mein Vater gestorben ist. In der orthodoxen Kirche hätte er am gleichen Tag sein Mnimósyno bekommen, ich hätte Kólliva gekocht und Süßigkeiten zum Altar gebracht – für ihn bestimmt Ritter-Sport-Schokolade! Danach hätte ich die Speisen mit den Lebenden geteilt und mich daran gefreut, dass es ihnen schmeckt und dass das Leben weitergeht. Dabei hätten wir auch unsere Erinnerungen an ihn zum Altar gebracht, miteinander geteilt und uns vorgestellt, dass sich der Tote darüber genauso freut wie über die Süßigkeiten...

In den letzten drei Monaten habe ich eine Idee davon bekommen, wie viel tiefer Sinn in den griechischen Trauerritualen steckt - so lange man sie nicht zu äußerlichen Repressionsmaßnahmen umformt.

Die schwarze Kleidung war für mich in der ersten Zeit nach dem Tod meines Vaters ganz wichtig: als Schutz und als Zeichen der Verwundbarkeit. Nach ungefähr 40 Tagen nahm mein Bedürfnis Schwarz zu tragen von ganz allein ab. Während der Zeit habe ich mir auch andere Frauen genauer angesehen, die schwarze Kleidung trugen.

Dabei habe ich festgestellt, dass Schwarz nicht einfach nur traurig oder gar hässlich wirkt. Die Griechinnen sind Meisterinnen darin, in ihrer schwarzen Kleidung verschiedene Aussagen zu kombinieren. Auf der Straße sehe ich z. B.: „Ich bin traurig – und dadurch plötzlich eine alte Frau geworden.": Strickjacke und halblanger Rock, Nylonstrümpfe und Pantoffeln.

Oder: „Ich bin traurig – aber ich möchte trotzdem von den Männern wahrgenommen werden.": Minirock und hautenges T-Shirt mit Strassperlen.

„Ich bin traurig – und nun ist mir mein eigenes Leben nichts mehr wert": Trainingshose und verwaschener Pullover und im Gegensatz dazu „Ich bin traurig – aber jetzt bin ich die Herrin im Haus!": Schickes schwarzes Kostüm, Spitzenbluse, Goldschmuck.

Ebenso wie die Kleiderordnung kann auch das Tanzverbot ein Schutz sein.

Meine Freundin Viki feierte einen Monat nach dem Tod meines Vaters und zwei Monate nach dem Tod ihres Schwiegervaters ihren fünfzigsten Geburtstag. Sie hatte eine Taverne gemietet und einen DJ angestellt, entschlossen, sich nicht an die Sitten ihrer griechischen Großfamilie anzupassen. Es war klar, dass die griechische Familie während des Trauerjahrs nicht tanzen würde. Umso mehr wünschte Viki sich, dass ihre deutschen Freundinnen das Tanzen eröffnen und gute Stimmung verbreiten würden. Ich hatte durchaus vor, ihr den Gefallen zu tun und fühlte mich nicht an irgendwelche Regeln gebunden. Doch dann merkte ich, dass mir überhaupt nicht nach Tanzen zumute war. Ich setzte mich zur griechischen Familie, fühlte mich in ihrer Mitte sehr wohl und war froh darüber, dass niemand mich als Spielverderberin ansah. Aber natürlich war das meine freie Entscheidung. Als Fremde genoss ich den Schutz der Tradition ohne deren Bevormundung.

Eine andere Sitte habe ich befolgt, ohne davon zu wissen: Im April habe ich mir die Haare ganz kurz schneiden lassen – und prompt erntete ich erstaunte und bewundernde Bemerkungen dafür, dass ich mich an einen griechischen Brauch hielte, der sogar hier am Verschwinden ist: Es ist ein altes Zeichen der Trauer, sich nach dem Tod eines nahen Verwandten die Haare abzuschneiden…

Inzwischen bin ich einfach froh über die luftige Sommerfrisur, denn es ist richtig heiß. Am letzten Wochenende auf der Insel Skópelos sind wir mindestens dreimal täglich in die Fluten gesprungen, dass es zischte. Skópelos ist eine wunderschöne Insel: bergig und bewaldet, voller märchenhafter Düfte, umsäumt von einsamen Stränden mit türkisfarbenem Wasser. Am liebsten würde ich sie jedem von Euch zeigen! Stattdessen habe ich sie mit meinen bayrischen Freunden erkundet, die jetzt zurück nach Augsburg ziehen und schon von Weißwürschtln und Bretzn schwärmen, deutsche Volkslieder singen und sich auf den heimatlichen Zwetschgndatschi freuen – was in einem merkwürdigen Kontrast zu den Genüssen auf einer griechischen Insel steht! Im Grunde ist aber auch das ein wichtiger Nebeneffekt des Auslandsaufenthalts: Ich lerne Menschen aus ganz anderen Gegenden Deutschlands kennen und angesichts der fremden Umgebung wirkt das Verbindende hier viel stärker, als wenn wir uns innerhalb Deutschlands begegnen würden.

Jetzt habe ich Eure Zeit lange genug beansprucht. Der Brief muss wahrscheinlich eine Weile vorhalten, jetzt beginnt erst einmal der Urlaub ohne Computer.

Ich wünsche Euch allen einen glücklichen, warmen, sonnigen, erholsamen und anregenden Sommer! Lasst es Euch gut gehen und seid herzlich gegrüßt!

Von Gesine.

58. Erwartung

1.7.2006

Heute ist der erste Tag vom Rest meines Lebens. Aber vor allem: Der erste Tag meines freien Jahres!

Die Zeit, die vor mir liegt, ist vergleichbar mit Michelangelos unbehauenem Marmorblock, von dem er sagte, er trage seine künstlerische Form von Anfang an in sich; die Aufgabe des Künstlers sei lediglich, sie aus dem Stein zu befreien.
Ich stelle mir vor, dass vor mir ein großer unbehauener „Zeitblock" liegt. Meine Aufgabe wird es sein, die Chancen herauszuarbeiten, die in dieser Zeit, an diesem Ort, in dieser politischen und sozialen Situation verborgen liegen.
Vielleicht kommt dabei etwas völlig anderes zum Vorschein als ich erwartet habe? Voller freudiger Erwartung stehe ich am Anfang meiner „Zeit-Bildhauerei" und wünsche mir, dass mein Vertrauen in das Verborgene wachsen darf und keine äußeren Erschütterungen oder innere Verwerfungen meinen Zeitblock beschädigen.

3.7.2006

Als erstes sammle ich Erfahrungen mit dem Landleben. Unsere kleine „Landkommune" ist weit entfernt vom Komfort der Großstadt: Bei jedem Regenschauer versinken wir auf den Feldwegen im Schlamm und das Telefonnetz bricht zusammen; seit gestern gibt es kein Leitungswasser, dafür aber Millionen von Fliegen. Außerdem Schlangen, Skolopender, Skorpione, ein Rudel wilder Hunde und eine Katze, die mir zum Empfang eine halbtote Maus vor die Füße legt.
Gleichzeitig ist die Hilfsbereitschaft umso größer: Ein Nachbar zieht mit seinem Traktor mein Auto aus dem Schlamm, ein anderer erlaubt mir, so viel Paprika von seinem Feld zu ernten, wie ich essen kann, ein dritter leiht mir seine Bohrmaschine…
Als mein Auto nicht anspringt, rufe ich den ADAC an, der die Pannenhilfe ans Ende unseres Feldwegs schickt. Singend und gut

gelaunt springt der Mechaniker aus seinem Wagen, er zieht mein Auto auf die Ladefläche des Abschleppautos und ich steige zu ihm ins Führerhaus, wo zu meiner Überraschung ein dickes Buch liegt: „Φ. Κάφκα: Ο Πύργος " (F. Kafka: Das Schloss). Wir kommen ins Gespräch über die Romane von Kafka und Dostojewskij, die sich der Mechaniker aus der Bücherei holt und liest, wenn er warten muss. Nebenbei erfahre ich, dass er auch Deutsch und Englisch sowie ein bisschen Türkisch und Arabisch spricht. Als Mechaniker ist er deswegen nicht weniger fit: An der nächsten Tankstelle holt er Benzin und gießt es in den Motor, dazu trete ich kräftig auf das Gas und mein Fiat ist wieder flott. Schade eigentlich – ich hätte mich gern noch länger mit ihm unterhalten.

12.7.2006

Auf dem Weg zur ersten Sommeretappe bin ich so voller freudiger Erwartung, dass ich beinahe platze. Gleichzeitig merke ich schon am ersten Abend, dass ich Geduld und einen langen Atem brauche, wenn ich tatsächlich besondere Erfahrungen machen will. Zu der Kunstausstellung im Landhaus meiner Freunde, die traditionell jeden Sommer für eine Woche ihre Tore öffnet, kommen offensichtlich viele wichtige und berühmte Leute aus ganz Griechenland; sie hat den Charakter eines Begegnungsforums, fast in der Tradition eines Salons. Ich beobachte, wie die weniger berühmten Besucher die berühmten Gäste umkreisen und betont lockere Gespräche führen. Ich kenne weder den Moderator von ERT3 noch den Bürgermeister von Lárissa oder die Vorsitzende einer Athener Künstlervereinigung und merke daran, wie relativ Berühmtheit doch ist.
Für mich ist es schwierig, in die Kreisbewegungen einbezogen zu werden, weil ich niemanden kenne und alle aufgrund meines fremden Aussehens davon ausgehen, dass ich die Sprache nicht verstehe. So beschränke ich mich lange Zeit auf das Beobachten der Körpersprache.
Wieviel lebhafter ist doch die griechische Körpersprache als die der Deutschen: ausladend und voller großer Gesten, die häufig aus

dem Ellenbogengelenk geschüttelt werden. Die Körpersprache wirkt ebenso laut und dramatisch wie die gesprochene Sprache und es gibt kaum ein Thema, über das ohne großes Pathos gesprochen wird. Fast grotesk wirken die Gesprächsbeiträge einer jungen Frau mit Gipsarm, den sie beim Gestikulieren nicht schont, sondern mit besonders ausladenden weißen Bewegungen einsetzt!

Schließlich lädt mich die Frau eines Weinbauern ein, mich neben sie zu setzen und wir verfolgen gemeinsam das Gespräch der Männer. Wortführer sind ein Großbauer (Oliven und Baumwolle) und ein Lokalreporter. Beide sind stolz auf die Geschichte ihres Dorfes am Eingang des Témbi-Tals, das seit Jahrtausenden ein strategisch wichtiger Durchgang ist. Es gibt dort einen antiken Wachturm und seit Jahrhunderten baut man antike Steine in die Mauern der neuen Häuser ein, die auf diese Weise die Tradition in sich aufnehmen. Der Landwirt erzählt, dass er jedes Jahr beim Pflügen auf antike Scherben und behauene Steine stößt. Auch Werkzeuge, Nadeln und Schmuck hat er schon gefunden.

Der Journalist beginnt jeden Abschnitt seiner Rede mit der Einleitung: „Ο παππούς του παππού μου…" („Der Großvater meines Großvaters…") und erzählt vor allem Geschichten aus der Zeit der Osmanischen Herrschaft. Hier in Gónni haben Türken und Griechen offensichtlich friedlich zusammengelebt. Das Dorf hatte zwei Moscheen; der Hauptplatz heißt heute noch Πλατεία τζαμιού, (Platz der Moschee), obwohl von dem Gebäude nichts mehr zu sehen ist. Auch vom türkischen Friedhof – auf dem Gelände der heutigen Tankstelle – ist nichts übrig geblieben. Er war viel ausgedehnter als der griechische Friedhof, weil die Muslime ihre Toten nicht nach wenigen Jahren wieder ausgruben, sondern jedem sein individuelles Grab zugestanden, in diesem Punkt den Mitteleuropäern ähnlicher als den Griechen. In ihren Erzählungen legen die Bauern großen Wert darauf zu betonen, dass ihre Großväter den Türken ihr Land zu echten Preisen abgekauft hätten, als diese im Zuge des „Bevölkerungsaustausches" das Land verlassen mussten.

Auch Juden hat es in Gónni gegeben. Der Gastgeber erzählt, wie sein Vater mehrere Familien mit dem Familiennamen Baruch gerettet hat, indem er sie „adoptierte" und mit Pässen auf seinen eigenen Nachnamen ausstattete, so dass sie nach Israel ausreisen konnten. Außer einem Foto der geretteten Familien gibt es im Dorf keine sichtbaren Zeichen des jüdischen Lebens mehr.

Ob es in Gónni auch Vertreter der vierten großen Bevölkerungsgruppe, der Slawomakedonier gab, weiß ich nicht. Heute wird diese Gruppe von meiner Freundin selbst vertreten, die aus Ohrid (in der früheren jugoslawischen Republik Makedonien) stammt. Von dort ist eine Gruppe Verwandter zur Ausstellung angereist, unternehmungslustige Studenten, die gut Englisch sprechen und ihre neue Freizügigkeit in vollen Zügen genießen. So wird die bunte Balkanmischung neu belebt…

Die traditionelle Gastfreundschaft hat sich offensichtlich erhalten: Spät in der Nacht macht mir die Gastgeberin ein Bett inmitten ihrer Antiquitäten und Erinnerungsstücke, ich schlafe in Bettwäsche mit handgeklöppelter Spitze aus einer traditionellen προίκα (Aussteuer) und bekomme am nächsten Tag Pakete mit selbstgebackener Píta und Wein aus dem Dorf als Wegzehrung. Reich beschenkt fahre ich weiter, froh, dass ich nicht meinem ersten Impuls nachgegeben und mich nach der ersten halben Stunde, in der ich mich ausgeschlossen fühlte, verabschiedet habe.

59. Tourismus – all inclusive

22.8.2006

Mein erster Aufenthalt in einem griechischen All-inclusive-Holiday-Resort endet nach wenigen Stunden in einem perfekten Desaster.

Aber schon während ich die letzten Schritte meiner Flucht organisiere, fallen mir die ersten Sätze meiner Satire darüber ein. Jedoch die Satire übertreibt – *ich* habe das überhaupt nicht nötig! Nicht im Traum würden mir solche Details einfallen, wie sie mir die Erfahrung im „Evia Village Beach Hotel" liefert!

Dabei bin ich bei meinen Flügen von Deutschland nach Thessaloníki überwiegend von Menschen umgeben, die Griechenland pauschal gebucht haben. Urlaubsreif und erwartungsvoll klettern sie in Thessaloníki aus dem Flugzeug und steuern auf die nächste TUI- oder Neckermann-Dame zu, die sie zu ihrem Mehr-Sterne-Hotel mit Swimmingpool, Animation, Ausflug nach Metéora und abendlichem Gute-Laune-Programm begleitet. Zahlenmäßig sind sie die größte Gruppe von Ausländern in Griechenland, wirtschaftlich gesehen in vielen Regionen die wichtigste Einnahmequelle. Also wird es sowieso Zeit, dass ich sie mir mal von Nahem ansehe. Aber gleich in solchen Mengen?

Außer den 350 Kongressbesuchern, für die ich einen Chor-Workshop anbieten soll, drängeln sich im „Evia Village" 750 Pauschaltouristen um die beiden Pools einer riesigen Hotelanlage, die direkt an die einzige Schnellstraße der Insel grenzt. Meer*blick* hat man nur von einigen wenigen Zimmern, über die Blechlawine auf dem Parkplatz und der Straße hinweg. Meer*geruch*, vermischt mit Abgasen, genießt man überall. Bei dieser Hitzewelle mit Lufttemperaturen um 42 Grad und Wassertemperaturen von 28 Grad riecht selbst das Meer faul und verschwitzt. Darüber wabert der Dunst in weiß-braunen Schwaden bis zur attischen Küste. Meer*kontakt* gibt es überhaupt nur durch einen Fußgängertunnel unter der Schnellstraße. Auf den schmalen Uferstreifen, den der Straßenbau übrigließ, hat man ein bisschen Sand gekippt und drei Reihen Liegestühle gestellt, die rechts und

links von je einer Bar, einem Tennisplatz und einer Animations-
bühne eingerahmt werden. Bei optimaler Nutzung nach dem
Ölsardinen-Prinzip passen auf den Strand vielleicht 150 Leute.
Was machen die anderen 950 den ganzen Tag? Liegen sie ebenso dicht gedrängt am Pool oder gehen sie zum Shoppen in
die Hafenstadt? Dazu müssen sie allerdings eine halbe Stunde in
der Gluthitze an der Schnellstraße entlanglaufen und bei jedem
vorbeifahrenden Lastwagen zur Seite springen. Wer das nicht tut,
endet wie der kleine Hund vor der Hoteleinfahrt: plattgefahren!

Ich fahre einen Bogen um die kleine Leiche und biege in den Parkplatz ein. Ein Parkplatzwächter überprüft meine Buchungsnum-
mer und schickt mich in eine Halle voller Lärm und ungeduldiger
Menschen. Nachdem ich eingecheckt und ein paar tiefe Atemzüge
der chemisch gereinigten, voll klimatisierten Luft eingesogen habe,
beginnt gerade die heiße Schlacht ums abendliche Buffet. Horden
von hungrigen Urlaubern schieben sich durch enge Gänge und
eine schmale Treppe hinauf. Vollgestopft sind auch die Korridore
zwischen den Buffet-Reihen, auf denen sich in immer gleicher Folge Bleche mit lieblos hingeklatschten Spaghetti, mit Tomatensoße,
Moussakás und welkem Salat aneinanderreihen. Die Sitzplatzsuche
zwischen hunderten von drängelnden Menschen raubt mir den
letzten Appetit. Ich habe eigentlich nur noch Durst. Soll ich den
Kampf um ein zweites Glas Wasser wirklich aufnehmen? Ich
scheitere an einer unüberwindlichen Nachtischschlange, die sich
den Korridor entlang und um die Ecke windet. Ein Ende ist nicht
abzusehen.

Entmutigt begebe ich mich zum Eröffnungsmeeting in den –
unterirdischen! - Konferenzsaal. Dort ist es finster, stickig und
laut. Bekannte begrüßen sich quer durch den Saal, Kinder toben
zwischen den Sitzreihen, ein Mikrofon fiept beim Soundcheck.
Eine Stunde nach dem offiziellen Beginn findet außer dem allgemeinen Palaver immer noch nichts statt. Zwischendurch fällt immer wieder der Strom aus: hysterische Schreie, Notbeleuchtung,
noch mehr Palaver sind die Folge.

Muss ich mich hier eigentlich begrüßen lassen? Nach einer weiteren halben Stunde beschließe ich, darauf zu verzichten, taste mich

im Dunkeln auf mein Zimmer, hole meinen Diskman, frage mich durch zum Strandtunnel. Auf der Bühne am Pool tanzen sie gerade den Ententanz, im Pavillon am Strand werden unter der Stimmung suggerierenden Moderation eines Animateurs die Gewinner eines Wettspiels prämiiert. Vier stiernackige junge Männer streifen sich T-Shirts mit dem Hotellogo über die dicken Bäuche und grinsen ins Rampenlicht.

Ich suche mir den dunkelsten Platz zwischen den Strandliegen, schalte den Diskman ein und versuche, mit Schumann-Klaviertrios die Show zu übertönen. Plötzlich gibt es einen ohrenbetäubenden Knall. Ich schrecke hoch, ein roter Blitz zischt an mir vorbei. Schnell ducke ich mich hinter eine Betonmauer und sehe mich im Schein bunter Leuchtraketen nach einer Fluchtmöglichkeit um. Es gibt keine: Wo das Hotelgelände endet, türmt sich der Schutt vom Bau der Schnellstraße bis ans Wasser. Mitten in der Schusslinie des Feuerwerks, das als Höhepunkt des Abends gezündet wird, verpufft meine Neugier auf eine Pauschaltouristenwoche mit einem kleinen Knall.

Eigentlich beschließe ich schon während der Nacht, von hier zu verschwinden. Aber weil ich den Workshop nicht absagen will, gebe ich dem Morgen noch eine Chance.

Statt in den gechlorten Swimmingpool gehe ich vor dem Frühstück zum Schwimmen ins Meer. Das stinkt in der Hitze trübe und resigniert vor sich hin.

An der Stranddusche, direkt unterhalb der vorbeidonnernden Lastwagen, muss ich zum ersten Mal Schlange stehen; an der Treppe zum Frühstücksraum zum zweiten, am Buffet zum dritten Mal. Auf Kaffee verzichte ich ganz, weil ich das Ende der entsprechenden Schlange nicht finde.

Auf den Wegen des „Village" grüßt niemand. Gesenkten Blickes, versteckt hinter Sonnenbrille, Handy und Zigarette, geht man aneinander vorbei. An der Rezeption steht ein brüllendes Kind. Weder ich noch die Rezeptionistin finden heraus, welche Sprache es versteht, bevor die Mutter auftaucht und ihm mit einem slawischen Wortschwall eine runterhaut. Mir reicht´s. Ich gehe. Zum Glück habe ich es besser als das Kind. Sonst müsste ich auch schreien!

60. Sommerglück und -Katastrophen

Lakkiá, den 1. September 2006

Liebe Freunde!

Seid gegrüßt, hier bin ich wieder. Zwei lange, heiße Sommermonate haben wir nichts voneinander gehört und ich hoffe, dass es Euch in jeder Hinsicht gut gegangen ist! Ich war in diesem Sommer so glücklich, dass es mir schwer fällt, in meiner Vorstellung die Ereignisse zu verbinden, die gleichzeitig stattgefunden haben: Im Libanon war Krieg und ich habe gleichzeitig auf dem Pilion Bilder gemalt. In London gab es Terrorismusdrohungen und ich habe währenddessen in Budapest Bratsche gespielt. Auf der Chalkidikí wütete ein schrecklicher Waldbrand und ich bin inzwischen auf Thássos, nur 100 Kilometer entfernt, voller Genuss im Meer geschwommen.

Mir geht es - unabhängig von der Weltlage – so gut wie schon lange nicht mehr, und ich kann gar nicht anders, als mir meine Freunde am anderen Ende Europas auch glücklich vorzustellen. Hoffentlich stimmt ´s!

Jetzt rundet sich langsam der Sommer, die Leute kommen von den Inseln und aus ihren Dörfern zurück in die Städte, wir verabreden uns zum Erzählen, feiern in der Taverne das Wiedersehen und stoßen dabei auf den Winter an: Kaló chimóna!

Wo fange ich an zu erzählen, womit fing mein Sommer an? Wohl mit einer Hitzewelle, die mit meinem Umzug zusammenfiel, so dass die armen Klavierträger eine echte Herakles-Arbeit vollbrachten, als sie den Flügel vom 7. Stock auf die Straße trugen.
Der Flügel zog zu meiner schwedischen Pianistenfreundin, ich zog zu meinen Freunden aufs Land. Hier gibt es: Olivenhaine, Baumwollfelder, Schaf- und Ziegenherden, eine stinkende Geflügelfarm, Schlangen, wilde Hunde und Skolopender – aber auch sehr nette Mitbewohner, einen weiten Blick über die Hügel bis zum Olymp, einen ganz besonderen Rot- und Goldschimmer über den ausge-

dörrten Feldern in der schräg stehenden Nachmittagssonne und einen überwältigenden Sternenhimmel. In der ersten Nacht konnte ich nicht schlafen, weil vor lauter Stille ganz viele Geräusche zu hören waren! Doch natürlich kann mir in meinem aufregenden freien Jahr nichts Besseres passieren als eine solche Rückzugsmöglichkeit zu haben.

Der „Abstieg" vom 7. Stock ins Souterrain bedeutet natürlich eine Umstellung, aber bei 40 Grad im Schatten und 50 Grad in der Wohnung bin ich froh, wenn ich die Tür zum dahinter liegenden Keller öffnen kann, in dem sich ein Rest Kühle hält... Und mit Gerts Hilfe ist meine „Studentenbude" inzwischen elektrifiziert und schon richtig gemütlich.

So viel über die Wohnung und Kleinigkeiten, vielleicht nur, um das hinauszuzögern, wovon ich eigentlich erzählen möchte – oder doch nicht, weil ein Rundbrief dafür kein guter Ort ist? Aber wenn ich ´s schreibe, könnt Ihr Euch mitfreuen: Ich hab mich verliebt! Nicht in einen Griechen, der mich für immer hier halten würde, sondern in einen Hamburger, den ich schon seit 16 Jahren kenne! Seit drei Jahren mögen wir uns mehr oder weniger von Weitem, und in diesem Sommer haben wir uns Zeit genommen, das kleine Pflänzchen unserer Zuneigung zu hegen und zu verwöhnen. Da ist es plötzlich gewachsen wie der Trompetenjasmin vor seinem Haus auf dem Pilion, hat seine Zweige ausgebreitet und Blüten getrieben, die bis in den blauen Himmel ragen, hat den Blick auf alles Hässliche verdeckt und uns Schatten gespendet, in dem wir uns aneinandergekuschelt haben, gemalt, gezeichnet, geredet oder geschwiegen haben, durch kühle Schluchten und über die Felsen am Meer geklettert oder an der Küste entlang gepaddelt sind und auf diese Weise vier Wochen Paradies erlebt haben.

Zwischendurch haben wir jeder für uns gearbeitet, in Sicht- oder Hörweite voneinander, was ebenfalls sehr beglückend war. Ich habe viel geübt und das Programm für einen Kammermusikkurs in Budapest vorbereitet.

Nur geschrieben habe ich noch nicht, dazu war ich wohl zu glücklich. Gezeichnet und gemalt haben wir beide, doch auch unseren Bildern sieht man an, dass sie nicht durch dramatische Konflikte angeregt wurden. Gibt es eine heitere Kunst? Wenn nicht, entscheide ich mich in diesem Sommer für die Heiterkeit. Die Kunst kann warten.

Mir geht es beim Malen und Zeichnen sowieso nicht um das Ergebnis - dafür bin ich viel zu sehr Musikerin, die gewöhnt ist, dass die Kunst verklingt - sondern um die Freude und um den besonderen Blick, den ich entwickele, wenn ich stundenlang einen bestimmten Ausschnitt der Landschaft genau ansehe, um mich davon anregen zu lassen. Wenn ich dann am Abend die Augen schließe, sehe ich eine Fülle von Farben und Strukturen vor mir. Und dazu fällt mir wiederum Musik ein… Die Pilionhalbinsel ist eine besonders inspirierende Gegend, weil dort aus dem Zusammenspiel von Land und Meer phantasievolle Felsformationen und Farben entstehen. Was die Natur hier in Jahrtausenden geschaffen hat, könnte sich kein Künstler je ausdenken, auch wenn er noch so glücklich wäre! Aber anregen lassen können wir uns davon.

Anregend war auch der Besuch bei Vera und Odysséas auf der Insel Thassos.

Allerdings hatten wir dort immer unmittelbar vor Augen, was in diesen Wochen die Gemüter aller Griechen bewegt: die sommerlichen Waldbrände, die jedes Jahr große natürliche Lebensräume für mehr als ein Menschenalter zerstören. Auf Thássos hat es vor zwanzig Jahren gebrannt und immer noch wirkt die Landschaft kahl und nur mühsam verschorft. Mir tut jeder Blick auf die verbrannten Hänge weh, als wäre ich selber verletzt. Vera geht es genauso. Odysséas, seine Söhne und die Leute im Dorf haben sich längst damit abgefunden.

Sind wir Frauen stärker mit der Erde verbunden als die Männer? Oder finden sich die Griechen leichter mit dem Unabänderlichen ab als die Deutschen, vielleicht, weil ihnen in 400 Jahren Fremdherrschaft nichts anderes übrig blieb? Ihr Spruch: „Τι να κάνουμε;" („Was soll man machen?") ist jedenfalls so allgegenwärtig wie im Orient der Hinweis auf den Willen Allahs. Oft verhindert diese Einstellung die Umsetzung wirkungsvoller Vorbeugemaßnahmen wie die Anschaffung und Wartung neuer Feuerwehrautos und

Löschflugzeuge oder den Aufbau freiwilliger Feuerwehren in den Dörfern und auf den Inseln.

In der letzten Woche ist ein großer Teil des ersten Fingers der Chalkidikí abgebrannt, darunter wunderschöne Pinienwälder, die uns von vielen Wochenendausflügen sehr vertraut waren. Auch Dörfer wurden vom Feuer vernichtet, u. a. das Heimatdorf von Pávlos aus meinem Chor.

Es ist so unfassbar, dass da innerhalb von zwei Tagen ein ganzes Ökosystem zerstört wurde und dass wir diese Gegend nie wieder so sehen werden, wie wir sie noch in diesem Frühling erlebt haben. Gegen das Zusammentreffen von Dürre, Blitzschlag und Sturm sind die Menschen nach wie vor machtlos. - Gegen die Verbrechen von Brandstiftern und Bodenspekulanten offensichtlich ebenfalls. Da hilft nur das Denken in viel größeren zeitlichen Dimensionen: Was sind schon die hundert Jahre, die der Wald braucht um sich zu regenerieren - verglichen mit der Zeit, die die Marmorkiesel auf dem Pilion gebraucht haben um ihre schönen runden Formen anzunehmen, an denen wir uns heute freuen? Vielleicht nehmen wir Menschen uns und unsere Zeit viel zu ernst?

Das ist das Stichwort: genug geschrieben!

Euch wünsche ich eine sonnige, verträumte, goldene „fünfte Jahreszeit". Springt noch ein letztes Mal in einen holsteinischen See und habt eine gute Zeit! Liebe Grüße!

Gesine.

61. Griechische Gastfreundschaft – eine heilige Pflicht

25.10.2006

Die Pilionhalbinsel mit ihrem hohen Gebirgszug in der Mitte hat – wie so viele Dinge – zwei völlig verschiedene Seiten. Die Nordostseite ist dem offenen Meer zugewandt. Oft ist das Wetter rau und der Wellengang so hoch, dass man das Rauschen der Brandung bis in die hochgelegenen Bergdörfer hören kann. Nachts beobachten wir über dem Wasser manchmal spektakuläre Gewitter und bei sehr klarem Wetter zeichnen sich am Horizont die Höhenzüge der Chalkidikí und des Athos ab.

Im Herbst und Winter, wenn es auf der Nordostseite stürmt und regnet oder gar dick verschneit ist, herrscht an der Südwestküste häufig ein sanftes Frühlingswetter.

Eine meiner Lieblingsbeschäftigungen besteht darin, mich dort unter einen Olivenbaum zu setzen und über den ruhigen Golf von Vólos auf die blauen Bergketten am Horizont zu blicken. Ich stelle mir vor, dass die vielen bewegten über- und hintereinander gelagerten Horizontlinien Spuren einer Musikschrift sind - und schon beginnt es in mir zu klingen: Den am weitesten entfernten, blaugrauen Höhenzug des Parnassos höre ich vielleicht als eine ruhige, majestätische Klangfläche der tiefen Streicher, vor der sich bewegte Melodien eines Saxophons und einer Bratsche ineinander schieben. Die kleinen Inseln davor – Oboe oder griechisches Klaríno? Und wie klingt das glitzernde Meer, das ja die Basis bildet? Mein Stück besteht aus vielen Variationen, denn wenn ich nur kurz die Augen schließe, um der inneren Musik zu lauschen, und sie dann wieder öffne, hat sich inzwischen eine Wolke vor die Nachmittagssonne geschoben und die Musiklandschaft ganz verändert. Das Werk endet erst, wenn in einem großartigen Finale die Sonne hinter den Kontrabass-Bergen versunken ist und die Dunkelheit fällt…

Das möchte ich Gert zeigen. Sein Häuschen liegt an der wilden Wetterseite des Gebirges und bis zu meiner Musiklandschaft ist es eine weite Fahrt. Die Dörfer am Golf sind nach Saisonschluss fast ausgestorben. Wir stellen das Auto auf einem verlassenen Hotelparkplatz ab und wandern durch ein nur von einzelnen Straßenbauarbeitern belebtes Dorf zum Strand. Mein Musikpanorama ist heute golden und ruhig, die Landschaft duftet nach Thymian, es ist herbstlich still. Gert malt, ich träume, wir baden und sehen uns den Sonnenuntergang an.

Nichts deutet auf eine dramatische Fortsetzung des Herbsttages hin, die sich bereits anbahnt: Während wir unterwegs waren, haben die Bauarbeiter eine kilometerlange Kunststoffröhre auf der Straße ausgerollt, die einen halben Meter Durchmesser hat und offensichtlich in den nächsten Tagen verlegt werden soll. Die Röhre führt auch am Hotelparkplatz vorbei und versperrt die Ausfahrt.

Gert macht sich sofort an die handwerkliche Lösung des Problems: Er versucht eine andere Ausfahrt freizuräumen, er schlingt einen Gartenschlauch um die Röhre und versucht sie wegzuziehen, er beginnt aus Steinen und Brettern eine Brücke zu bauen… Mir ist von vorne herein klar, dass daraus nichts werden kann und ich nehme die soziale Lösung in Angriff: Vielleicht gibt es ja irgendwo im Dorf jemanden, der einen Trecker besitzt oder weiß, wo der Baggerfahrer wohnt, der die Röhre bewegen kann…

Drei Lichter sehe ich bei meinem Gang in das dunkle Dorf. Als ich mich dem ersten nähere, schallt mir wütendes Hundegebell entgegen. Das zweite Licht ist ganz am Ende eines großen Obstgartens hinter dunklen Zypressen versteckt. Das Gartentor ist geschlossen. Da traue ich mich nicht hinein.

Bleibt nur noch eine Fischerhütte direkt am Strand. Durch die Ritzen der Fensterläden dringt ein schwacher Lichtschein, aus dem Schornstein quillt Rauch. Ich fasse mir ein Herz und klopfe. Durch die geschlossene Tür muss ich erst meine ganze Geschichte erzählen, bevor mir eine kleine alte Frau öffnet. Als sie mich sieht, fangen ihre Augen an zu strahlen: Uns habe sie schon am Nachmittag von weitem beobachtet und sich gefragt, was wir wohl „mitten im Winter" hier wollten.

Sie bittet mich in die Stube. Am warmen Ofen sitzt ihr Mann und strahlt wie sie. Einen Kaffee kann ich bekommen, aber einen Traktor hat er natürlich nicht. Es gibt im ganzen Dorf keinen und im „Winter" auch niemanden, der Zimmer vermietet. Aber wenn es uns nichts ausmacht, auf dem Sofa zu schlafen, können wir bei ihnen übernachten...

So erleben wir einen Abend wie aus einer Tolstoi-Novelle. Kaum sitzen wir zu viert um den Tisch, bringt die Frau gekochte χόρτα, (ein Wildkraut, das hinter jedem Haus wächst und Ähnlichkeit mit Spinat hat), selbstgebackenes Brot und eigenen Feta-Käse. Der Mann öffnet feierlich eine Flasche Wein: σπιτικό, hausgemacht. Nachdem wir auf die Gastfreundschaft angestoßen haben, hebt er an zu sprechen: Die Griechen hätten eine Religion, in der die Gastfreundschaft eine heilige Pflicht sei, erklärt er uns, und es sei ihm ein Vergnügen, diese Pflicht zu erfüllen. Er wisse zwar nicht, welcher Religion die Europäer anhingen (- damit meint er uns! -), aber für ihn sei klar, dass das Gastrecht für alle Menschen gelte. Als ich sage, die meisten „Europäer" seien Christen wie die Griechen, blickt er mich ungläubig an. - Es gebe da einen mit Namen Jesus Christus, ob wir von dem schon gehört hätten, fragt er wie zur Prüfung. – Zum Glück kennen wir den, er steht auch im Mittelpunkt unserer Religion, und so ist unser Gastgeber vollends begeistert. Auch wenn wir weder die Fastentage einhalten noch die Geschichten der Heiligen auf der Rückseite des Heiligenkalenders lesen, wie sich im Laufe des Gesprächs herausstellt, nennt er uns immer wieder seine Brüder und betont, dass wir zur selben großen Familie gehören. Seine Frau fügt hinzu, uns habe sicher der Himmel geschickt, damit sie in ihrem stillen Dorf wieder einmal etwas erleben könnten. Sie freut sich, dass wir die handgewebte Decke bewundern, das einzige Schmuckstück in dem kargen Raum, denn die stammt aus ihrer προίκα, ihrer Aussteuer. Als junges Mädchen hat sie die Wolle selbst gewaschen, gesponnen, gefärbt und dann zum Weben in die Manufaktur gegeben. Wir haben die Ehre, unter dieser Decke zu schlafen, ohne Bettwäsche, dafür mit dem chemischen Geruch von reichlich Mottenpulver in der Nase. Der Holzofen erhitzt die Stube, der Kühlschrank rattert, der Gastgeber schnarcht, direkt vor der Tür schlagen die Wellen an den Strand. Es ist nicht so einfach, zwischen all diesen Eindrücken einzuschlafen, aber es ist trotzdem eine besondere Nacht.

Zum Frühstück gibt es süßen Salbeitee: σπιτικό, hausgemacht, das einzige Getränk, mit dem man Gert bis ans Ende der Welt jagen kann. So tauschen wir heimlich die Becher aus.

Die beiden Alten wollen uns gar nicht ziehen lassen. Immer wieder danken sie ihrem Gott, dass er uns vorbeigeschickt hat. Dabei sind wir eben so froh wie sie.

So ist das eben mit dem heiligen Gastrecht: Es kann ein Gewinn für Gäste und Gastgeber sein, ein richtiger Glücksfall. Mit Geld lässt sich dabei nichts begleichen. Aber zum Abschied schenkt Gert unseren Gastgebern das Aquarell, das er am Vortag gemalt hat. Es zeigt den Blick von ihrer Bucht auf die gegenüberliegende Küstenlinie mit zwei Olivenbäumen im Vordergrund. Stolz hängen sie es an die Wand, die bis auf eine Abendmahlsdarstellung aus Silberblech und eine Ikone des heiligen Giorgios völlig kahl ist. Vor der Hütte machen wir noch ein Foto und versprechen wiederzukommen, dann rattert der Bagger die Dorfstraße entlang und befreit unser Auto. Philemon und Baucis stehen winkend am Strand…

62. Inselbilder, Regenbilder

Lakkiá, den 10. Oktober 2006

Liebe Freunde!

„Die große Fracht des Sommers ist verladen" – inzwischen sogar hier im Süden.

Mein Strandgeburtstagsfest am letzten Wochenende fiel ins Wasser und wurde kurzfristig in eine House-Warming-Party umfunktioniert, bei der wir uns mit zehn Leuten in meinem kleinen Zimmer aneinanderkuschelten und das ganz gemütlich fanden.

Nach einem langen und erfüllten Sommer, unterwegs an den schönsten Orten Griechenlands, gefällt es mir, einfach zu Hause zu sein, mit Freunden oder allein, und dankbar dem Regen zu lauschen, der mich daran hindert, schon wieder in die Welt zu ziehen. Es gefällt mir, Bratsche zu üben, zu schreiben oder ein Regenbild zu malen und mich auf Gert zu freuen, der am Wochenende kommt.

Zuletzt habe ich mit Freunden aus Hamburg Inseln erkundet, und wir haben Orte von einer beglückenden Schönheit kennengelernt, wie ich sie mir so nie hätte träumen lassen:

Uralte Laubwälder, Wasserfälle und Nymphenteiche in Griechenland? Auf Samothráki gibt es sie, überragt von einem 2000 Meter hohen, schroffen Berg, an den sich eine antike Stadt von besonderer Ausstrahlung schmiegt. Spätsommersonne, Vollmond und eine Mondfinsternis am Strand, goldene Blätter und Thymiandüfte machen die Insel zu einem magischen Ort.

- Ja, endlich öffnet sich Griechenland für mich auch auf der Energieebene! Das hat lange genug gedauert. In der ersten Zeit konnte ich die Schönheit der griechischen Landschaft zwar sehen aber nicht wirklich spüren. Offensichtlich gibt es auch auf dieser Ebene eine „Landessprache", die ich erst lernen musste, natürlich ohne Wörterbuch und Lehrer.

Rund um Hamburg hatte ich immer meine besonderen Plätze. Jetzt finde ich sie auch hier: auf Skópelos und Samos, im Ipiros-

Gebirge, am Olymp und auf Samothráki. Wieder bin ich ein Stück weiter angekommen, und immer noch bin ich nicht ganz hier. Ankommen – das ist vielleicht (m)eine Lebensaufgabe, die nur durch das Abschiednehmen überlagert wird.

Von Santorini hätte ich so eine besondere Energie als allerletztes erwartet. Ich kannte das charakteristische Arrangement aus blauer Kuppelkirche, weißem Klötzchenhaus, rosa Bougainvillea und schwarzem Vulkanfelsen von Postkarten, Kühlschrankmagneten und Reisebüroplakaten. „This is Greece!" verkündet die Tourismusindustrie der Welt von Bolivien bis Japan, und wer das Programm „Europe in 10 days" absolviert, schifft sich direkt nach dem Besuch der Akropolis nach Santorini ein, um die Postkarteneindrücke einzulösen. So drängeln sich in den engen Gassen der Hauptorte Touristen aller Hautfarben und Sprachen. Zu tausenden sitzen sie auf den Mäuerchen des Dorfes Oía und warten auf den „schönsten Sonnenuntergang der Welt", schwatzen, lachen, fotografieren und applaudieren zuletzt, wenn die Sonne es geschafft hat, im Meer zu versinken. Es ist ein besonderes Schauspiel, wobei nicht entschieden ist, wer eigentlich Akteur und wer Zuschauer ist. Helios als Protagonist – hat er das nötig? Schmunzelt er nicht eher über die krabbelnde, schnatternde Menschenmenge, die ihn im entscheidenden Moment durch tausend Kameras anblitzt? Jedenfalls haben wir ein paar Abende lang bei diesem Theater mitgespielt, Meine Freunde haben ihr Japanisch aufgefrischt – und tagsüber haben wir ganz andere Seiten der Insel kennengelernt.

Santorini, der Kraterrand eines riesigen Vulkans, strahlt eine so gewaltige Energie aus, dass vergangene und zukünftige Vulkanausbrüche überall sichtbar und spürbar sind: in den wild geformten blauschwarzen, roten und weißen Felsabbrüchen der Caldera, im Aufeinanderprallen von Gischt und Steinmassen an der Hafeneinfahrt, beim Schwimmen im schwarzblauen Wasser mitten im Kraterbecken, im Sturm auf dem Berg bei der Kapelle des Profítis Ilías. Als ich da oben saß und zeichnete, kam mir plötzlich die Idee, wie froh ich bin, dass ich *jetzt* hier sitze – und nicht vor 3500 Jahren, als genau an dieser Stelle die Erde aufbrach und ihr Inneres nach außen schleuderte; als die Asche ganz Europa ein Jahr lang in eine dunkle Wolke hüllte und die Flutwelle die minoische Kultur auf Kreta zerstörte. Oder dass ich nicht *in* 3500 Jahren hier bin, wenn es vielleicht überhaupt keine Insel mehr zum Draufsitzen gibt, sondern stattdessen einen Meeresstrudel über einem Ab-

grund... Oder vor 350000 Jahren, wo ich womöglich kein Mensch gewesen wäre, sondern so eine Art Affe... Schon gut – ich habe da oben zu viel Jostein Gaarder gelesen, unter anderem den Satz: „Das Leben ist eine gigantische Lotterie, bei der nur die Gewinnerlose sichtbar werden." Es müssen eine Menge „Zufälle" zusammentreffen, Ereignisse erdgeschichtlicher, historischer, biologischer und lebensgeschichtlicher Dimensionen, damit *ich jetzt hier* sitze. – Auf dem Kraterrand von Santorini erlebe ich es als ein besonderes Glück zu den Gewinnern der großen Lebenslotterie zu gehören!

Santorini hat aber auch eine ganz zarte Seite: sehr poetische Wandmalereien, die seit 3700 Jahren unter einer meterdicken Ascheschicht verborgen waren, bis sie vor kurzem entdeckt wurden. Wunderschöne Frauen mit ausdrucksstarken Gesten, die wir auch heute sofort zu verstehen meinen, und mit Schmuck, den ich selbst gern trüge; dazu Blumen, Schwalben, Delfine, Flüsse mit Wasservögeln und Palmen, lange Bildergeschichten von Seefahrten und Schiffbrüchen, Festen und Jagdszenen... Offensichtlich gibt es doch ein Empfinden von Schönheit, das allen Menschen über die Grenzen von Kulturen und Zeiten gemeinsam ist. Aber das ist ein weites Feld. Wir haben uns jedenfalls an den Malereien von Thera gefreut!

Die Schönheit der Kykladeninsel Folégandros ist nicht ganz so offensichtlich. Ich hatte zuerst Mühe mit einer Landschaft, die sich jedem Bedürfnis nach Lieblichkeit und Frische verweigert: Kahl und braun sind die Berge, es gibt kein Grün, keinen Hinweis auf die Stimmungen des beginnenden Herbstes. Nur auf der Platía des Hauptortes wachsen rund um die Zisterne einige alte Platanen, die sich langsam golden färben.
Einzige Gliederungsmomente der Landschaft sind die vielen Terrassen und Mauern in bizarren Formen, die – auch wenn man nicht an Ufos glaubt – von oben aussehen wie verschlüsselte Zeichnungen von Außerirdischen.
Nachdem ich am ersten Tag vom gemieteten Moped gestürzt war, fuhr ich Bus. Da der Bus ständig Verspätung hatte, fing ich an,

Bushaltestellenbilder zu zeichnen. Und dabei kam mein „Kykladen-Blick" zum Vorschein, den ich brauche, um die Schönheit der kahlen Inseln wahrnehmen zu können. Zwischendurch kommt er mir immer wieder abhanden, denn ich bin kein „Minimalist" wie Ilías, der die Kykladen gerade deshalb liebt, „weil es dort fast nichts gibt"; oder wie Hanne, die in der Abgeschiedenheit ihres Insellebens die Ideen für ihre Kunst entwickelt. Aber mit ein bisschen Geduld entdecke auch ich die vielen Abstufungen der Brauntöne, das Spiel der Nachmittagssonne mit den Schatten, die Geräusche der tiefen Stille…

Für Milos, die letzte Insel unserer Reise, konnte ich meinen „Kykladen-Blick" auch gebrauchen, obwohl dort etwas mehr los war als auf Folégandros. Sogar ein Abenteuer haben wir dort erlebt, ein Kirchweihfest zu Ehren des Agios Ioánnis in einem Kloster am Ende der Welt, hinter mindestens sieben Bergen, über die sich ein Schotterweg schlängelt. Im Dunkeln folgten wir mit dem Leihauto der gewundenen Spur, bis wir schließlich kaum noch damit rechneten, irgendwo anzukommen. Plötzlich tauchte in der Wildnis ein kleines Licht auf. Im Näherkommen gab die Nacht tatsächlich eine große Gruppe feiernder Menschen, Souvláki-Grills, Verkaufsstände und einen psalmodierenden Popen preis. Großfamilien saßen um Picknicktische, die sich unter der Last der Plastikdosen voller Köstlichkeiten bogen. Kleine Jungen verfolgten sich gegenseitig mit Spielzeug-Maschinengewehren mit eingebauten Todesschrei-Geräuschen, wie sie auf jedem Kirchweihfest verkauft werden. Musiker packten ihre Instrumente aus.
Die Szene, die dann folgte, war filmreif: Mit Blitz, Donner und einem gewaltigen Sturm brach das erste Herbstgewitter über den Platz herein. Tische und Stühle flogen durch die Gegend, Souvlákispieße wurden auf dem Grill ertränkt und wer nicht in einer der ehemaligen Mönchszellen Unterschlupf fand, war innerhalb von wenigen Sekunden klitschnass. Wir drängten uns zusammen mit zwanzig anderen Gästen in ein Kämmerchen, das während des dreitägigen Festes von einer Familie bewohnt wurde. Ein ganzer Haufen Kinder balgte sich auf dem einzigen Doppelbett, die Erwachsenen standen dicht gedrängt und klitschnass, machten Witze

und schenkten Wein aus, während das Wasser in Strömen unter der Tür hereinfloss. So schnell das Unwetter gekommen war, so zog es wieder ab und hinterließ einen überschwemmten Festplatz und einen Fahrweg, der sich in eine einzige Matschbrühe verwandelt hatte. Ich brauchte meine gesamte Tiefschnee-Erfahrung, um uns über die sieben Berge zurück zur Zivilisation zu kutschieren. Auf der Straße angekommen priesen wir den „Agios Asfaltos" – eigentlich müssten wir ihm eine Kapelle errichten!

Mitten im Matsch feiere ich heute auch meinen Geburtstag. Gleich werde ich Gummistiefel anziehen und zu meinen Nachbarn zum Mittagessen rübergehen. Wir sind hier im Olivenhain eine nette Gemeinschaft von acht Leuten, fünf Nationalitäten und drei Generationen in zwei Häusern am Ende eines Feldwegs – und gestern haben wir sogar unseren eigenen Lakkiá-Chor gegründet!

Ich schicke Euch eine große Portion gute Laune mit. – Wie lautet der weise Spruch von Albert Schweitzer: „Das Glück ist das einzige, das sich verdoppelt, wenn man es teilt." - Da bin ich gern großzügig im Teilen und hoffe, es kommt bei Euch an!

Alles Liebe!

Gesine.

63. Mit weit geöffneten Sinnen und Notizbüchern

12.10.2006

„Was nun? Ich bin hier ohne Mission, ausschließlich mit dem Auftrag von mir an mich, hier zu sein. Was aber bedeutet das, irgendwo zu sein?
Das Gleiche wie immer, nur woanders und dann mit weit geöffneten Kameras und Rekordern, angeschlossen an die leere Vorratskammer, in der aus Bildern und Geräuschen Erinnerungen gemacht werden.“

Ersetze ich die Kameras und Rekorder durch „weit geöffnete Sinne und Notizbücher“, dann passt diese Standortbestimmung von Cees Nooteboom („Nootebooms Hotel“, S. 27) ziemlich genau zu meiner Situation.

Manchmal werden mir die Bilder oder Geräusche unmittelbar frei Haus geliefert, obwohl das nächste Dorf drei Kilometer entfernt jenseits einer Schlucht liegt. Heute schallt von dort plötzlich orientalische Zirkusmusik durch mein geöffnetes Fenster, unterbrochen von der Aufforderung, Angelos Tsolakídis zum Bürgermeister wiederzuwählen. Die einmalige Chance, ihm auf dem Dorfplatz von Lakkiá zu begegnen, solle man sich nicht entgehen lassen.
Für mich ist das eine einmalige Chance, meine Vorratskammern zu füllen. Ich hole mein Rad aus dem Keller und radle ins Dorf, immer mit einem Stein in der Hand, um die wilden Hunde auf Abstand zu halten. Die einzige Teerstraße in Lakkiá ist zugeparkt. Rauchend und lachend lehnen die jungen Männer an ihren Autos. Die alten Männer sitzen vor dem KAPÍ, einer Art staatlicher Altentagesstädte, die sich kaum von einem Kafeníon unterscheidet. Hier in Lakkiá ist das KAPÍ neben einem winzigen Lebensmittelgeschäft, das meistens geschlossen ist, die einzige öffentliche Einrichtung. Die Frauen sitzen in kleinen Gruppen auf Plastikstühlen am Straßenrand, um sie herum spielen ein paar Kinder.

Die Griechen sind aus der Schule und der Kirche daran gewöhnt, stundenlang von ihren Autoritäten belehrt zu werden und deshalb sehr geduldig, wenn es darum geht, endlose Reden über sich ergehen zu lassen. Wer sich als Bürgermeister behaupten will, muss allerdings zusätzlich etwas bieten, zunächst an Lautstärke: Obwohl der Kandidat eine Donnerstimme hat, die auch ohne Mikrofon bis auf die andere Seite der Schlucht zu hören wäre, wird seine Rede so verstärkt, dass mir noch Stunden später die Ohren brummen. Sodann muss der Kandidat einiges an Rhetorik, Gestik und schauspielerischen Effekten aufbieten: Hier entpuppt sich der schnauzbärtige Bürgermeister einer kleinen Landgemeinde als echtes Talent: In seiner einstündigen Rede kommen so ungefähr alle rhetorischen Mittel vor, die im Lehrbuch stehen – und die ja im antiken Griechenland entwickelt wurden. Bekommen die modernen Griechen sie womöglich von ihren Vorvätern in die Wiege gelegt? Jedenfalls hängen die Bauern von Lakkiá ihrem Kandidaten an den Lippen. In Wellen geht die Begeisterung durch die Reihen. Das Auftreten dieses Schauspielers lässt keine Zweifel aufkommen: Der Mann ist sich sicher, den einzig richtigen Standpunkt zu vertreten. Seine rhetorischen Stakkato-Figuren, unterstützt durch schlagende Gesten mit der rechten Hand dürfte er sich in Deutschland nicht leisten, weil sie die falschen Assoziationen wekken würden. Hier sind sie offensichtlich unverdächtig.

Die Strategie des Bürgermeisters besticht durch Einfachheit: „Wir haben ein schönes Dorf! Das Beste überhaupt. Wir haben es schön und reich gemacht. Wir werden es noch schöner und reicher machen! Wir setzen uns mit Euch an einen Tisch. Wir kennen Eure Wünsche. Wir haben die Kraft, sie Wirklichkeit werden zu lassen!" wiederholt er in vielfältigen Variationen. Probleme kommen in der Rede nicht vor; weder der Dioxinschwelbrand in der Müllverbrennungsanlage im 10 Kilometer entfernten Tagarádes noch die 75 Meter breite Schnellstraße, die direkt am Dorf vorbeigeführt werden soll; weder die Löcher im Bewässerungssystem auf den Feldern, die das knappe Wasser an den falschen Stellen versikkern lassen, noch die Schlaglöcher in den Schotterwegen, die diese bei jedem Regenguss in einen Hindernisparcours aus Matsch und Pfützen verwandeln…

Es ist einfach verführerisch zu glauben, dass alles gut ist und nur noch besser werden kann. Jedes Mal, wenn ich an einem der Transparente vorbeifahre, auf denen der Slogan prangt: „Όλοι μαζί για την ωραία μας κοινότητα!" („Alle gemeinsam für unsere schöne Gemeinde!"), spüre ich den Wunsch in mir, auch zu der „schönen Gemeinde" zu gehören. Und bin doch so unendlich fremd. Kann mir kaum vorstellen mit den Frauen und Männern auf dem Dorfplatz irgendwelche Gemeinsamkeiten zu haben. Die alten Leute würde ich gern fotografieren, so „pittoresk" finde ich sie. Die Jüngeren mustern mich befremdet. Ich bin mit Sicherheit die einzige Ausländerin auf der Platía. Unsere holländisch-englisch-amerikanisch-deutsche Enklave am Ende des Matschweges - noch hinter den Albanern, die die Hühnerfarm bewirtschaften - wird wahrscheinlich von den meisten mit Kopfschütteln registriert.

Bei Nooteboom lese ich weiter:
„Ich falle aus meiner Welt und nicht in die ihre. Werde zu einer Art schrecklichem ‚outcast' , einem wahren Fremden." (ebd., S. 60)

In meinem vierten Jahr habe ich nicht mehr das Gefühl zu fallen. Davor schützt mich eine Art elastisches Band aus Erfahrungen, das es mir erlaubt, mich weit aus meiner eigenen Welt hinauszulehnen und manchmal auch zu springen wie ein Bungee-Jumper. Beflügelt durch den gewaltigen Adrenalinstoß tauche ich kopfüber in die Fremde, jedoch nur ganz knapp, weil das Gummiband mich zurückschnellen lässt.

Wenn es danach auspendelt, kommt es allerdings vor, dass ich etwas hilflos in der Luft hänge, bevor ich wieder festen Boden unter den Füßen habe.

64. Olivenernte und Filmfestival

Lakkia, den 29.11.2006

Liebe Freunde!

Wenn ich die Augen schließe, sehe ich Oliven vor mir: Dick und violett glänzend hängen sie zwischen den silbergrünen Blättern, morgens kühl, im Lauf des Tages von der Herbstsonne angewärmt, immer ein bisschen feucht und ölig, sodass auch nach einem langen Erntetag die Hände geschmeidig sind und duften... 600 Kilo Oliven haben wir in den letzten drei Tagen geerntet, sicher 100 Kilo sind durch meine Hände gegangen – und damit bin ich wohl endgültig im griechischen Landleben angekommen! Olivenernte ist eine beglückende Erfahrung, wenn man sie so genießen kann, wie wir das tun. David beginnt in der Morgendämmerung und ich schließe mich ihm an, sobald die Sonne aufgeht. Wir breiten große Planen unter den Bäumen aus, streifen die Oliven mit einer Art Kamm von den Zweigen und rollen sie anschließend von der Plane direkt in große Kisten, in denen sie später zur Presse gebracht werden. Weil unsere Bäume noch jung sind, brauchen wir keine Leitern oder Stangen, um die höheren Äste zu erreichen.

David und ich arbeiten schweigend und nehmen die Stille in uns auf, das Rauschen der Vogelschwärme über den frisch gepflügten Feldern, den Morgenglanz auf den beschneiten Gipfeln des Olymps, die Nebelschwaden zwischen den roten Hügeln, die „Rhythmen" der Olivenbäume, Zypressen und Telegrafenstangen auf den verschwimmenden Horizontlinien. Manchmal erzählt David auch von den Gedanken, die ihm gerade durch den Kopf gehen. So lerne ich wieder eine Lebensgeschichte kennen, ein Wandern zwischen den Kulturen, eine Suche nach Sinn, getragen von einer tiefen Spiritualität und Zuversicht, geprägt von den Ideen der Findhorn-Gemeinschaft. - Und ich staune über so viel „Zufall": In einem unscheinbaren Olivenhain kurz hinter dem letzten Industriegebiet von Thessaloníki hätte ich solche Ideen am allerwenigsten erwartet!

Wenn die Sonne anfängt zu wärmen, deckt Christina auf der Veranda den Frühstückstisch. Es gibt Kaffee und selbstgebackenes Brot mit eigenem Honig. Der Duft lockt auch die anderen Helfer aus den Häusern: Brucie, der als einziger klein genug ist um auf die Bäume zu klettern, seine Schwestern Lizzie - freiwillig und Annie - widerwillig, dazu Eléni und Dáfni - gutgelaunt und am Sonntag mehrere Freunde, die das schöne Wetter und die Ernte nutzen, um der Großstadt zu entkommen. Gegen Abend bäckt Eléni Pizza, Christina und ich bereiten riesige Schüsseln Róka-Salat aus dem Garten, wir sitzen bis zum Sonnenuntergang auf der Veranda und essen uns satt, danach gehen wir alle auf einen Kaffee zu Eléni. Cháris greift sich die Gitarre, Kostas und Amanda fangen an zu singen, Sofía schläft friedlich auf dem Sofa ein. Es ist ein glücklicher Moment gelungener Gemeinschaft nach getaner Arbeit. Ich denke an das Findhorn-Motto „Work is love in action" und freue mich, dass es hier wahr wird. An der Deutschen Schule Thessaloníki gab es so viele Hindernisse, die diese Einstellung fast unmöglich machten. Ich wünsche mir sehr, wieder eine Arbeit zu finden, in der sich „love in action" wenigstens ab und zu verwirklichen lässt…

Und das heißt ja nicht, dass vor lauter Liebe nichts geschafft wird, im Gegenteil. Nach drei Tagen sind alle siebzig Bäume abgeerntet und wir fahren zur Olivenpresse ins Nachbardorf. Die scheint ein Treffpunkt der Männer aus den umliegenden Dörfern zu sein. Fachkundig vergleichen sie die Qualität der Oliven, geben Prognosen über den Ertrag ab, spekulieren, woran es liegen könnte, dass es dieses Jahr viele Oliven aber wenig Öl gibt, und lassen mich bereitwillig in alle Bottiche, Rührmaschinen und Abfüllanlagen blicken. Zum Schluss fahren wir mit sechzig Litern feinstem biologischen Extra-Virgin-Olivenöl aus unserem eigenen Hain nach Hause.

Dort habe ich inzwischen auch Rosmarin, Oregano, Thymian und Lorbeer aus eigener Ernte, dazu Walnüsse, Mandeln, Granatäpfel und ein kleines Fass eingelegte Oliven, die ich jeden Morgen umrühren und abgießen muss… Ich hätte auch die Möglichkeit, meinen eigenen Gemüsegarten anzulegen, - der November ist die richtige Zeit zum Pflanzen, wenn man im Spätwinter ernten will, aber ich weiß nicht, ob ich es darauf anlegen soll, hier noch mehr Wurzeln zu schlagen. Auf diese Weise wird es noch schwerer werden, im Sommer nach Deutschland zurückzukehren. In meinem Leben hier „stimmt" im Moment so vieles, dass der Abschied auch ohne Wurzelgemüse schwierig genug werden wird. Nur mein Liebster fehlt mir, - und der ist mir allemal wichtiger als selbstgezogene Karotten!

Wie schlage ich den Bogen vom Landleben zum Filmfestival? Vielleicht über die Fülle an Farben und optischen Eindrücken, die in beiden Fällen so überwältigend sind, dass ich zwischendurch malen, schreiben, fotografieren muss, um das alles zu verarbeiten…

Das Filmfestival von Thessaloníki ist das wichtigste international anerkannte Kulturereignis der Stadt. In diesem Jahr habe ich endlich Zeit, mich tagelang durch die Kinos treiben zu lassen und in fünf Tagen dreizehn sehr unterschiedliche Filme zu sehen. Der wichtigste Schwerpunkt des Festivals sind Produktionen aus den Balkanländern, wo offensichtlich eine sehr kreative Aufbruchsstimmung herrscht und eine Fülle von (Konflikt-)Potential vorhanden ist, das nach Gestaltung verlangt.

Aber auch in den griechischen Filmen spielen die Beziehungen zu den Nachbarländern eine wichtige Rolle.
Immer wieder geht es um Schicksale albanischer Einwanderer, um deren Verlorenheit in der griechischen Gesellschaft, aber auch um die extremen Gegensätze zwischen der Welt, aus der sie kommen - und die im besten Fall völlig archaisch genannt werden könnte - und der griechischen Gesellschaft, der sie mit Hilflosigkeit oder Schlitzohrigkeit, mit überdimensionalen Hoffnungen oder schrecklichem Heimweh, mit der Bereitschaft, Demütigungen hinzunehmen oder mit krimineller Skrupellosigkeit begegnen.

Die Griechen kennen diese Zerrissenheit wohl selber, denn sie sind ja ebenfalls ein Volk von Migranten. Viele Filme handeln von griechischen Auswanderern oder einfach von Menschen, die ihr

Dorf verlassen und in die Großstadt ziehen, die ihnen fast ebenso fremd ist wie ein anderes Land. Man könnte meinen, dass das Thema irgendwann erschöpft sein müsste, da inzwischen über die Hälfte der Griechen schon in der zweiten Generation in Athen oder Thessaloníki leben und viele Dörfer fast ausgestorben sind. Aber anders als die Deutschen geben die Griechen die Beziehung zu ihrem Ursprungsdorf nie auf, und so bleibt ihnen auch die Zerrissenheit erhalten.

Es ist spannend, die Reaktionen der Kinozuschauer zu erleben: ihre Sympathie mit den Zurückgebliebenen in abgelegenen Dörfern und ihre Identifikation mit den Helden, die in die Stadt ziehen und dort meistens erst einmal unglücklich werden...

Noch spannender sind die Publikumsreaktionen auf einen Film, der den Zypernkonflikt zum Thema hat („Akamas" von Paníkos Chrysánthou). Viele Zuschauer feiern mit der Premiere auch den Sieg eines Versöhnungskonzepts über die Zensur und die Politik der Konfrontation.

Weil der Film die Liebe eines türkischen Zyprioten zu einem griechisch-zypriotischen Mädchen zum Thema hat, gab es auf Zypern schon vor der Fertigstellung heftige Kontroversen. Die griechisch-zypriotische Kulturbehörde strich die Zuschüsse und versuchte, die Präsentation bei den Festivals in Venedig und Thessaloníki zu verhindern. Daraufhin bildeten sich europaweit Spendeninitiativen, die ermöglichten, dass der Film jetzt tatsächlich gezeigt werden kann. Das Ergebnis ist bewegend, poetisch, filmisch interessant – und vor allem weit entfernt von den demagogischen Machwerken, die sonst zum Zypernkonflikt produziert werden.

Trotzdem gibt es neben viel Zustimmung auch beim Festival eine Gruppe von Leuten, die den Gedanken einer Versöhnung oder gar einer Liebe zwischen griechischen und türkischen Zyprioten immer noch nicht akzeptieren können...

Menschliche Schicksale hinter knappen Wörtern und Zahlen habe ich auch beim Ewigkeitssonntagsgottesdienst auf dem protestantischen Friedhof von Thessaloníki erlebt.

Da gab es nicht nur Ouzo und Pita im warmen Sonnenschein, sondern auch eine Menge spannender Geschichten von Mitteleuropäern, die aus den unterschiedlichsten Gründen in Thessaloníki gestorben sind: Hier liegt ein Lokführer der Orient-Eisenbahn neben einem Kindermädchen aus Kummerfeld; ein Tabakhändler, der bei einem Attentat der Jungtürken 1903 getötet wurde, neben dem 1. Maschinisten eines vor Thessaloníki gesunkenen Schiffes. Dort „fand die ewige Ruhe Georg Heinrich Herren, geb. zu Hamburg am 7. Juni 1805, gest. zu Salonick am 23. September 1862. Ein treues deutschen Herz, das nach den Maikämpfen 1849 in der Schweiz Asyl und neue Heimath gefunden, beweint von seiner Gattin und 12 Kindern" neben Amélie Fernandez geborene Müller, vielleicht einer konvertierten sephardischen Jüdin, von der außer ihrem Namen nichts mehr bekannt ist.

Von Paul Müller alias Παύλος Μίλλερ weiß man, dass er 1934 in Ermangelung eines deutschsprachigen Pastors von einem jüdischen Rabbi protestantisch beerdigt wurde. War der vielleicht der einzige in Thessaloníki, der eine deutschsprachige Zeremonie durchführen konnte?

- So viele Gräber, so viele Lebensgeschichten… Viele meiner Freundinnen werden hier irgendwann beerdigt werden, denn die orthodoxe Kirche erlaubt nicht, dass „Ungläubige" auf dem griechischen Friedhof begraben werden, nicht einmal, wenn sie mit Griechen verheiratet waren. Vielleicht wird sich irgendwann auch jemand fragen, was *sie* in Salonick erlebt haben…

Ihr dagegen werdet Euch langsam fragen, wann ich endlich aufhöre, Euch mit Schnipseln aus einer Welt zu behelligen, die der Euren so fern ist. Es gibt vielleicht wirklich keinen Grund, warum ich Euch das alles erzählen sollte, außer dem, dass ich hier nahe am Orient und seiner Geschichtenerzähl-Tradition bin. Und dass die dunkle Jahreszeit überall die des Geschichtenerzählens ist. Vielleicht macht es Euch ja Spaß, einen der vielen Schnipsel mit Eurer eigenen Geschichte zu verbinden oder mit Eurer Phantasie weiterzuspinnen.

Wenn nicht, lasst Euch einfach herzlich grüßen und Euch eine freundlich-lebendig-geruhsame Vorweihnachtszeit wünschen! Ich bewahre Euch bei allen exotischen Erlebnissen gern in meinem Herzen und freue mich, dass es Euch - so weit entfernt, und doch vertraut - gibt!

Gesine.

65. OD-AX′ letzte Reise

8.12.2006

„Δεν το πιστεύω!" („Ich glaub´ es nicht!") ist ein beliebter Ausruf, dessen ich mich in den letzten Tagen häufig bedient habe. Was ich mit meinem kleinen alten Fiat, genannt OD-AX nach seinem Kennzeichen, erlebt habe, war tatsächlich unglaublich. Zum Schluss musste ich dem griechischen Zoll sogar dankbar sein, dass er mein Auto beschlagnahmt hat!

Nach europäischem Recht ist das natürlich ein Vergehen. Niemand darf mich daran hindern mit meinem Auto freizügig in der EU herumzufahren. Die griechischen Gesetze stehen aber im Widerspruch zum EU-Recht, sodass fast jeder, der mit einem ausländischen Nummernschild längere Zeit in Griechenland unterwegs ist, sich irgendwann strafbar macht. Und dann ist der tägliche Strafsatz so hoch, dass es fast immer günstiger ist, das Auto konfiszieren zu lassen als die Strafe zu bezahlen. Auf diese Weise sammeln sich auf dem Parkplatz der Zollbehörde regelmäßig innerhalb weniger Monate hunderte von Fahrzeugen aller Art und Qualität und mehrmals im Jahr gibt es eine Versteigerung…

Würde ich den griechischen Staat verklagen, dann bekäme ich auf jeden Fall irgendwann Recht – aber bis dahin wäre OD-AX endgültig durchgerostet! Der griechische Staat verlässt sich darauf, dass nur wenige Ausländer hartnäckig genug sind einen jahrelangen Rechtsstreit zu führen. Er macht auf jeden Fall ein besseres Geschäft, wenn er in Einzelfällen eine hohe Strafe zahlen und ein Auto wieder herausrücken muss, als wenn er seine Gesetze denen der EU anpasst. 25 Jahre nach dem Beitritt Griechenlands zur EU wird also weiterhin munter konfisziert und versteigert. Im Dezember, wenn der Staat Geld braucht, um den Beamten ihr Weihnachtsgeld zu bezahlen, besinnt er sich besonders gern auf ausländische Nummernschilder, führt Razzien durch und sammelt Autos ein.

Das alles erfahre ich aber erst im Nachhinein. Es ist im Dezember, dem Monat der leeren Staatskassen, als mir der Verwaltungsleiter der Deutschen Schule mit theatralischer Geste mitteilt, die Interpol habe mich auf ihre Fahndungsliste gesetzt, weil sich mein Auto illegal in Griechenland aufhalte und ich dem griechischen Staat große Summen schulde. Die einzige Möglichkeit zu verhindern, dass ich im Gefängnis lande, sei mich zu stellen und innerhalb von 24 Stunden mein Auto abzugeben.

Ich nehme an, dass er – wie immer – gewaltig übertreibt, aber fast jeder Ausländer, den ich im Laufe meiner Frist um Rat frage, hat selbst schon ein Auto abgegeben oder aus ähnlichen Gründen im griechischen Gefängnis gesessen.

Schließlich bitte ich Pandelís um Hilfe. Er kennt durch seine Arbeit als Spediteur alle Angestellten der Zollbehörde und ist gleichzeitig einer der freundlichsten und diplomatischsten Menschen, die ich kenne.

Früh am nächsten Morgen fahre ich in sein Büro, fest entschlossen, mich nicht zu ärgern, sondern bei dieser Gelegenheit einen Ausschnitt aus dem griechischen Behördenalltag zu erkunden. Vielleicht werde ich auf diese Weise eine Vorstellung bekommen, wovon meine Gesprächspartner reden, wenn sie die Augen zum Himmel verdrehen, die Hände ringen und ausrufen, τα χαρτιά, die Papiere raubten ihnen den letzten Nerv.

Pandelís telefoniert gleichzeitig mit zwei Telefonen und schickt mich mit einer Geste zum Kaffeetrinken. Auf diese Weise erlebe ich einen frühen Wintermorgen in einer kleinen Bougatsería am Hafen: die Freundlichkeit, Verlorenheit und Skurrilität der morgendlichen Stammgäste und die sanfte Melancholie eines Ortes, der früher bessere Tage gesehen hat. Ich habe sogar Zeit zum Zeichnen, versuche zum ersten Mal, ein Interieur zu skizzieren, bevor Pandelís mit mir zum Zoll fährt.

Die Schalterhalle der Zollbehörde wäre ein weiteres, weit trostloseres Interieur wert: In dem kalten, gefliesten Raum stehen verstreut mehrere Schreibtische. Über den Fußboden winden sich mit Klebeband verbundene Kabel, von den Wänden bröckelt der feuchte Putz. Der einzige Schmuck ist ein verblichenes Poster der Fußballnationalmannschaft von 2004 mit der Aufschrift: „Ελλάδα βασίλισσα της Ευρώπης" (Griechenland - Königin Europas).

Vor den Fenstern baumeln die Reste eines zerfetzten Sonnenschutzes, der trübe Tag wirkt dadurch noch trüber, die halbe Aussicht nach draußen auf Asbest-Gebäude und Hafenkräne noch desolater.

Auf allen Tischen häufen sich Berge von Papieren, teilweise zusammengehalten durch verblichene Pappdeckel und Leinenbänder. Hinter den Schreibtischen türmen sich Fleischberge – so viele dicke Menschen habe ich selten an einem Ort gesehen. Eine, die Ανθή, die Blüte, gerufen wird, füllt den gesamten Raum zwischen ihrem Tisch und dem Aktenschrank; ein unwahrscheinlich fetter Mann wandert in Selbstgespräche vertieft im Büro auf und ab; die Chefin hält in den Falten ihres vielfach gepolsterten Kinns einen Telefonhörer und tauscht sich mit einer Freundin über die Sonderangebote bei Lidl aus, während sie mit beiden Händen in einer Schublade kramt. Die vierte Beamtin sitzt an einem halbwegs übersichtlichen Schreibtisch, mit dem Rücken zu den anderen. Die einzige Arbeit, die ich sie an diesem Vormittag tun sehe, besteht darin, aus ihrer Handtasche vielfach zusammengefaltete Zettelchen zu klauben, sie mit Tipp-Ex zu bearbeiten und anschließend wieder sorgfältig gefaltet in ihrem Täschchen zu verstauen.

Abgefertigt wird niemand. Plötzlich tritt eine gut aussehende jüngere Frau durch die Pendeltür, kündigt mit munterer Stimme an, sie bringe Arbeit und knallt eine Plastiktüte mit noch mehr losen Papieren auf den Tisch. „Ach, Annoúla-mou – später!" seufzt die Chefin, „Willst Du einen Kaffee?"

Mit einer vielsagenden Geste verschwindet Annoúla in einem Nebenraum. „Wieso sollte sie keinen wollen?" kommentiert Anthí ihren Abgang und greift zum Telefonhörer, um Kaffee für alle zu bestellen. Der wird nach orientalischem Brauch auf einem runden Messingtablett mit langen Griffen aus dem nächstgelegenen Kafeníon geliefert.

Inzwischen hat Pandelís die Chefin herzlich begrüßt, nach ihrer Gesundheit und ihrer Familie gefragt und ihr versichert, dass er wisse, wie kompetent und freundlich sie sei, immer bemüht, nur das Beste für alle Seiten auszuhandeln. Geschmeichelt beginnt die dicke Dame auf ihrem Schreibtisch zu wühlen und fördert zuerst ein Foto ihrer Enkel, danach einen Ordner mit Gesetzestexten zutage. Lächelnd unterbreitet sie mir alle Alternativen, die der griechische Staat mir zu bieten hat. Erstens: 1890 Euro zu zahlen und innerhalb von drei Tagen mit dem Auto nach Deutschland zu fahren, um später als Touristin wieder einzureisen und mich innerhalb von sechs Monaten wieder strafbar zu machen. Zweitens: 250 Euro zu zahlen und innerhalb von drei Stunden, das Land zu verlassen, um nie wieder mit diesem Auto einzureisen. Drittens: 31 Euro zu zahlen und das Auto sofort abzuliefern. Da mein Auto weder 1890 noch 250 Euro wert ist und in Deutschland sowieso nicht mehr durch den TÜV käme, entscheide ich mich für Möglichkeit 3, dankbar, dass man mich wählen lässt.

In den folgenden Stunden wandern meine Papiere durch verschiedene Abteilungen, unter anderem auch durch die von Annoúla, in der vier junge Frauen Kaffee trinken, Schokolade essen, rauchen und sich dabei gut gelaunt unterhalten. Als Untermalung spielt das Radio flotte griechische Popmusik. Für Weihnachtsstimmung sorgen eine blinkende Lichterkette und eine Weihnachtsmann-Tasse, gefüllt mit weißen Plastikrosen.

Schließlich verabschiedet Pandelís alle Angestellten mit Handschlag und guten Wünschen für Weihnachten und wir fahren zur Beschlagnahmungsstelle. Unterwegs halten wir an verschiedenen Hafenbüros, bei denen Pandelís etwas erledigen muss. Beim Warten sehe ich mich zwischen Ruinen und modernen Glasfassaden um, werfe Steine nach kläffenden Hunden und fotografiere OD-AX vor der ungewöhnlichen Kulisse. Schon die ganze Zeit habe ich eigentlich gute Laune, sehe das Ganze als ein absurdes Abenteuer und bin nur etwas wehmütig, weil OD-AX mich so viele Jahre als treuer Begleiter durch die Fremde kutschiert hat. Er ist nur ein Auto, ein uraltes und wenig verkehrssicheres zudem, aber alte Freunde lässt man sich ja auch nicht kampflos einfach wegnehmen... Dass dieser „menschliche" Gedanke lebensgefährlich werden kann - zumal die Lenkung seit einigen Tagen merkwürdige Geräusche von sich gibt - ist mir natürlich klar, und so kommt mir zwischendurch der Gedanke, dass die griechische Zollbehörde womöglich gerade dabei ist, mir das Leben zu retten, indem sie mich zwingt, endlich ein Auto *mit* Handbremse, funktionierendem Scheibenwischer, Heizung und Airbag zu kaufen.

Doch dann folgt eine Episode, die es mir schließlich leicht macht, mich von OD-AX zu trennen: Pandelís biegt in einen Hinterhof, drückt auf die Hupe und stellt mir mit überschwänglicher Herzlichkeit seinen Freund Achilléas vor. Der ist Autobastler, nimmt uns erst einmal mit in seinen Verschlag und setzt Kaffee auf, während Pandelís in der Baracke nebenan Bougátsa und Tyrópita besorgt. Während wir Neuigkeiten austauschen, schraubt Achilléas´ Gehilfe alles von OD-AX ab, was nicht unbedingt zum Fahren benötigt wird: Scheibenwischer, Rückspiegel, sämtliche Knöpfe, das Ersatzrad, das Radio sowieso. Zu viert stehen wir um das Auto herum und überlegen, was wir dem griechischen Staat noch vorenthalten können. Das Benzin abzupumpen gelingt uns leider nicht…

Ohne Spiegel und Scheibenwischer fahre ich die letzten Kilometer und lasse OD-AX schließlich nackt und bloß bei der Beschlagnahmungsstelle zurück. Schade, dass ich seine weiteren Abenteuer nicht mehr mitverfolgen kann. Ob er noch durch Albanien oder die Ukraine fahren darf? Oder ob ihn die Zollbehörde einfach irgendwo in eine Schlucht kippt?

– Tschüss OD-AX, kaló rísiko und danke, dass wir immer heil angekommen sind!

66. Ausflug in die Steinzeit

Lakkiá, den 16.12.2006

Liebe Freunde!

Dies soll ein Adventsbrief werden, aber Ihr müsst mir verzeihen, dass man davon nicht viel merken wird. In diesem Jahr brauche ich keine Weihnachtsfeiern zu organisieren, - vermutlich eine einmalige Ausnahme in meinem gesamten Berufsleben! - und in unserem Olivenhain gibt es keine blinkenden Weihnachtsdekorationen; die Sonne scheint, der Salat sprießt und die Olivenbäume sind immergrün. So vergesse ich tagelang, dass Dezember ist.

Gestern habe ich meinem Lesekreis eine geballte Ladung Winterstimmung verpasst, indem ich die Leute in Odysséas' Villa in der Oberstadt eingeladen, den Kamin angezündet und Bratäpfel mit Jogitee serviert habe. Heute Morgen habe ich dort auf der Veranda gefrühstückt, mit Blick auf Marmorspringbrunnen, blühende Rosen und das achteckige osmanische Mausoleum auf dem Platz davor und mir wurde ganz orientalisch zumute. Es hätte mich nicht gewundert, wenn plötzlich die Weisen aus dem Morgenland um die Ecke gebogen wären, stattdessen kam aber nur ein wackeliger Zigeunerwagen mit Megafon, durch das die Nachbarschaft aufgefordert wurde, Schrott und alte Elektrogeräte auf die Straße zu bringen.

Besonders faszinierend an meinem „Zweitwohnsitz" in den engen, steilen Gassen der Altstadt ist, dass hier schon seit über 2000 Jahren Menschen wohnen, dicht gedrängt innerhalb der gewaltigen Stadtmauern, und dass sie alle ihre Spuren hinterlassen haben. Am deutlichsten lassen die sich natürlich an der Architektur ablesen, an frühchristlichen und byzantinischen Kirchen, an Moscheen und Badehäusern, an türkischen Fachwerk-Villen und an kleinasiatischen Flüchtlingshäuschen, die sich an die Stadtmauer lehnen um eine Wand einzusparen. Aber auch in den Gesichtern der Menschen, die ich mir als trojanische Prinzessinnen, anatolische Bau-

311

ern, vlachische Schäfer, sephardische Händler, ägyptische Sklaven oder osmanische Janitscharen vorstellen kann, zeigt sich die bunte, multikulturelle Vielfalt, ebenso wie in der griechischen Sprache mit ihren zahlreichen türkischen, slawischen, judenspanischen und arabischen Lehnwörtern. In Namen wie Sultána Papathanassopoúlou (Sultanin, vom Sohn des Popen Thanássis), Romanós Serifóglou (Römer, Sohn des Sheriffs), Guliános Vláchos (Julius, der Walache) oder Elefthería Arvanitáki (Freiheit, des kleinen Albaners) wird eine lange multikulturelle Familiengeschichte zusammengefasst...

Zurzeit spinne ich mir besonders viele Geschichten zusammen, weil ich ein sehr anschauliches Buch über die Stadtgeschichte Thessaloníkis lese. (Mark Mazower: Salonica – City of Ghosts).
Im Kapitel über das 18. Jahrhundert wird sogar eine Kleinstadt in der Nähe von Lakkiá erwähnt: Dorthin zogen sich 1724 die reichen Ausländer zurück, als in Thessaloníki die Pest ausbrach. Um die Stadt zu verlassen, brauchten sie die Genehmigung des Paschas - und also eine große Summe an Bestechungsgeldern für den Mullah, die Aghas und für die Janitscharen, die die Tore bewachten. Mehrere Tage dauerte die Reise in das Städtchen Galátista, das ich heute vom Stadtzentrum über die Schnellstraße in einer knappen Stunde erreiche.

Die Besiedlungsgeschichte dieser Landschaft reicht jedoch noch viel weiter zurück als die Stadtgeschichte Thessaloníkis. In der Nähe von Lakkiá gibt es einen neolithischen Steinbruch, in dem vor sechstausend Jahren ein dem Feuerstein verwandtes Material zur Herstellung von Werkzeugen und Waffen abgebaut wurde. Meine ehemalige Nachbarin Katerína hat sich als Archäologin auf Frühgeschichte spezialisiert und kennt den Ort.

An einem sonnigen Adventssonntag versammeln wir ein paar Freunde, packen den Picknickkorb und machen uns auf den Weg in die Steinzeit. Von jeder Hügelkuppe halten wir Ausschau: vor uns erstrecken sich rote Äcker, Zwiebel-, Kohl- und Spinatfelder und silbergrüne Olivenhaine. Schließlich tauchen die schrillen Farben der modernen Zivilisation auf: die Müllkippen von Vassiliká.

Ein Schild weist sie verharmlosend als „Steinbrüche" aus. Tatsächlich wird hier der Müll der gesamten Umgebung in neuzeitliche Steinbrüche gekippt, in denen bis vor einigen Jahrzehnten Talkum abgebaut wurde.

Eine der Gruben bietet einen geheimnisvollen Anblick: Die rotbraunen Felsen sind von fantasievoll angeordneten weißen Talkumbändern durchzogen, überall liegen abgesprengte schneeweiße Felsbrocken in bizarren Formen – und dazwischen glitzert es: Nicht Gold und Silber, aber ein anderes wertvolles Metall: Aluminiumabfall, offensichtlich sorgfältig gesammelt und als Vorbereitung für das Recycling-Verfahren in große Blöcke gepresst, füllt den ganzen Steinbruch. Wahrscheinlich hat irgendjemand das Geld für die Entsorgung kassiert und das Material hier in den Steinbruch gekippt. Als Recycling kann man das nicht bezeichnen, aber immerhin entsteht ein Kreislauf: Die Grube, die beim Abbau eines wertvollen Stoffes entstanden ist, wird mit einem anderen gefüllt. Und nachfolgende Generationen können statt Bauxit gleich Aluminium abbauen…

Wir steigen weiter durch die Mülllandschaft bergauf. Jeder dieser Steinbrüche könnte aus dem Neolithikum stammen; an den Landschaftsformen, die der Bergbau hinterlässt, hat sich anscheinend im Laufe der Jahrtausende nicht viel geändert. Schilder, Absperrungen oder irgendwelche Schutzmaßnahmen für das archäologische Gelände gibt es nicht.

Eine Romafamilie mit einem Karren voller Schrott und eine Gruppe von Gleitschirmfliegern auf dem Weg zum Gipfel sehen uns befremdet nach, wie wir durch den Müll wandern. Schließlich klettert die Archäologin einen Abhang hinauf und triumphiert: Diese Grube ist die neolithische. Sie wurde vor mehr als 6000 Jahren angelegt.

Zu sehen ist nichts Besonderes: Abbruchkanten, Geröllhaufen, Gestrüpp. Der Felsen wirkt verwittert, nicht geeignet zur Herstellung von Werkzeugen. Aber Archäologie scheint sich nur mit sehr viel Fantasie betreiben zu lassen. Je weiter die entsprechende Epoche zurückliegt, desto mehr braucht man davon. Unsere Führerin findet einige möglicherweise von Menschen behauene Steine, darüber hinaus bietet sie uns eine Führung im archäologischen Museum von Thessaloníki an, wo weitere Fundstücke aus diesem Steinbruch aufbewahrt werden.

Weil der neolithische Steinbruch höher liegt und weniger gut zugänglich ist als die anderen, ist er bis jetzt noch nicht mit Müll zugeschüttet worden. Aber das kann sich schnell ändern.

In den letzten 6000 Jahren hat sich diese Landschaft wahrscheinlich wenig verändert. Sie war Weidegebiet für Ziegen, von Zeit zu Zeit wurde die Vegetation durch einen Brand vernichtet und wuchs wieder nach, Schäfer zogen hier durch, Römer, Athos-Mönche, Bulgaren, Türken und griechische Partisanen. Englische Kaufleute und ukrainische Exilanten suchten Schutz vor der Pest, Bauern bestellten ihre Felder und ernteten Oliven. Keiner hinterließ dauerhaftere Spuren als die Menschen aus dem Neolithikum. Doch vor wenigen Jahrzehnten kamen die Bagger und Lastwagen und begannen die alten durch neue Spuren zu verwischen, ihnen folgten die Müllfahrzeuge und wahrscheinlich wird in wenigen Jahren vom neolithischen Steinbruch nichts mehr zu sehen sein. Diejenigen, die Müll und Recyclingabfälle hineinkippen, werden gar nicht wissen, dass es ihn gab.

Wir würdigen ihn immerhin mit einem Picknick und versuchen uns vorzustellen, was geschähe, wenn sich die Zeit zurückdrehen ließe und die frühzeitlichen Steinbrucharbeiter plötzlich vor uns ständen. Hätten wir Angst vor ihnen oder sie vor uns? Würden sie uns angreifen oder einladen? Oder gar aufessen? - Es gibt tatsächlich Hinweise auf Kannibalismus bei den neolithischen Kulturen! Könnten wir uns irgendwie mit ihnen verständigen? Die Archäologen haben keine Anhaltspunkte, aus denen man Rückschlüsse auf ihre Sprache ziehen könnte. Man weiß, dass sie zur europäischen Rasse gehörten, man hat Tontafeln mit eingeritzten Symbolen gefunden, die man bis jetzt nicht deuten kann. Von Knochenfunden weiß man, dass die Frauen schlechter ernährt waren als die Männer und dass sie abgenutzte Kniescheiben hatten, wahrscheinlich von der schweren Arbeit auf den Knien. Das ist alles. Und doch haben unsere Vorgänger die gleichen roten Sonnenuntergänge hinter dem Olymp gesehen wie wir heute Abend, haben sich dann nach Osten gewendet und sich am Vollmondaufgang hinter den gleichen Hügeln gefreut wie wir.

Damit erschöpfen sich wahrscheinlich schon die Gemeinsamkeiten. - Denn *wir* versammeln uns anschließend in der geheizten Küche, trinken Kaffee, essen importierte Lebkuchen und versuchen uns vorzustellen, welche Spuren man wohl in 6000 Jahren von uns finden wird...

Die Lebkuchen beim Adventskaffee sind womöglich das Einzige, was mein und Euer Sonntag gemeinsam haben, während zwischen allem anderen Welten liegen.

Welten - aber auch Internet- und Gedankenverbindungen.

Über diese grüße ich Euch sehr herzlich und wünsche Euch einen gemütlichen dritten Advent!

Gesine.

67. Ein Lied für Argýris

19. 3. 2007

Ich kaufe mir eine Dauerkarte für das Dokumentarfilm-Festival, trete von der hellen Frühlingssonne in den dunklen Kinosaal - und gerate unvermittelt in ein schwarzes Kapitel deutsch-griechischer Geschichte: das Massaker an 218 griechischen Zivilisten in Dýstimo, verübt von Soldaten der Deutschen Wehrmacht im Jahr 1944. Der Film „Ein Lied für Argýris" des Schweizer Regisseurs Stefan Haupt wird zum ersten Mal in Griechenland gezeigt.

So holt mich wieder einmal die Nazi-Vergangenheit Deutschlands ein. Schon bei meinem ersten Besuch in Thessaloníki wurde mir klar, dass ich ihr hier nicht ausweichen kann, sondern dass ich mich ihr womöglich noch kompromissloser stellen muss als in Deutschland.
Allerdings nur zu bestimmten Anlässen. Im Alltag ist dieses Kapitel der Vergangenheit auch für die Griechen weit weg, überlagert von vielen Schichten historischer Ereignisse, die darauf folgten und in ihren Auswirkungen viel präsenter sind.
Überlagert wird die Erinnerung an die deutsche Besatzung auch von neuen Erfahrungen mit Deutschland als einem Land, in dem man arbeiten und Geld verdienen konnte, um sich in Griechenland eine Existenzgrundlage zu schaffen; dem Land, in dem die eigenen Kinder geboren und aufgewachsen sind, in dem die Enkel studieren und in das man Menschen bringt, die an einer besonders komplizierten Krankheit leiden. Deutschland ist für viele außerdem das Land der schnellen Autos und der guten Organisation. Und nicht zuletzt das Herkunftsland vieler Ehefrauen griechischer Männer sowie vieler Touristen, Geschäftspartner und Freunde.
Für einige jedoch sind die Folgen der deutschen Besatzung Griechenlands prägend für ihr ganzes Leben. Argýris, dessen Geschichte im Zentrum des Dokumentarfilms steht, wurde 1940 in Dýstomo geboren und war zu der Zeit, als die Deutschen überall den Rückzug antreten mussten und sich deshalb immer grausamer verhielten, vier Jahre alt. Trotzdem erinnert er sich als alter

Mann noch an den Tag, an dem Lastwagen mit deutschen Soldaten auf der Suche nach versteckten Partisanen ins Dorf einfuhren. Sie bekamen von der Bevölkerung die Information, man habe am Tag zuvor Partisanen durchziehen sehen, sie seien nach Stýri unterwegs gewesen. Daraufhin nimmt ein Teil der Soldaten die Verfolgung auf, gerät in einen Hinterhalt und sieben deutsche Soldaten werden getötet. Als Vergeltungsmaßnahme werden am selben Nachmittag 218 unschuldige Dorfbewohner umgebracht, unheimlich brutal und mit offensichtlichem Spaß an besonderer Quälerei.

Argýris und seine drei Schwestern verstecken sich im Haus. Der Vater wird auf dem Dorfplatz, die Mutter auf einem Karren ermordet. Als sich die Kinder auf der Straße zeigen, um nach den Eltern zu suchen, bedeutet ihnen einer der Soldaten, sich sofort wieder zu verstecken. - Immerhin gibt es da *einen* Deutschen, der nicht zur Bestie geworden ist. Sonst hätten die Kinder nicht überlebt.

Aber das Leben, das ihnen bevorsteht, ist eine Folge von Schrecken und Leiden! Die uralten Großeltern – die vielleicht gar nicht uralt, sondern durch das Erlebte zu Greisen geworden sind - können die Kinder nicht großziehen und geben sie in verschiedenen Waisenhäusern in Athen ab. Dort herrschen nach dem Krieg schreckliche Zustände: 100 Jungen werden in einem Schlafsaal eingesperrt und nicht viel mehr als „aufbewahrt". Argýris magert ab, wächst nicht mehr, wird in ein anderes Waisenhaus außerhalb der Großstadt verlegt, wo ihn schließlich ein Team des Pestalozzi-Kinderdorfes in Trogen in der Schweiz auswählt.

So verbringt Argýris die zweite Hälfte seiner Kindheit und Jugend in der Schweiz. Er macht Abitur, studiert Physik und Mathematik, arbeitet als Lehrer und bei Entwicklungsprojekten in Krisenregionen, er übersetzt griechische Literatur ins Deutsche und schreibt selbst Gedichte. Während der Junta-Zeit gründet er eine Exilzeitschrift und engagiert sich im Widerstand. Später setzt er sich für die Entschädigung der Opfer von Verbrechen der Wehrmacht ein und organisiert einen internationale Tagung für den Frieden in Delphi, nicht weit von seinem Heimatdorf entfernt.

Mit knapp sechzig Jahren lernt er den Regisseur Stefan Haupt kennen. So entsteht das Filmprojekt.

Es gehört viel Mut und „Erinnerungsbereitschaft" von Seiten des Zeitzeugen und viel Einfühlungsvermögen von Seiten des Regisseurs dazu, einen Film über ein solches Trauma zu realisieren. Argýris hat seine Erinnerungen an das Massaker nie verdrängt und hält nicht viel von Versuchen, das Erlebte durch „Verarbeiten" hinter sich lassen zu wollen. Er weiß, dass er sein Leben lang damit umgehen muss und ist bereit sich im Film mitzuteilen.

Der Film zeigt Argýris oft in Nahaufnahme: als einen sehr ernsten, nachdenklichen, wahrscheinlich auch einsamen Menschen, der gleichzeitig eine große innere Stärke und Entschlossenheit ausstrahlt. Er ist kein gebrochener Mann – sicher melancholisch, aber nicht depressiv. Es gibt eine beeindruckende Szene, in der er – in seinem verfallenen Elternhaus in Dýstomo - Beethovens 7. Sinfonie hört und dazu mit geschlossenen Augen dirigiert: Die Vitalität, Sensibilität und lebensbejahende Freude, die von seinen Bewegungen ausgeht, berührt mich tief, bildet sie doch einen Gegenpol zu all dem Schrecklichen in seinem Leben!

Überhaupt spielt die Musik Beethovens für Argýris eine wichtige Rolle: Als Jugendlicher hört er im Münster von St. Gallen die „Missa solemnis". 45 Jahre später wird am selben Ort die entsprechende Erinnerungsszene gedreht. Man kann seinem Gesicht in der Szene ansehen, wie tief die Musik ihn damals berührt hat und bis heute bewegt – ausgerechnet die Musik eines Deutschen, der demselben Volk angehört hat wie die Mörder, die 120 Jahre nach der Entstehung der „Missa" seine Familie niedergemetzelt haben! - Und wie ich, die ich - wiederum 60 Jahre später – in einem griechischen Altersheim Beethoven-Sonaten zur Aufführung bringe. Unter den alten Menschen sind möglicherweise auch einige, die mit den Deutschen furchtbare Erfahrungen gemacht haben…

In den 60 Jahren, die seit dem Massaker vergangen sind, ist Argýris durchaus Deutschen begegnet, die sich auf ehrliche und konstruktive Weise mit den Gräueltaten auseinandergesetzt haben: Gezeigt werden ein Vertreter der deutschsprachigen „Griechenland-Zeitung" und ein deutscher Historiker, die die Entschädigung der Opfer durch den deutschen Staat fordern, und deutsche Demonstranten, die Transparente entrollen.

Eine deutsche Rechtsanwältin wird interviewt. Ein Foto zeigt sie als kleines Kind auf dem Schoß ihres liebevollen Vaters, der als Soldat in Griechenland gekämpft hat und auf ihre Frage, was er dort gemacht habe, nie geantwortet hat. Heute verteidigt die Tochter in Prozessen die Opfer von Dýstomo…

Die offizielle Haltung der Bundesrepublik ist allerdings beschämend: Argýris´ Entschädigungsantrag wird abgelehnt mit der Begründung, es handle sich bei dem Massaker nicht um ein Verbrechen, sondern um eine „Maßnahme im Rahmen der Kriegsführung".

Der deutsche Botschafter in Athen erscheint weder bei der Gedenkfeier zum 50. Jahrestag des Massakers noch reagiert er auf die Einladung zum internationalen Friedenskongress in Delphi. Dorthin schickt er lediglich zwei Sekretärinnen, die – inkognito – alles mitschreiben und zur Auswertung weiterleiten.

Erst beim 60. Jahrestag im Jahr 2004 – und vielleicht unter dem Druck der Tatsache, dass die Feier für den Film mitgeschnitten wird – bezieht der deutsche Botschafter Stellung – aber mit was für fragwürdigen Statements! Zum Schweigen seiner Vorgänger sagt er, es sei „nun wirklich nahe liegend", dass von den Opfern und vom deutschen Staat „unterschiedliche Perspektiven eingenommen werden." - Soll das etwa heißen, es gäbe eine Alternative zu der bedingungslosen Verurteilung brutaler Morde?! Selbst wenn er sich vor allem auf die finanzielle Seite, die Frage der Entschädigungen, bezieht, ist in diesem Zusammenhang eine solche Aussage einfach ungeheuerlich! Und es entbehrt jeder Logik, wenn er sagt, man könne nicht erwarten, dass Deutschland mit Mitgliedern desselben Bündnisses, der EU, über Kriegsreparationen verhandelt.

Entschuldigt man sich etwa nur bei Feinden? Bedeutet Freundschaft, bzw. Bündnisgemeinschaft, dass man die Verantwortung für vergangene Fehler ablehnen darf?

Schließlich reist der Botschafter tatsächlich zur Gedenkfeier nach Dýstomo und hält eine ziemlich laue Rede, die mit dem Wort „sinjoomi" („Entschuldigung") endet.
An dieser Stelle fangen meine Nachbarn im Kino an zu tuscheln. Sie versuchen, dieses falsch ausgesprochene - und damit fast unverständliche - Wort, das zudem für den Anlass viel zu alltäglich ist, in einen Satz zu übertragen, der vielleicht angemessen sein könnte: „Meint er vielleicht, dass es ihm Leid tut?" fragt einer. „Will er damit sagen, dass er die Schuld der Deutschen anerkennt?" höre ich aus der Reihe hinter mir.
„Συγγνώμη" („sorry") sagt man, wenn man jemandem aus Versehen auf den Fuß tritt oder im Supermarkt an ihm vorbei will. Nicht, wenn die eigenen Vorgänger 218 Menschen umgebracht haben!

Argýris lehnt auch das Wort „Entschuldigung" ab: Wie kann ein einzelner Botschafter die heutigen Bewohner von Dýstomo dazu auffordern, eine solche Schuld wegzunehmen?
Im Film wird der Kniefall von Willi Brandt in Warschau eingeblendet. Kommentar: Bisher hat kein deutscher Politiker für die griechischen Opfer eine entsprechende Geste gezeigt.

In diesem Moment habe ich eine Idee: Hier wird von der deutschen Seite etwas verlangt, etwas anderes als Worte. Mein Herz beginnt zu rasen…

Die Forderung richtet sich eigentlich an die politischen Vertreter Deutschlands in Griechenland. Ich bin nicht Politikerin. Angesichts des Films fühle ich mich – auf einer weniger offiziellen Ebene – trotzdem als eine Art Vertreterin oder „Botschafterin" meines Landes.
Der anwesende Argýris Sfoundoúris steht als Individuum für eine große Gruppe von Opfern.
Das – offensichtlich sehr bewegte – Publikum und die Vertreter der Presse stehen für die Öffentlichkeit. Das ist ein passender Rahmen für eine „halboffizielle" Geste…
Dies ist die erste Präsentation des Films außerhalb der Schweiz,

dies ist Argýris´ Heimatland, dies ist womöglich der richtige Zeitpunkt für die fehlende symbolische Handlung. Wer kommt dafür in Frage?

Ich habe mich vor Beginn des Films im Publikum umgesehen. Von meinen deutschen Bekannten habe ich niemanden gesehen. Ganz am Rand sitzt der deutsche Generalkonsul von Thessaloníki. Ob ihm ähnliche Gedanken durch den Kopf gehen wie mir? Wenn nicht, wem dann? Es ist niemand da. Also nehme ich allen Mut zusammen…

Als der Film zu Ende ist und die Diskussion eröffnet wird, melde ich mich als Erste. Ich sage „Δε θέλω να πω τίποτα. Θέλω να κάνω κάτι, γιατί είμαι Γερμανίδα." („Ich will nichts sagen. Ich möchte etwas tun, weil ich Deutsche bin."), gehe nach vorn und knie vor Argýris nieder.

Nach einem Moment des Schweigens bedeutet er mir aufzustehen, umarmt mich und flüstert: „Ευχαριστώ." („Danke."). Er bekommt Beifall. Ich gehe zu meinem Platz zurück.

Es geht mir nicht gut, als ich aus dem dunklen Kinosaal in die grelle Sonne des Aristotélous Platzes trete. Ich wäre lieber Schweizerin als Deutsche. Aber es geht mir besser, als wenn ich nichts getan hätte.

68. Griechische Geselligkeit – wann, wenn nicht jetzt?

2.4.2007

Wann, wenn nicht jetzt? Als am Samstagmorgen meine Freundinnen im Olivenhain auftauchen, um mich spontan für ein Wochenende auf der Chalkidikí abzuholen, schalte ich sofort den Computer aus: Das Schreiben kann warten, das Leben geht vor!
Gut gelaunt fahren wir mitten hinein in den blühenden Frühling und feiern abends mit den Leuten von Nikíti die Eröffnung ihrer neuen Fischtaverne.
Für einen der Fischer aus dem Dorf erfüllt sich damit ein Lebenstraum; er strahlt vor Glück und Stolz, ebenso wie seine erwachsenen Söhne, die ihre Arbeitsoveralls gegen frisch gebügelte weiße Hemden eingetauscht haben und sich als Kellner erproben. Die kleine Tochter wuselt aufgeregt in der Küche herum, wo ein professioneller Koch den Angestellten die letzten Tricks für die besonderen Menüs beibringt. Wir sind die ersten Gäste und bekommen von allen Gerichten eine kleine Portion zum Probieren.
Die Taverne füllt sich rasch mit Großfamilien und Freundeskreisen; Bouzoúki und Gitarre werden ausgepackt, der Geräuschpegel steigt innerhalb einer halben Stunde auf Jahrmarktniveau. Die Großfamilie am Nebentisch hat ein sechs Monate altes Baby dabei, das den ganzen Abend von Arm zu Arm gereicht wird. Auf der „Frauenseite" wird es geküsst und geschüttelt, bis es das Gesicht verzieht und schließlich heult, auf der „Männerseite", geben sich die Fischer mit ihren dicken Pranken die größte Mühe, das kleine Ding nicht zu zerdrücken. Es ist rührend anzusehen, wie unbeholfen sie dabei sind! Inzwischen ist es längst Mitternacht, die Taverne gefüllt mit Zigarettenqualm, Küchendunst, Rembétiko-Musik und Lachen – und das winzige Kind wird immer noch geschüttelt und geküsst!
– Wird so eine lebenslange Leidenschaft für Tavernennächte in großer Gesellschaft begründet?

8.4.2007

Das Feiern in großer Gesellschaft setzt sich am Osterwochenende fort:

Am Ostersamstag unternehmen wir eine Pilgerfahrt zur Athos-Halbinsel. Das alte Seeräuberschiff, das für solche Gelegenheiten umgerüstet wurde, ist voller gutgelaunter bulgarischer und rumänischer Gläubiger. Da die Mönchsrepublik Athos nur von männlichen Pilgern mit Visum betreten werden darf, ist eine Bootsfahrt an der Küste entlang für Frauen die einzige Möglichkeit, die faszinierende Landschaft mit den uralten Klöstern von nahem zu erleben.

Der Gipfel des Berges Athos taucht an diesem sonnigen Frühlingsmorgen erst allmählich aus dem Nebel auf, so hoch und nah, wie ich ihn noch nie gesehen habe. Durch den sanften Dunstschleier wahrt er seinen entrückten Zauber. Aus dem silberblanken Meer springen plötzlich dutzende von Delfinen auf, kleine und große, spielen um das Schiff herum und strahlen so viel Lebensfreude aus, dass alle Pilger und meine Freundinnen davon angesteckt werden!

Ich kenne keinen Menschen, der sich nicht von Delfinen begeistern lässt. Liegt das an der Leichtigkeit, mit der sie im Springen die Schwerkraft zu überwinden scheinen, oder an ihrer Beweglichkeit, mit der sie zwischen den Elementen Wasser und Luft hin- und her wechseln? So umgeben von ihrer Lebendigkeit wie auf dem Athosschiff war ich jedenfalls noch nie!

Eine ganz andere Art von Lebendigkeit und Geschäftigkeit vermute ich hinter den Mauern der vielen Athosklöster, an denen unser Boot ganz nah vorbeifährt. Dort bereiten sich alle 2900 Mönche in den 20 Klöstern und 700 Häusern der Mönchsrepublik auf die Feier der Osternacht und die Auferstehung vor. Auf den Burgtürmen wehen schon die byzantinische und die griechische Fahne. Tatsächlich sehen die Klöster wie mitteleuropäische Burgen aus, sie sind auch in der gleichen Zeit, im 10. und 11. Jahrhundert, erbaut worden. Umgeben sind sie von hohen, zinnengekrönten Mauern, die einen Innenhof schützen, in dem – häufig von außen nicht einsehbar – die byzantinische Kuppelkirche liegt. Wie die mittelalterlichen Ritterburgen, die ich von den Ausschneidebögen meiner Kindheit kenne, haben die Klöster in den oberen Stockwerken vorspringende, von Holzkonstruktionen gestützte Galerien, dazu Erker, Zugbrücken, Wächterhäuschen und Hafenanlagen. Im Gegensatz zu mittelalterlichen Burgen in Europa sind die Athos-Klöster aber vollständig erhalten und ohne Unterbrechung in derselben Funktion genutzt worden.

Finde ich es eigentlich schade, dass ich als Frau sie nicht betreten darf? Ich bin mir nicht sicher. Einerseits bin ich natürlich neugierig und würde gern einen Blick in diese fremde, immer noch mittelalterliche Welt werfen, andererseits schließe ich aus den blassen, vergrämten Mienen der meisten orthodoxen Mönche, dass das Leben dort hart und freudlos ist. Das muss ich nicht unbedingt von nahem erleben.

Paradiesisch und gleichzeitig hochdramatisch ist die Natur der Athos-Halbinsel. Rund um den 2000 Meter hohen Gipfel stürzen die Hänge so steil ins Meer, dass sich kaum Vegetation hält. Wir sehen vom Schiff aus aber auch liebliche Flecken, an denen das frische Grün sprießt und die Judasbäume in leuchtendem Violett blühen. Senkrecht hinabstürzende Wasserfälle gehen in weich gewundene Flusstäler über; rund um die Klöster liegen auf Terrassen kleine Weinberge und Olivenhaine; an einigen markanten Punkten ragen Zypressen in den Himmel und weisen auf Friedhöfe oder Kapellen hin. In Richtung Festland nimmt die Dramatik der Landschaft ab; große Wälder reichen bis fast ans Wasser, zerklüftete Felsenküsten werden unterbrochen von kleinen Sandstränden und Bootsanlegestellen für die Klöster, die nur auf dem Seeweg erreichbar sind. Es ist gut, dass diese Landschaft nicht durch Straßen erschlossen und durch Ferienanlagen verschandelt ist; sie muss ein Paradies für Tiere und seltene Pflanzen sein. Vielleicht ist das der einzige moderne Nutzen der anachronistischen Institution einer Mönchsrepublik: dass sie der Natur eines ihrer letzten großen Refugien bewahrt.

Wie wäre es wohl, wenn eine ganze Halbinsel nur von Frauen bewohnt wäre – nicht von freudlosen orthodoxen Nonnen, sondern von Frauen wie Eléni, Christina und uns allen? Entstünde da vielleicht ein harmonisches Zusammenleben zwischen der Natur und den Menschen, ein Ort, an dem die Entwicklung einer modernen, lebendigen Weisheit eine Chance hätte?

Wie es zugeht, wenn fünf Frauen zusammen eine Bootsfahrt machen, erleben wir an diesem Ostertag: Es wird lustig, herzlich, für eine von uns tröstlich, in der Taverne von Ouranoúpoli köstlich – und dabei so sonnig, dass wir zum Schluss alle Sonnenbrand haben.
Ob es uns mit den Hamburger Freundinnen auch wieder gelingen wird, es uns so gut gehen zu lassen?

Es muss ja nicht in einer solchen Ballung von Geselligkeit sein, wie sie zum griechischen Osterfest dazugehört. Die Freunde in Nikíti sind in ihrer Lebensfreude nicht zu bremsen. Den Abend nach der Athosfahrt verbringen wir alle in der ausgebauten Scheune von Sofías Familie, um Mitternacht gehen wir gemeinsam zur Auferstehung in die Dorfkirche, am Sonntag frühstücken wir zusammen an der Steilküste, anschließend drehen wir den ganzen Tag das Zicklein überm Spieß, essen und klönen. Zum Sonnenuntergang trinken wir am Strand einen Tsípouro, danach sitzen wir wieder bis spät in die Nacht ums Feuer, singen und feiern. Am Ostermontag kommt die ganze Runde zu Eléni und mir zum Frühstück. Als ich mich zwischendurch für zwei Stunden zurückziehe, ist die Reaktion Unverständnis, beinahe eine Vorwurfshaltung: „Gefällt es Dir nicht mit uns?" spricht Amalía die Frage aus, die sich anscheinend alle stellen. Dabei bin ich so glücklich wie selten in einer großen Gruppe. Ich komme jedoch aus einer Kultur, in der man ununterbrochene Geselligkeit nicht gewöhnt ist.
„Der Mensch ist nicht fürs Alleinsein gemacht!" entscheidet Sofía, die mit sechs Geschwistern in einer winzigen Ladenwohnung in Konstaninoúpoli aufgewachsen ist, und erntet damit die Zustimmung aller Griechen in der Runde, die gerade dabei sind, den abschließenden Tavernenbesuch zu organisieren.
Ich bin noch nicht so „mediterranisiert", dass ich nicht ab und zu mal eine Verschnaufpause von der griechischen Großfamilie bräuchte. Aber schon bald sage ich mir: Wann, wenn nicht jetzt? - und stürze mich wieder ins Getümmel.

69. Der letzte Brief

Thessaloníki, den 10.7.2007

Liebe Freunde!

Mir ist ein bisschen feierlich zumute, heute, wo ich mir Zeit nehme, Euch den letzten Brief aus Thessaloníki zu schicken. Das Briefeschreiben ist mit der Zeit zu einem Ritual geworden, das mir die Möglichkeit gegeben hat, in regelmäßigen Abständen eine Art Rückschau zu halten und den Kontakt mit Euch zumindest bis zu einem gewissen Grad zu pflegen. Ihr habt mich im Gegenzug mit einem Kaleidoskop bunter Mosaiksteinchen aus dem deutschen Alltag beschenkt! Ab Mitte August werden wir endlich wieder die Möglichkeit haben uns öfter direkt zu treffen – dafür werden meine neuen Freunde in Griechenland weit weg sein. Ob es für sie dann Briefe aus Hamburg geben wird, weiß ich noch nicht. Es ist vermutlich viel schwerer, über das vertraute Leben in der eigenen Stadt zu schreiben als über die Abenteuer in der Fremde…

So wie heute wollte ich eigentlich viele Tage meines Urlaubsjahres verbringen: Morgens mit den Geräuschen der Oberstadt aufwachen, die Fensterläden öffnen und auf die säulenbestückte Veranda treten, den Springbrunnen plätschern hören und die ersten Sonnenstrahlen auf der Kuppel des Oktogons begrüßen - einer Sonne, die noch freundlich ist, nicht so brutal wie später am Tag. Ich wollte mir ein Sesam-Kouloúri holen und einen Kaffee kochen, meinen Blick und meine Gedanken schweifen lassen, dann sammeln – und schreiben.

Meine Begeisterung für das Landleben und die nette Gemeinschaft in Lakkiá haben mich davon abgehalten, diese „Schriftstelleridylle" häufiger zu nutzen. Nun sind meine Mitbewohner alle in Urlaub gefahren. In Lakkiá gibt es nur noch einsame Hunde, eine hungrige Katze, viele giftige Schlangen, unerträgliche Gluthitze und Einsamkeit. Da fällt mir der Abschied vom Landleben nicht schwer und ich wende mich anderen Abschieden zu,

326

die sich alle in einer sommerlich-heiteren Atmosphäre abspielen und getragen sind von Dankbarkeit und von der Zuversicht, dass es nicht für immer sein wird.

Auf meiner Gedankenwanderung durch die vergangenen vier Jahre finde ich ein Zitat von Cees Nooteboom:
„Der Einzige, mit dem etwas passiert ist, bin ich, mein Schauen hat den Abstand vergrößert, nicht etwa kleiner gemacht. (…)
Und ich sehe mich immer wieder nach den Menschen um, die dort stehen und mich in mein eigenes Schicksal verbannen: jemand zu sein, der nie wissen wird, was es bedeutet, abends mit anderen unter den Bäumen zu sitzen und einander langsame Geschichten zu erzählen.“ (Nootebooms Hotel, S. 43)

Hier in der Oberstadt von Thessaloníki gibt es kaum noch Bäume, die groß genug sind, um darunter sitzend Geschichten zu erzählen. Und die Menschen sind viel zu temperamentvoll und geschwätzig um sich *langsame* Geschichten zu erzählen.

Nichtsdestotrotz ist die Liste dessen, was ich in Griechenland nie erfahren werde, lang und wächst mit jeder Beobachtung, die ich hier mache:

Mein Schicksal in Griechenland ist es, eine zu sein, die nie wissen wird, was es bedeutet, nach einem langen Leben mit einem gewalttätigen Mann als Witwe in einem Bergdorf ganz allein über den Winter zu kommen – wie die Nachbarin Réna aus Moúresi.

Oder nach einem Leben voller Heimweh nach einem kleinasiatischen Dorf die letzten Jahre mit dem Komboloí in der Hand im KAPÍ von Kalamariá zu verbringen, zusammen mit anderen fast tauben Männern, die vor einer Tasse Kaffee und dem Fernseher ihren Gedanken nachhängen – wie der Vater meiner Kollegin Fotiní.

Ich werde auch nie erfahren, wie es ist, die Freude zu erleben, wenn das erste Enkelkind auf den eigenen Vornamen getauft wird – wie die Kyría Paraskeví, meine ehemalige Vermieterin.

Oder, was es bedeutet, den ganzen Sommer über zusätzlich zum Lehrerjob Kinderferienlager zu leiten, damit die Tochter, die die Aufnahmeprüfung zur Universität bestanden hat, genug Geld zum Verjubeln hat – wie mein Kollege Nikos.

Ich werde nie erleben, wie es ist, im Halbjahresrhythmus mein gesamtes Gedächtnis mit uninteressanten Fakten vollzustopfen und unmittelbar nach den Prüfungen wieder auszuleeren, damit die nächste Ladung hineinpasst – wie meine griechischen Schüler.

Oder mehrmals täglich von der Oma angedroht zu bekommen: „Θα σε σκοτώσω!" („Ich bring dich um!"), wenn ich, dreijährig, mich von ihrer Hand losreißen will, um die Stadt zu erkunden – wie die kleine Antigóni vom Balkon gegenüber in Kalamariá.

Oder als dickes rosa Baby jeden Samstagabend in der Taverne von einer Tante zur nächsten gereicht, in die Wange gekniffen und geküsst zu werden bis lange nach Mitternacht – wie das jüngste Kind des Fischers Charálambos aus Nikíti.

Die Aufzählung dessen, was ich nie wissen oder erfahren werde, wächst mit jedem Tag und jeder Beobachtung, die ich in Griechenland mache. Möglicherweise ist überhaupt der wertvollste Ertrag meines Auslandsabenteuers diese Sammlung von Erfahrungen, die ich *nicht* machen werde.

Letzte Woche fragte mich der Umzugsunternehmer, ob ich bei meiner Rückübersiedlung mehr Kubikmeter zu verladen hätte als auf der Hinreise. Ich überlegte einen Moment und mir wurde klar, dass ich außer ein paar griechischen Büchern, CDs und vielen Fotos in Griechenland nichts erworben habe, das ich dem Umzugswagen anvertrauen kann. Meine wahren Schätze lassen sich nicht in Kubikmetern messen und ich trage sie anderswo mit nach Hause: im Herzen, in der Erinnerung…
Darüber bin ich froh. Gerne teile ich Euch meine Griechenland-Ernte mit Euch, wenn wir uns wiedersehen.

Bis dahin wünsche ich Euch eine glückliche Sommer- und Ferien-
zeit und grüße Euch von Herzen!

Gesine

Danksagung

Zum Schluss danke ich allen Freundinnen und Freunden in Thessaloniki, die mir geholfen haben, einen Platz in der fremden Stadt zu finden: Hanne und Jorgos Voukalis, Karin Dietrich-Kasepidis, Barbara und Kallias Axiopoulos, Petra und Paraschos Kasdaglis, Dorothee Vakalis, Jorgos Psaropoulos, Anna Kostoula und vielen anderen.

Ich danke meinen Mitbewohnern im Hochhaus und im Olivenhain Katerina Skourtopoulou, Helen und Dafni Kondou und der Willis Family für ihre liebevolle und inspirierende Gemeinschaft,

meinen Musizierpartnern Maria Lewander und Rolf Dauber, sowie allen Chorsängern an der DST und in Lakkiá für glückliche Momente im grauen Alltag,

meinen Kolleginnen und Kollegen an der DST, besonders Wolfgang Burckhardt, Angela Tsopela, Nikoletta Simou und Christof Häring für ihre Unterstützung allen Widerständen zum Trotz,

meiner „Großfamilie" auf Samos: Argyro und Antonios Kasdaglis sowie Kiki Micheli und allen anderen für die Aufnahme in die Dorfgemeinschaft.

Dank auch an meine Freunde in Deutschland, die mich auf die Idee gebracht haben, aus ein paar E-Mails ein ganzes Buchprojekt zu entwickeln, besonders an Hans Neumann für seine sorgfältige Lektüre des Manuskripts und viele wertvolle Anregungen,

und an meine Familie, besonders an Gordon Fielden, der mich bei allen Schritten vom Manuskript zum fertigen Buch beraten hat.

Der größte Dank gebührt Gert Niedl, der nicht nur die Illustrationen gezeichnet sondern mich in allen Phasen der Entstehung des Buches liebevoll unterstützt hat.